イノベーション
5つの原則

SRIインターナショナル社長兼CEO
カーティス・R・カールソン
モンタナ大学名誉教授
ウィリアム・W・ウィルモット
共著
楠木 建
監訳
電通イノベーションプロジェクト
訳

INNOVATION
The Five Disciplines for Creating What Customers Want

世 界 最 高 峰 の 研 究 機 関
S R I が 生 み だ し た 実 践 理 論

ダイヤモンド社

INNOVATION

by

Curtis R. Carlson & William W. Wilmot

This translation published by arrangement with Crown Business,
an imprint of the Crown Publishing Group, a division of Random House,
Inc. through Japan UNI Agency, Inc., Tokyo

監訳者まえがき

現場「たたき上げ」から生まれたイノベーションの方法論

芸事の世界で生きている人、たとえば、歌手や俳優や落語家をみていると、テレビで突然人気者になった人よりも、じっくりと下積みの経験を積んだ人のほうが、結果的に大成したり、年をとっても長期にわたって活躍することがよくある。これを「たたき上げの強み」といったりする。

「たたき上げ」は二つの要素から成り立っている。「場数」と「顧客からの直接フィードバック」である。地道なライブ活動からたたき上げた歌手は、ぽっと出のテレビタレントと比べて、なんといっても踏んでいる場数が多い。しかも、毎回オーディエンスの前に立って歌っているので、一つ一つのライブでの顧客の反応から、自分のパフォーマンスの出来不出来や、人々のニーズを直接肌身で思い知ることができる。テレビの録画番組で歌っているだけでは、視聴率やテレビ局の人々といった周囲からのフィードバックは効くけれども、これはあくまで間接的なものでしかない。テレビの向こうにいる顧客の声は届かない。

ステージで場数を踏み、オーディエンスからの直接フィードバックを繰り返し受ける中で、自分の強み弱み、芸の持ち味をより深く理解できる。反省と改良を重ね、次のステージで試してみる。またそこで直接フィードバックを受け、さらに芸を練り上げていく。その結果、自分の芸風が確立され、オーディエンスを満足させ続けられる地力がつく。この論理を「たたき上げ」という。

イノベーションという仕事については「たたき上げ」の知見が生まれにくい。イノベーションは定義からして非連続なものであり、例外的にしか起こり得ないからだ。「たたき上げ」の重要な条件である「場数」が期待できない。

イノベーションの当事者でない、たとえば、学者や評論家のような立場の人々であれば、様々なイノベーションの事例なり現象を観察することができる。疑似的にではあるが、観察頻度を稼ぐことができる。そこからイノベーションやそのマネジメントについての知見を導出しようというわけで、現にそうした研究は数多くある。しかし、学者や評論家はイノベーションの当事者ではない。そこでは「たたき上げ」の論理を構成するもう一つの重要な条件、直接フィードバックが欠けている。

学者の研究と一線を画す迫力と説得力

本書が特異なのは、イノベーションを対象としているにもかかわらず、「たたき上げ」の方法論を提示していることにある。

著者のカーティス・R・カールソンがCEOを務めるアメリカのSRIインターナショナル

は研究開発に特化した、この分野で世界を代表する組織である。設立以来六五年にわたり、様々なイノベーションの実現に携わってきた。その成果は、コンピュータのマウスやインターネットのＵＲＬ、銀行小切手ナンバーの磁気インク文字認識、郵便物トラッキングシステムといった日常生活に深くかかわるものから、ＨＩＶ（エイズウィルス）治療薬、ロボット手術システム「ダ・ヴィンチ」といった局所的な問題解決に貢献するものまで、広範に及ぶ。顧客も民間企業から政府機関まで様々である。一九九〇年代には、不振に陥った自社の経営立て直しですら研究開発の俎上にのせて、ブレークスルーを実現してきた。

アメリカの人気刑事ドラマの古典「刑事コロンボ」の中で、主人公のコロンボが犯人と対決するときに、次のような趣旨のことを言ってプレッシャーをかける場面がある。

「あなたは確かに冷静で計画的で頭脳明晰だ。それに対して私は凡人で、頭脳もあなたとは雲泥の差かもしれない。しかし、いくら切れ者のあなたでも、殺人となるとそうめったに経験できるものではないだろう。私は殺人課の刑事として、毎日毎日何年も殺人事件と向き合ってきた。それが私の仕事であり、専門なんですよ。『殺し』がね……」。言われた犯人は大いに動揺するという成り行きで、こうしたセリフがコロンボのシビれるところだ。コロンボの迫力は「たたき上げ」の強みにある。

そのイノベーション実現の頻度はもちろん、顧客から受けてきた直接的なフィードバックによる試行錯誤によってＳＲＩは鍛えられ、イノベーション・マネジメントの「たたき上げ」と呼ぶにふさわしい存在となっている。そのトップにあるカールソンは、イノベーションの世界の刑事コロンボのような人といってもよいだろう。

その方法論というか「手口」に対する絶対の自信、ここに「たたき上げ」の本領がある。生み出した成果がこれだけ多岐にわたると、一口に「イノベーション」といっても、それぞれで相当に性質が異なる。イノベーションの傍観者はまず、いくつかの類型に分類して論じたくなるものだ（学者がその典型）。しかし、カールソンはそうした議論にはほとんど興味がないようで、「ま、いろいろあるけど、ようするに、イノベーションを生み出すプロセスというのはこういうものだよ」という直球で勝負してくる。

本書では、ＳＲＩが長年かけてイノベーションの実現に取り組み、プロセスから練り上げられた「五つの原則」が多くの事例とともにまとめられている。

①顧客と市場にとって重要なニーズに取り組む
②有用なツールを活用し、顧客価値を迅速に生み出す
③イノベーションを率いる「チャンピオン」となって、価値創出プロセスを推進する
④多様な分野の専門家を集めた混成チームによって、天才に負けない集合知を実現する
⑤チームの方向性を定め、価値の高いイノベーションを体系的に生み出す

目新しさはない。この手の本によくあるような「すぐに使える」テンプレートや分析フレームワークが出てくるわけでもない。しかし、じっくり読んでいくと実に迫力、説得力がある。

「たたき上げ」を感じさせるのは、テンプレートの代わりに、やたらと具体的なエピソードや固有名詞が出てくるというところである。本書の主張の骨格は、第一章で出てくるフランク・グァルニエリという人物のエピソードで生き生きと説明されている。単なる事例の記述やその一般化ではなく、イノベーションのプロセスを実際に駆動していく人間の気持ちが描かれている。概念の奇抜さではなく、実践に向けて読者を突き動かす力が本書の白眉である。

統合プロセスを駆動するのは「ストーリー」

イノベーションを生み出すためには多様性がカギになるといわれて久しい。日本でも「ダイバーシティ」といった言葉がよく使われるようになった。確かに、アイデアを生むために多様性は大切である。様々な異文化を許容するカルチャーや、組織の壁を取り払った議論も必要だ。本書でも、多彩な人材のリアクションを活用して顧客価値を生み出すための「ウォータリング・ホール」という場づくりが提案されている。

ところが、最近の日本企業では「ダイバーシティ」のかけ声のもと、多様性を大きくすること自体が自己目的化してしまうことが少なくない。多様性を確保できればイノベーションが出てくるというような安直な誤解があるように思う。

注意すべきは「多様性のワナ」に陥らないことだ。イノベーションのカギを握るのは多様性ではない。その後にくる「統合」にこそ、イノベーション・マネジメントの本質がある。本書で著者は「創造性には二種類ある。ゼロから一を創り出すものと、一から千を創り出すものだ」という日本の西和彦の言葉を引用して、イノベーションというのは後者の創造性である、と指摘している。世界を変える可能性を持つアイデアを見つけるのはそれほど難しいことではない。イノベーションが困難な真の理由は、「一から千を創り出す」プロセスを動かすのが難しいからである。

多くの有能な人材が、アイデアの創出を受けて市場化し、市場で成果を出すまで何年もの時間をかけて助け合いながら働かなければならない。著者は「イノベーションは共同作業以外の何ものでもない」と断言する。ランダムに生まれるアイデアを、市場での具体的な成果に向けて「統合」することこそが、イノベーションに突きつけられた課題なのである。

著者が繰り返し使っている事例にテレビのイノベーションがある。一九二七年にテレビを発明したのはフィロ・ファーンズワースだったが、一九三九年にテレビ放送の仕組みを作り、消費者に向けた放送を始めたのはデビッド・サーノフだ。サーノフはテレビやカメラといった機械だけでなく、放送局、番組コンテンツ、広告を束ねた一つの産業を構築した。ファーンズワースが「発明者」だったのに対して、サーノフは「イノベーター」だった。

「発明王」といわれたトーマス・エジソンが真の意味で巨大な存在だったのは、彼の仕事が発明にとどまらず、イノベーションまで一貫していたということにある。エジソンの代表的な発明である電球にしても、実用的な送電システムによる電力の供給がなければイノベーションとはなり得なかった。エジソンが設立したゼネラル・エレクトリック（GE）は、発明なりアイデアをイノベーションまで昇華させる統合装置であった。ここまで踏み込んだところにエジソンの凄味がある。

イノベーションに向けてアイデアや様々な活動を統合していくリーダーを、本書では「チャンピオン」と呼んでいる。本書で多くの個人名が出てくるのは、チャンピオンがイノベーションで最も重要な役割を果たすという証左である。

イノベーションは定義からして不確実で未知のものを扱うだけに、客観的データに基づく意思決定や指示だけでは統合プロセスが機能しない。ここがオペレーションとは決定的に異なるところだ。既存の製品をいかに効率的に作るかという製造技術の選択問題であれば、歩留まり九五％と八〇％を比較して、コストを勘案しても前者を選ぶ、という明確な基準に依拠できる。しかし、イノベーションのチャンピオンには、そうした客観的な物差しのない世界で自分なりの基準で物事を判断するセンスが求められる。そうしたセンスは、究極的には直感や好みとしか言いようのないものに根差しているにしても、それだけでは主観にとどまってしまい、人々は動かないし、プロセスを駆動できない。「自分がおもしろいと思っていても、世の中の消費者がついてこなければイノベーションとはならない」というのが著者の主張の根幹にある。

そこで不可欠になるのが、未来の顧客価値を想定した「ストーリー」である。

イノベーションのチャンピオンの一義的な仕事は、アイデアが様々な活動と組み合わさり、それがどのように消費者に受け入れられ、世の中を変えるに至るのかというストーリーを構想することにある。このストーリーがイノベーションにかかわるすべての人々に共有されることによって統合のプロセスが動き出す。イノベーションは未来の不確実な成果を狙っているのだから、数字を並べたてるだけでは投資も呼び込めない。イノベーションに投資する人々は、チャンピオンの構想するストーリーに投資をするわけである。組織の内外の人々をワクワクさせる力を持つストーリーを示さなければならない。

著者が批判しているインターネット・バブルは、ストーリー不在の「ビジネスプラン」が暴走した結果である。本書の第四章にあるように、雨後のタケノコのように出てきた新興企業に「顧客に提供している価値は何ですか？　それがどのような形で利益につながっていますか？」と聞いたところで、「それは後で考えます。今のところはうちのサイトへのアクセスを増やすことしか考えていません」という答えが返ってくるというパターンである。

ストーリーの起点となるのは、著者のいう「価値提案」である。それはイノベーションが創造しようとする顧客価値の本質を凝縮した表現であり、イノベーションの「コンセプト」といってもよい。前に触れた五つの原則のうち、はじめの三つがこのコンセプト創造に振り向けられており、著者はコンセプトの重要性を繰り返し強調している。

しかも、そこには「たたき上げ」ならではの知見が具体的な方法論の形でたっぷり詰め込まれている。価値提案の必須要素ＮＡＢＣ（ニーズ、アプローチ、費用対効果、費用対効果の競合との比較）や、提案法である「エレベーター・ピッチ」（一～二分で伝えられる価値提案の核心部分）などである。とりわけ「エレベーター・ピッチ」をめぐる様々なエピソードは、コンセプトがイノベーションの起爆剤であることを如実に物語っていて興味深い。

一意専心の美意識はイノベーションに通じる

限られた分野で事業を行っている一般的な企業体の成り立ちや目的は、もちろんＳＲＩとはまったく異なる。本書が提示する方法論は極めて理解しやすいものではあるが、長い時間をかけた試行錯誤の経験を凝縮した「たたき上げ」のそれであるだけに、すぐに応用して成果を出すのは簡単ではない。

しかし、コンセプトから始まるストーリーの構想がイノベーション・マネジメントの本質であるという本書のメッセージは、日本企業に対してポジティブなメッセージを投げかけているようにも思う。

日本企業に独自の強みがあるとすれば、「一意専心」に励む姿勢だ。先端的な金融機関や事業経営でも、今日のＧＥが得意とするような「ポートフォリオ」の最適化でパフォーマンスを出していくやり方は、日本企業が苦手としてきたところである。しかし、この裏返しで、特定の事業領域に長期的に専念し、そこを深掘りして事業を開花させることをよしとする美意識を、日本社会は共有している。この傾向は、深い洞察を込めたコンセプトを起点にストーリーを構想し、イノベーションを実現するという本書の方法論を実践するうえで追い風となるだろう。

「井の中の蛙（かわず）大海を知らず」というポピュラーなことわざがある。この言葉は中国の荘子が伝えた言葉で、原典は秋水篇にある寓話がもとになっているという。井戸のふちに足をかけていた蛙が、海に住む亀にこう言った。「僕はこの古井戸に住みながら青空を眺めている。君も入ってみなよ」。しかし亀は「井戸の外には君の知らない大きな大きな海があるんだ。

私は狭い井戸になんか入りたくないよ」と返した。蛙は自分の知らない世界があることに驚き、亀は蛙の知る世界の狭さにあきれた、という話である。狭い世界に閉じこもって、広い世界があることを知らない。狭い知識にとらわれて大局的な判断ができない状態のたとえとして、このところ日本企業の内向きの姿勢を批判する決まり文句になっている。

このことわざに、続きがあることをご存知だろうか。「井の中の蛙大海を知らず、されど空の深さを知る」。ここには、一つの世界にとどまることで、その世界をより深掘りし、独自の洞察を得ることができるという意味が込められている。おもしろいのは、これが日本バージョンである点だ。中国発のオリジナル版が日本に来て、「されど空の深さを知る」というオチが新たに付加されたという。ここにも「一意専心」「たたき上げ」の思想が感じられる。

実際、これまでに日本企業から生まれたイノベーションの成功例には、一意専心の成果という色彩が強い。たとえば、任天堂の「Ｗｉｉ」。絵の迫力ではソニーのプレイステーション３に負けるが、新しいゲームの楽しみ方を創造し、世の中を変えたイノベーションであった。技術的に優れたハードウエアを開発しようとしても、ソニーの強力な演算チップに勝てるわけがない。そこで任天堂は昔から手がけてきた花札の世界を目指した。花札というゲームの価値は、ハードウエア（たとえば、花札に描かれた「猪鹿蝶」のきれいさ）ではなく、「ちくしょう！」「よしきた！」とゲームに興じる人間のインタラクションにある。Ｗｉｉは、そうした花札の世界に原点回帰し、「人間のインタラクションが生み出すおもしろさ」の本質を見据えたコンセプトによって、新しいストーリーをゲームの世界に持ち込んだ。これがイノベーションとして結実した事例である。

地味な産業材の分野でも、マブチモーターの標準化された小型モーターや東レの炭素繊維などのイノベーションの成功は、その背後に一意専心の論理がある。ユニクロの「ヒートテック」もまた、東レとがっちり組んで、長い時間をかけて素材開発からコミットした結果として生まれたイノベーションである。ヒートテックはアパレルの世界に新しいカテゴリーをつくり、人々の生活スタイルを変えるに至った。それはフワフワした流行を追いがちなアパレル業界にあって、「万人のためのベーシックな服」の世界でビジネスを深掘りしていくという、ファーストリテイリングの基本姿勢がなければ決してなし得なかったイノベーションである。

本書は、イノベーション・マネジメントに一意専心してきた著者の知見が詰まった「たたき上げ」の方法論である。日本の読者が、今度は自ら自分の事業に一意専心し、そこから素人が及びもつかない「たたき上げ」のストーリーを構想し、イノベーションに向き合うきっかけを提供できれば、監訳者としてそれ以上の喜びはない。

一橋大学大学院国際企業戦略研究科教授
楠木　建

イノベーション5つの原則　目次

はじめに

　イノベーションの必要性が叫ばれている。あなた自身のイノベーションはもちろん、あなたの会社でも、あなたの国でも、イノベーションが最も重要な課題であることは論を待たない。

　この本を読むべき理由は二つある。第一に、われわれＳＲＩインターナショナルが、国際的な研究機関として六五年にわたって世界を変えるイノベーションを生み出し続けてきたこと。第二に、そのイノベーションを生み出してきたメソッドやプロセスは、企業や組織で長期的にも短期的にも応用可能であることだ。

　ＳＲＩが生み出してきたイノベーションは、あなたの身のまわりにもある。[1]

- コンピュータのマウス
- インターネットのＵＲＬ（.com, .org, .govほか）
- モバイル・コミュニケーションそのもの（最初に送信実験をしたのも、インターネットの前身のアルファネットに最初にログインしたのもわれわれだ）
- 銀行小切手の下部に記載されているナンバー（磁気インク文字認識で、各人の口座残高が正確に管理される）

●アメリカの郵便サービスが使っている郵便物トラッキングシステム（一日数百万通の郵便物の迅速な配送を可能にしている）
●抗マラリア薬ハロファントリン（致死率の高いマラリアに対する特効薬だ）
●いくつかのＨＩＶ（エイズウイルス）治療薬や癌治療薬
●ハイビジョンテレビ（放送業界で最も権威ある賞であるエミー賞を受賞し[2]、映画製作の技術に貢献したことから、アカデミー賞まで受賞している）

ＳＲＩはまた、画期的な技術を持った新しい会社を生み出し、その数は数十社に及ぶ。たとえば、ニュアンス・コミュニケーションは、コンピュータ音声認識システム業界のナンバーワン企業だ[3]。チャールズ・シュワブのサイトであなたがオペレーターに話しかけるとき、あなたはこの技術を無意識に使っている。

インテュイティブ・サージカルは、ロボット手術業界のナンバーワン企業だ。この会社の「ダ・ヴィンチ」手術システムは、胸を切り開いて外科医が手を突っ込んで心臓の手術をするかわりに、三つの小さな穴から細いロボットアームを差し入れ、それを外科医がモニタースクリーンを見ながら、まるで自分の手を動かすように自在に動かして手術をするというものだ。このシステムにより、患者の術後回復は劇的に早くなり、入院日数も減り、患者も保険会社も負担が小さくなった。実際に、入院日数は五〜八日から二〜三日に減り、仕事を休む日数も二カ月から一カ月に短縮されたアーティフィシャル・マッスルは、人間の筋肉のようなモーターを作る会社だ。「人間の筋肉のようなモーター」というのは、軽くて、変換効率がよく、パワフルで、しかも様々な大きさや形のものに対応できるモーター、ということだ。こうしたモーターは、現在、家電や車の中で使われている小さなモーターすべてに置き換わる可能性がある。

ＳＲＩは今まで、数万件の研究プロジェクトを推進し、数兆ドルに及ぶ市場価値を生み出してきた。世界の半分以上の国から、ＩＴ、バイオテクノロジー、ナノテクノロジーといった、あらゆる技術エリアの技術開発を受託している。クリーンなエネルギーを作り出すこと、薬の開発方法を変えること、教育システムを効果的なものにすること、そして、インターネットのセキュリティや、アメリカそのもののセキュリティを上げること。われわれは、世界をよりよい方向へ変革するために、様々な挑戦を続けている。

もちろん、これらの素晴らしいイノベーションは、ＳＲＩだけでなし得たものではない。ＳＲＩのアイデアや発明は、たくさんの優れた顧客やパートナーの手を介して初めて、市場に出ることができた。彼らにはいくら感謝をしても足りない。

われわれは「豊饒の時代」に生きている。「工業化の時代」の製品の進歩には製造上の制約が常につきまとっていたが、知識情報産業の製品やサービスの進歩は天井知らずだ。イノベーションさえできれば、ビジネスチャンスは無限大である。イノベーションは繁栄をもたらし、人の生活をより豊かにする。イノベーションは、生産性、差別性、それに国富の源泉だ。貧困、健康、環境といった諸問題は、イノベーションを結集しなければ解決できない。そして、それを実現するには、スピードを上げることが必要だ。

SRIは、イノベーションを生み出すための行動原理とプロセスを開発している。それは、あらゆる企業で援用可能なものだ。これこそが、この本の中心テーマとなる「イノベーション五つの原則」である。

何がイノベーションを成功に導くのかについて、多くの人が誤解をしている。

イノベーションというのは、「技術的に優れたガジェットの発明」などではない。「発明」だけでは不十分だ。「発明を世に出すこと」に成功して初めて、イノベーションは成立する。言い方を換えれば、イノベーションとは、「アイデアを顧客価値に変換すること」であり、それが結果として、継続的な利益を企業にもたらすものだ。「改善」「改良」レベルのイノベーションもあれば、物事を一気に様変わりさせてしまうようなイノベーションもある。いずれにせよ、「市場に新しい顧客価値をもたらすこと」こそが「イノベーション」なのである。

イノベーションとは何か？　イノベーションを達成するにはどうしたらいいのか？　この点についても、誤解している人は多い。

組織のトップは、しばしば大成功を狙って「創造性」を奨励する。「創造性を高めるための全社的プロジェクトチーム」を結成している会社もある。しかし、本当は「何のための創造性なのか？」を問うべきだ。単に「創造性」そのものにフォーカスをあてるのは、経営資源の無駄遣いであり、たくさんのフラストレーションを引き起こすだけだ。

「クリエイティブな組織は統制がとれない」というぼやきもよく聞こえてくる。これもまったくの間違いだ。
本当の意味で創造的な個人やチームや組織は、きちんとしたプロセスと行動原理を持っている。ただしそれは、「イノベーションを引き起こすためのクリエイティビティを解き放つような、ある種特別な行動原理」なのだ。あらゆる組織で、多大な労力が間違って使われている。そのことを考えれば、様々な商品の成功率の低さも、会社の平均寿命が年々短くなっていることも、驚くに値しない。
ただし、これだけ失敗が多いということは、裏を返せば、ほんの少しの努力でも大きな成果を上げられる可能性がある、とも言える。そしてその成果の大きさは、限りある天然資源の探索などとは異なり、無限に広がる可能性を持っているのだ。なぜならこれは、イノベーションの話だからだ
企業は、イノベーションを生み出す力を向上させることができる。
図表0-1は、イノベーションにかかわるベストプラクティスを活用すれば成長が可能であることを示している。この図の下部に描かれた下向きのラインは、新製品や新サービスの八〇~九〇%が、一年ほどで失敗に至っていることを示している。[4]
これらの失敗の原因は、技術やリソースの問題ではない。失敗の主因は、顧客の欲しいものを提供できなかったことにある。企業が、顧客ニーズを把握できていなかったのだ。一方で、顧客に焦点を定めている企業は、右上に向かって成長していくことができる。顧客に焦点を定めたうえで、顧客価値を把握するための言語とツールを共有した企業は、さらに優れた結果を

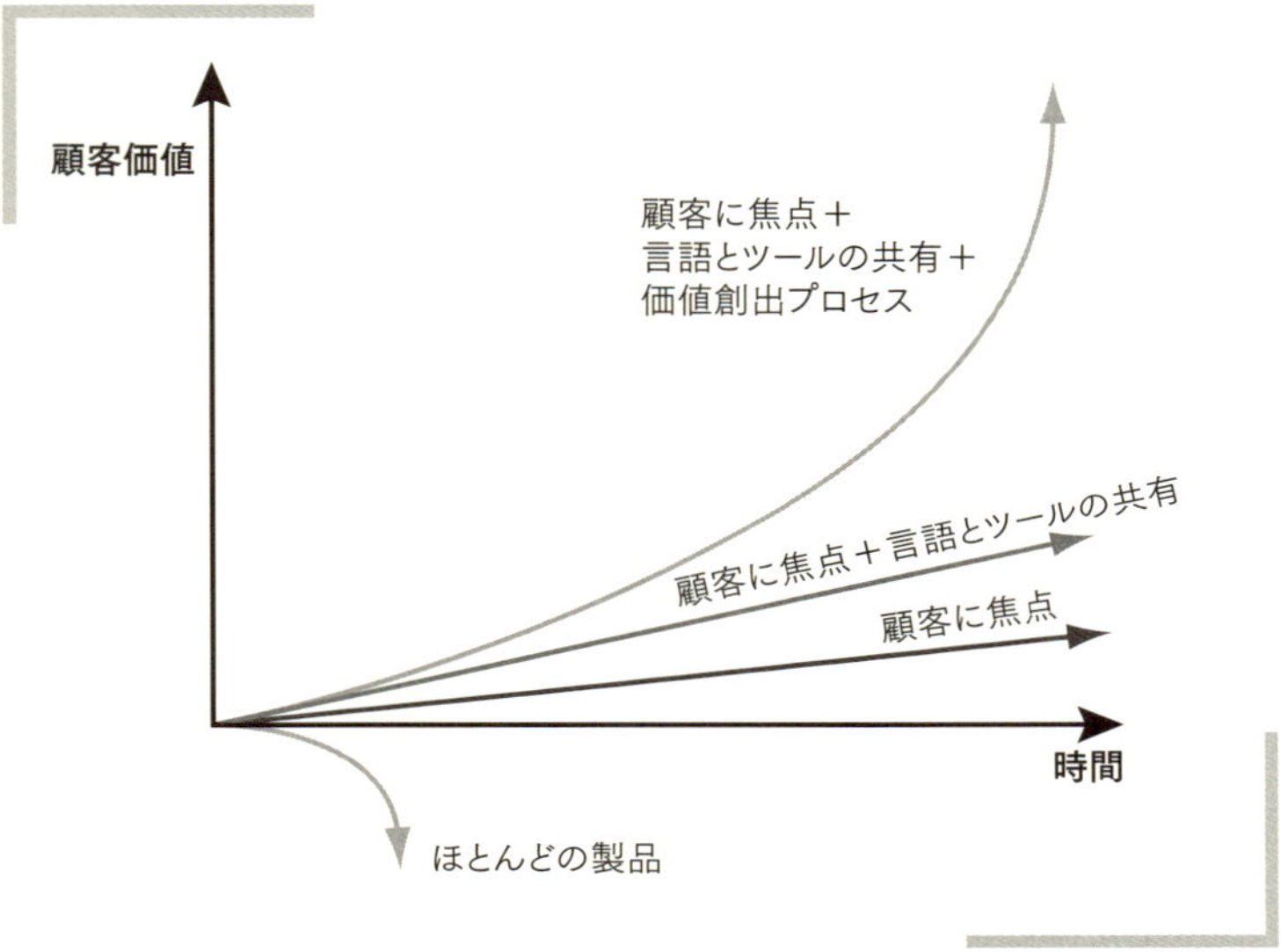

図表0－1：顧客価値創出に必要な要素
顧客に焦点を定め、顧客価値を把握するための言語とツールを共有したうえで、顧客価値を生み出すための体系的プロセスを確立した企業が、顧客価値の創出に成功する。

出す。顧客に焦点を定め、顧客価値を把握するための言語とツールを共有し、価値を生み出すための体系的なプロセスを確立した企業は、より大きな成果を得る。「イノベーション五つの原則」は、こうした望ましい状態をチームや企業で実現するための方法論だ。

現代は、歴史上まれにみるエキサイティングな時代で、チャンスにあふれ、変化にあふれている。「イノベーション五つの原則」は、あなたを、あなたのチームを、あなたの会社を、そしてあなたの国を、成功に導くはずだ。それは、イノベーションを自在に操り、豊饒の時代を切り拓くための戦略とプランを与えるものだ。

第１章

イノベーションの本質を知る

フランクがホームランを打つまで

THE ESSENCE OF INNOVATION: HOW FRANK HIT A HOME RUN

「イノベーションは今や、成長と反映、そしてクオリティ・オブ・ライフの最大の原動力である」[1]

スタンフォード大学　ポール・M・ローマー

真のイノベーション

「イノベーションとは？」という質問への答えは、千差万別だ。

- トランジスタの発明のような、技術的ブレークスルー
- 電動一輪車をはじめとする、新発明
- 格安航空会社などの、新しいビジネスモデル
- コンピュータ製造の低コスト化をはじめとする、新しい製造プロセス
- 流麗でセクシーな車のように、新しくクリエイティブなデザイン

イノベーションを引き起こすには、「創造性」が必要だ。「発明」も必要だ。さらに「技術」「ビジネスモデル」「製造プロセス」「デザイン」といった要素も必要だ。しかし、それだけでは十分ではない。

イノベーションとは、新たな顧客価値を創り出し、市場に送り届けるプロセスである。[2] 何かを発明したとしても、顧客にとって新たな価値を創出し、実際の市場に導入しなければイノベーションとは言えない。

イノベーションと呼べるものの一つに、オンライン書籍販売をはじめとする販売の新手法がある。それは、顧客にとって新しい価値を創り出しているからだ。消費者は、自宅にいながらにして、豊富な品揃えの中から手軽に本を選び、購入できるようになった。もちろん、イノベーションが成功するには、それが実現可能であり、継続的に利益が計上できることが必要だ。

画期的な新製品の考案者は大勢いる。だが、市場導入に成功した人は少ない。

一九二七年にテレビを発明したのはフィロ・ファーンズワースだが、一九三九年にテレビ放送の仕組みを作り、消費者に向けた白黒放送を始めたのはデビッド・サーノフだ。[3] サーノフは、テレビやカメラ、放送局、番組コンテンツ、広告を束ねたビジネスモデルを構築し、成功に導いた。ファーンズワースは機械を「発明」し、サーノフは、あらゆる要素を組み合わせて一つの産業を構築して「イノベーション」を起こしたわけである。

イノベーションが生み出す顧客価値は、ほんの小さなものかもしれない。たとえば、看護師が医療処置の手順を改良することや、スリーエムのポスト・イットのようにメモの取り方を改善するようなイノベーションが、この部類に入る。一方で、イノベーションが世界中に革命的なインパクトを与える場合もある。ウォルマートの「大量仕入れ大量販売」がその好例だ。

影響度の大小にかかわらず、イノベーションは常に、新たな顧客価値を生み出している。顧客価値とは、市場における価値、つまり製品やサービスのベネフィットからコストを引いたものだと定義できる。顧客にとって価値があるのは、コンピュータの高解像度ディスプレイのような、目に見えるものばかりではない。サービスや利便性、あるいはそれを持つことによる自己表現といった、目に見えないものも含まれる。

アップルのｉＰｏｄ ｎａｎｏは、好みの音楽を数百曲保存できる。ポケットに入れて音楽を気軽に持ち運ぶことも可能だ。こうした利便性に加えて、製品そのもの、サービス、購入時や使用時の体験やそのときの気分など、様々な次元の顧客価値にフォーカスをあてることで、アップル、ディズニー、レクサス、スターバックスといったブランドは大きな顧客価値を創出し、結果としてプレミアム価格の設定を可能にしている。

顧客価値は、単なる流行りのビジネス用語ではない。

「顧客価値の提供が、イノベーションを成功に導く」ということが理解できていないために、才能あふれる優秀な人材の多くが挫折感にさいなまれている。彼らは、何が求められているのかわからないから、成功への道筋が描けないのだ。経営陣が重要な可能性を秘めた新製品や新サービスを見逃しがちな理由もここにある。経営者は、イノベーティブなアイデアを持った部下の存在が煩わしいとすら感じる。「彼らはビジネスの実情を理解していない」「画期的な新型デバイスとやらを消費者が求める理由を、明確に立証できていない」、そんなふうに思っている。こうした経営者は、社員を巻き込む方法や、社員を「煩わしい存在」から「イノベーションのスーパースター」に変身させる方法をわかっていない。

チャンピオンが生まれるまで

典型的なエピソードを紹介しよう。

フランク・グァルニエリは、間違いなく「イノベーションのスーパースター」の部類に入る人材であった。アイデアにあふれ、優れた研究者のフランクは、挫折感を嫌というほど味わっていたはずだ。フランクが私（本章で「私」というのは本書の共著者カーティス・R・カールソンであり、当時SRIの子会社、サーノフ・コーポレーションに在籍していた）をオフィスに訪ねてきたとき、私は新規事業担当のバイス・プレジデントだった。彼とは久しく会っていなかったし、親しい間柄というわけでもなかった。しかしフランクにとっては、私が最後の頼みの綱だった。彼は、「ブルックリンなまり」の中にも学識を感じさせる独特の抑揚で話をした。その情熱と率直さを前に、私は即座に話を聞くことにした。

フランクは、「バイオテクノロジーについて何かご存知ですか？」と私に聞いた。私が知らないと答えると、彼はややあきれた表情を浮かべた。また時間のムダかと思ったことだろう。後になってわかったことだが、彼は、私で駄目なら会社を辞めようと思っていたらしい。最後のよりどころが私だった、というわけだ。そんなことを露ほども知らない私は、「ご用件は？」と尋ねた。フランクは、いいアイデアがあるけれども支援を得るのに苦労している、と打ち明けた。私がそのアイデアについて尋ねると、逆にこう聞かれた。

「タンパク質が、多数の原子が集まってできた高分子化合物だということをご存知ですか？」

「はい」と答えると、今度は、「なぜそうなっているかわかっていますか？」という質問が返ってきた。

「いいえ、わかりません」と答えると、またあきれた表情が浮かんだ。

フランクは熱心に説明してくれた。「なるほど」と私は言ったが、十分理解しているわけではなかった。

フランクは説明を続けた。タンパク質に何らかの問題が出れば病気になり、異常をきたしたタンパク質を修復するために薬が必要になる。問題は、薬の分子がタンパク質に比べて小さいこと。薬は、特定のタンパク質の特定部位に正確に結合して初めて機能する。逆に、他のタンパク質に結合すると副作用が起きる。この二つの条件があるため、新薬開発は困難を極める。

それは、見知らぬ観客一〇万人を収容したフットボール競技場で、最も相性のよい人物をたった一人だけ探し当てるようなものだ。新薬開発に一〇億ドル、一五年を要するのは、このためである。まさしく干し草の山から針を探すようなものだ。

フランクの話に引き込まれた私は、「君のアイデアは？」と聞いた。

「コンピュータでタンパク質の特定部位に正確に結合できる小分子化合物を設計し、問題を解決します」

「これは重要度が極めて高い」と、私は判断した。私のプロジェクト支援チェックリストで、フランクはジャックポット（大当たり）を引き当てた。これが実現できれば、医学界に大きな貢献をできる。問題は本当にできるかどうかだ。

私は、フランクにこれをどう実現するのか説明してもらったが、それはうまくいかなかった。優秀な人にありがちだが、フランクは自分と他人の知識レベルが同じだと考えていた。もちろん私にそんな知識はない。さらにこの段階ではよくあることだが、説明されて私の疑問は解消されるどころか、逆に増えてしまった。たとえば、これとは別の課題解決方法がないのかどうか尋ねると、フランクは、自分の知っている限り直接競合するアプローチはないと答えた。しかし、私の経験では、競争は常に存在する。

価値提案（NABC）の重要性

この時点で、別の会議に行く時間になった。フランクは「次はどうすればいいですか？　報告書を一〇〇ページばかり書いて、一カ月後にまた来ましょうか？」と聞いた。

私はこう答えた。「いや、今晩七時にもう一度来てくれないか。そのときに四つの質問に対する答えを聞かせてほしい。それで、君が考えているアイデアの価値が明確になるはずだ」。私は迅速に行動することで、支援する姿勢を示そうとした。

「四つの質問とは何です？」

「①市場のニーズは何か？　②そのニーズに応えるために、どうアプローチするか？　③そのアプローチの費用対効果は？　④その費用対効果は競合と比べてどうか？　だ」と私は答え、同時にこの四つの質問が「価値提案」、略して「NABC」であると説明した。①ニーズ(Need)、②アプローチ(Approach)、③費用対効果(Benefits per costs)、④競合(Competition)の略だ。「これが基本だよ。いくら大量の報告書を書いたところで、この四つの質問を簡単な言葉で説明できなければ意味がない」。

「わかりました」

別れる前に、私はもう一つ質問をした。「私が君のパートナーとなって一緒に仕事をするようになったら、『プロジェクト・チャンピオン』になって、アイデアを実現するために必要な責務を果たす意思はあるかい？」。

「『チャンピオン』になるとは、どういうことですか？」

私は、リーダーたるチャンピオンの要件として、プロジェクトへのコミットメント、チームワーク、企業責任、説得力のある価値提案を構築するプロセスへの関与、そして忍耐力を挙げて説明した。フランクは眉をひそめ、半信半疑の様子で次のように聞いた。

「そこまでやって、成功率というのはどの程度でしょうか？」

「こういったことをすべて実践すれば、私の経験上、成功率は非常に高い。一〇〇％に近い場合もある」。フランクがなおも決めかねる様子だったので、私は重ねて言った。「初日から覚悟を決めるのが大変だというのは百も承知だ。まずスタートしよう。でも、一、二週間のうちにもう一度聞くよ。『チャンピオン』になるか、とね。答えがノーなら、その時点でプロジェクトは打ち切りにしよう」。

フランクが「わかりました」と答え、われわれはプロジェクトに着手した。

フランクは最初の価値提案を手に、その晩戻ってきた。予想通りわかりにくい内容で、中途半端だった。最初の提案というのは、常にそういうものだ。多忙な人間が素早く「把握」できるように説明する——これがイノベーションの初期段階における難関の一つだ。「改善」「改良」レベルのイノベーションでもそれは難関だが、フランクのアイデアは明らかにこの種のものではない。価値提案の明確化には、何十回もの修正や手直しが必要になる。ともあれ、フランクのイノベーションはそこからスタートした。

われわれはとにもかくにも始動し、フランクにはアイデアがあった。彼は私のところに日参し、来るたびに価値提案を明確にしていった。有能な仲間、ジョン・カルプも加わった。これは大きな前進だ。この分野で学識豊かな二人が集まり、そこに私も参加した。私の貢献は何かといえば、これからやらなければならないプロセスを提示し、最終的に四つの質問に対する回答がどうあるべきかをガイドすることだった。

重要なメンバーも徐々に集まった。[4] フランクは大勢に話をし、見込み顧客や戦略パートナーに接触し、ＮＡＢＣ価値提案の再検討と手直しにも継続的に取り組んだ。それは、まさに多事多難だった。その道の「専門家」は、不可能だと口を揃えた。フランクは無視され、拒絶され、時には侮辱されたが、常に礼儀正しく、忍耐強さを忘れなかった。

フランクに「チャンピオン」になる気はあるかと再び尋ねる必要はなかった。最初にディスカッションして以来、フランクはひたむきにまい進し、辞めようとはしなかった。

フランクとフランクのチームは一年以上、この難事業に取り組んだ。プロジェクト始動当初、フランクは目標についてこう言っていた。「年間予算数十万ドルの研究プロジェクトが目標ですが、それ以上のことをやりたいものです」。

私は「できるさ」と応じていた。最終的にフランクは、画期的な新会社ローカス・ファーマシューティカルズ（以下ローカス）の創業メンバーとなった。研究プログラムの予算は数百万ドルに及び、この分野で優秀な人材が揃っている。忘れてならないのは、フランクがイノベーションを成功に導くために必要なスキルと原則を習得していったことだ。

創業以来、ローカスは目覚ましい発展を遂げている。新規資金四〇〇〇万ドルの調達を目指し、最終的に八〇〇〇万ドルを調達したこともある。一〇〇〇万ドルのベンチャー投資を確保することさえ難しかった時期の話だ。大成功の理由は、ローカスが前例のない重要なプロジェクトに取り組んでいたことだ。すなわち、新薬開発を丸ごとコンピュータでやろうとしていることにほかならない。これが実現すれば、新薬開発費用を大幅に削減できるばかりか、開発期間を数年単位で短縮でき、一気に時代を変えるイノベーションになる。

現在ローカスは、大型の新薬候補を複数抱えている。目覚ましい発展の出発点は、フランクが最初の価値提案を何度も練り直したこと、そしてその土台であるイノベーションの方法論にある。同社の開発薬が安全で有効であることを立証するまでの道のりは遠い。しかし、新薬開発の歴史に残る「橋頭堡」を築いたことは確かだ。フランクたちはホームランを放ったのだ。

SRIの今日に至る道のり

私は、一九九八年にSRIの最高経営責任者（CEO）に就任した。SRIは華々しいイノベーションの歴史を有する研究機関であり、時代を変える製品やサービスの開発で高く評価されている。ＳＲＩの幾多の功績は、新しい産業を多数生み出したことである。本書冒頭で挙げたイノベーションだけでなく、様々な社会的ニーズに貢献をしている。医療用超音波画像診断技術からクレジットカード・システム、超水平線レーダー、世界数十カ国の経済発展支援（スウェーデン国王からはスウェーデン北極星勲章を授与された）、障害児支援のオンライン・プログラム、警察・消防への緊急電話システム、「ステークホルダー」という用語、ＳＷＯＴ（Strength＝強み、Weakness＝弱み、Opportunity＝機会、Threat＝脅威）分析の基本的概念に至るまで、その貢献は多岐にわたる。

羨望されるような歴史を持っていたにもかかわらず、ＳＲＩの成長は一九九〇年代に止まっていた。私が提示したイノベーションの原則はフランクたちを成功に導き、今日の知識情報社会で成功するために必要なスキルを提供したが、それは、ＳＲＩのＤＮＡに組み込まれていたものではなかった。世界中の研究機関と同様、ＳＲＩのイノベーション創出プロセスは時代錯誤のものとなっていた。数々のイノベーションを生み出した非凡な組織が、衰退しつつあった。移り変わりの速い現代でＳＲＩが成功を望むのであれば、付加価値の高いイノベーションをいっそう早く世に送り出さなければならない。しかし、どうすればいいのか？

孤高の天才や奇跡を待ってはいられない

ＳＲＩは、イノベーションの成功事例について、成功を支える要素を分析した。不足していたのは、どうすればイノベーションを成功裏に生み出し、魅力的な顧客価値を創出できるかという方法論だった。孤高の天才や奇跡が成功をもたらしてくれると期待するのは、企業の存亡をかけた現実的プランではない。天才がある日会社を辞めてしまえば、それで終わりだからだ。必要だったのは、イノベーションを「方法論」にすることだった。すなわち、イノベーションを体系的に教えることができ、一歩一歩学ぶことができる「科目」にすることである。そうすれば、個人が、チームが、最終的には組織全体がDNAの一部として学べるものになる。

われわれは、トヨタが全社員に訓示した言葉に刺激を受けた。「どんなものであれモノづくりには、『ルール』、つまり体系的な製造の方法論があるべきだ。現場の人間がそのルールを完全に理解していようがいまいが、『ルール』の存在の有無が、製品品質やコスト、安全性等の決定的要因を左右する。つまり、製品の成否を左右するのである」[5]。「イノベーションを生み出す体系的方法論」を構築すること。これこそが、SRIがやらなければならないイノベーションだった。過去のイノベーションから組織内の全員が学び、理解することができるベストプラクティスを土台として、「イノベーションを生み出す体系的方法論」を構築するのだ。

イノベーションは方法論にできる

SRIは、イノベーションの体系化、つまりイノベーションを方法論にするため、世界各国の企業・団体と提携し、ベストプラクティスを確立している組織を常に探し求めた。メイフィールド・ファンド、USベンチャー・パートナーズ、モーガンテラー・ベンチャーズといった名だたるベンチャー・キャピタルのほか、ソニーやリッツ・カールトン、スイスコム、モトローラ、インテル、IBM、トヨタ、IDEO、トムソン、ウィプロ、ゲイツ財団といった有力企業・団体とも意見を交換した。国防総省国防高等研究事業局（DARPA）や国立衛生研究所（NIH）、エネルギー省（DOE）、国立科学財団（NSF）をはじめ、多数の政府機関とも連携した。そして見出した実践法を、SRI社員が、SRI流の考え方のもとで日々生み出しているベストプラクティスと、つけあわせていった。

こうした中で明らかになったのは、イノベーション創出プロセスへの統合的アプローチが足りないということだ。付加価値の高いイノベーションの創出を確実なものにするためには、あらゆる要素が揃わなければならない。必要なのは、イノベーションが「何たるか（What）」だけではなく、「どうすべきか（How）」を示す青写真だ。そして最終的に、成功するには、「五つの原則」をマスターすることが必須であるとわかったのである。

イノベーションを生み出すベストプラクティスに関する研究成果が、本書の基本的な考え方、すなわち「イノベーション五つの原則」（後段に詳述）に結実した。われわれが突き止めたのは、イノベーションで成功するために全社を一新する必要がないことだ。全社員の解雇や、難解な業務手法の導入は必要ない。一度限りの「奇跡」を期待するかわりに、フランクのように、この五原則を実践すればよい。それが価値創造の成功につながる。「イノベーション五つの原則」はフランクのような優秀な人材から、仕事に飽きて給料泥棒と化している人材まで、組織内の全員にキャリアアップの機会をもたらす。新規プロジェクトへの投資をめぐる意思決定を求められている経営者には、ビジネスとイノベーションの間のミッシングリンクを提供する。

つまり、競合は誰か？　イノベーションの生み出す市場価値は何か？　ビジネスモデルは何か？　どうやって実現するのか？　を明らかにするのだ。すると、組織全体が、イノベーションのできる組織に変わる。フランクのような人材があらゆる階層でひしめく組織になるのだ。

「イノベーション五つの原則」はＳＲＩ社内で活用され、「ＳＲＩイノベーション・ワークショップ」を受講した外部顧客にも共有されている。経済成長率が一ケタ台でもたつく中、ＳＲＩは、これを導入して二ケタ成長を実現した。そしてこの「五つの原則」は、企業や政府機関、非営利団体、大学など、どんな組織にも適用できる。いずれの組織も顧客を持っており、したがって、顧客価値の増大を図ることができるからだ。ＳＲＩの成功を機に、イギリス放送協会（ＢＢＣ）や日本電信電話（ＮＴＴ）、台湾有数の研究機関、工業技術研究院（ＩＴＲＩ）をはじめ、世界中の有力企業・団体がワークショップを受講した。

どんな組織でも、新しいプロセスを導入しようとすれば、動揺が走る。新しいプロセスが自分の仕事やキャリアにどう影響するのか、社員が危惧するためだ。ＳＲＩと三年間仕事をしてきた国際的企業の経営陣から、最も頑固な反対派を説得するよう依頼されたこともある。説得できれば、ＳＲＩの考え方を全社に導入するという。

一五人の反対派グループに実際に会ってみると、確かに強硬な反対意見を持っていた。しかし反対派の面々はワークショップに参加して、紹介した主なスキルの利用方法を習得し、ワークショップの最後には、「はるかに生産的で楽しいビジネスの進め方」に敬意を表して、祝賀会を開いてくれた。こうした「反対派」は、実際には自社について深く憂慮し、貢献したいとひたむきに仕事に向かう人たちだった。彼らには単に、前途を指し示す地図が必要だっただけなのだ。「イノベーション五つの原則」が、その前途を描き出したのである。

現代の世界経済はチャンスであふれているが、その変化はめまぐるしく、激変する情勢と増大する競争圧力の中で優位性を維持するには、イノベーションを実現するほかない。こうした状況が、イノベーションを生み出すプロセスや、チームの行動、事業体制の見直しを迫っている。繁栄するには、競合より優れたイノベーション・プロセスが必須となる。組織が生き延びる可能性を高めるには、投入した時間と資金に見合う、魅力ある顧客価値の構築が不可欠だ。

「いつも通り」は通用しない

今後も変化のスピードは加速し、イノベーションの機会は増え続ける。個人も、企業も、より激しい変化にさらされる。一世代前は、終身雇用が一般的だった。今では、同じ会社で一五〜二五年間同じ仕事をし続ける人は少ない。プロジェクト・マネジャーも、公務員も、小さな店の店員も、非営利団体のスタッフも、ハイテク企業の社員も、皆同じように不安を覚えている。キャリアに影響を及ぼすような構造変化が水面下で起きていることを、誰もが感じている。

「いつも通り」のやり方は、惨事を招く処方箋だ。知名度の高い企業が、急速に消えつつある。コンピュータ業界からはディジタル・イクイップメント・コーポレーション（DEC）やコンパック、会計・コンサルタント業界からはアーサー・アンダーセン、通信業界からはAT&T、家電業界からはRCAやポラロイドが姿を消した。ゼネラル・エレクトリック（GE）やジョンソン・エンド・ジョンソン、プロクター・アンド・ギャンブル（P&G）といった優良企業が堅調である一方、ユナイテッド航空やゼネラル・モーターズ（GM）、シアーズ、フォード、ヒューレット・パッカード（HP）といった大企業が苦戦する姿には驚きを禁じ得ない。

　マイクロソフトのような巨大企業ですら、成長が鈍化した。トップを走り続けるには、より効果的なイノベーションを創出していく必要がある。[6] ビル・ゲイツはこれをよくわかっており、こう述べたことがある。「マイクロソフトは、破たんまでわずか二年しかない」。つまり、次世代イノベーションを二年ごとに生み出す必要があるという意味だ。

　われわれの仕事は、ハリウッド式に変わりつつある。チームを発足させてプロジェクトを進め、終われば次のチームに移動するというスタイルだ。しかし、こうしたハリウッド・モデルは、一部の人には魅力的かもしれないが、踏襲・実践が難しい。加えて、アウトソーシングやオフショアリング、買収、経営破たんによって、一夜にして仕事が危うくなると、誰もが不安を抱くことになる。より前向きなアプローチが求められる。

　まず問うてみることだ。

「顧客は誰か？　顧客にどのような価値を提供できるか？」

それがスタートとなる。そうすれば、どんなスキルが必要か自ずと明らかになる。すべての人が、顧客や組織のために、何らかのイノベーションを起こして価値を生み出さなければならない。そしてわれわれは、すべての人がそうできると信じている。まずは「イノベーション五つの原則」を、あなたとそのチームに活用してほしい。ただし、この原則が最大の効果を発揮するのは、全社に導入され、組織のプロセスや企業風土が新たな顧客価値の迅速な創出に貢献するようになったときだ。この水準にまでできた状態を、われわれは継続的な価値創出（CVC：Continuous Value Creation）と呼んでいる。

二〇世紀初頭にヘンリー・フォードが大量生産を実現するまで、消費者にとって自動車は高嶺の花だった。中間層や労働階級には、価格が高すぎたのだ。大量生産が確立されてからはずっと、製品品質が悪いのは、製造プロセス上仕方のないことと片づけられていた。その後、W・エドワード・デミングが製品品質を継続的に改善するプロセスを開発し、製造業界に革命をもたらした。[7]デミングとトヨタの大野耐一らが、日本で、そして世界中で品質問題に取り組んだ。その結果、今日では、ほぼすべてのメーカーがデミングと大野の提唱したリーン生産方式を取り入れている。

ただし、品質とコストだけで競争力が得られるわけではない。さらに三つの要素が必要となる。第一に、会社全体を、品質とコストだけにとどまらない顧客価値のすべての要素にフォーカスさせること。第二に、このイノベーション創出プロセスを改善し、より確実に、より低コストで、より迅速に価値の高いイノベーションを生み出せるようにしていくこと。第三に、既存の製品とサービスを継続的に改善すると同時に、将来のために画期的かつ大きな機会を新たに探し続けていくことだ。

継続的な価値創出（CVC）とは、工業化の時代から知識の時代への移行を背景に、フォードとデミングの成果が発展した状態だ。「価値の創出」とは、ビジネスの全要素が顧客価値の創出にフォーカスしていることを指し、「継続的」とは、組織全体でそのプロセスが学習され、活用されていることを意味する。

顧客価値には、多くの要素がある。物理的機能、品質、耐久性、サービス、利便性、使用体験、信頼性、情緒的便益、自己表現、それにコストだ。価値がどんなものなのか、われわれは直感的に理解している。それは、「支払うコストに対して製品のもたらすベネフィットの合計」だ。たとえば、マクドナルドのハンバーガーの質はそう高くないかもしれないが、コストは非常に低い。だからそこに顧客価値が生じる。逆に、あなたが誰かと高級レストランに出かけたとする。その場合、食事やサービス、雰囲気といったベネフィットは価格以上のものでなければならない。価値は、ベネフィットの向上によっても、コストの低減によっても、高めることができる。

グローバリゼーションが進み、イノベーションがスピードアップするに伴って、イノベーションを創出する手法の見直しは、待ったなしの大命題となる。顧客価値を軸とする継続的なイノベーションが唯一有効なアプローチであり、将来の課題に対応するための唯一の方法である。新しい製品やサービス、企業の構築を成功に導く能力をわずかでも引き上げられれば、それはあらゆる国の経済に大きなプラスとなるはずだ。

イノベーションの成功に向けて顧客価値にフォーカスするとき、あなたは以下のような重要な問いへの答えを探すことになる。

- 顧客は誰か？
- どのような顧客価値を提供するか、それをどのように測定するか？
- 迅速かつ効率的、体系的に新しい顧客価値を創り出すために、どういった方法をとるべきか？

本書は、以下の「イノベーション五つの原則」に基づき、こうした重要な問いに具体的な考え方とツールで回答する。

①真の顧客ニーズ：自分がおもしろいと感じることだけでなく、顧客と市場にとって重要なニーズに取り組む（第三章、第四章）
②価値創出：価値創出のツールを活用して、顧客価値を迅速に生み出す（第五章〜第九章）
③イノベーションをリードするチャンピオン：「イノベーションを率いるチャンピオン」になって、価値創出プロセスを推進する（第十章）
④イノベーション・チーム の構築：様々な分野の専門家を集めた混成チームにより、天才レ

ベルの集合知を実現する（第十一章～第十四章）

⑤組織の方向づけ：あなたのチームを組織全体の方向性に合致させ、価値の高いイノベーションを体系的に生み出す（第十五章、第十六章）

成功するには、五つすべてを満たす必要があり、原則それぞれには相乗効果がある。つまり「成功＝ニーズ×価値創造×チャンピオン×チーム×組織化」となる。五原則のうちどれか一つでもゼロがあると、成功の可能性もゼロになる。

たとえば、五原則の達成度がそれぞれ五〇％であれば、成功の可能性はわずか三％。しかし六〇％に上がると、成功の可能性は三倍近く上昇する。この簡単な数式が、本書の中心テーマの一つを代弁してくれる。「イノベーション五つの原則」のそれぞれに細心の注意を払い、効率を上げれば、成功する力を格段に向上させることができるのである。

「イノベーション五つの原則」は、今日の経済の潮流に応えるものだ。イノベーションを牽引するのは、コンピュータや通信をはじめとする多くの市場で明らかなように、知識型ビジネスの急速な進化である。この進化があまりに急速で、その影響があまりに甚大であるため、次の章で説明するとおり、われわれはこれを「指数関数的な進化」と呼ぶことにする。

第2章

イノベーションか、死か
指数関数的に進化する市場

INNOVATE OR DIE:
THE EXPONENTIAL ECONOMY

「指数関数的に進化する市場には、それと同じように進化するプロセスが必要だ」[1]
カーティス・R・カールソン

「宇宙最強の力、それは複利の力だ」[2]
アルベルト・アインシュタイン

点になった世界

ナディアが電話を取り、チャーミングなイギリス英語で答える。

「もしもし、こんにちは。ご用件をどうぞ」

あなたは電話が世界のどこにつながったのか、考えをめぐらせる。アメリカか、アイルランド、あるいはインドかもしれない。尋ねると、「インドのボンベイです。コールセンターの一室で五〇〇人くらいのオペレーターと一緒です」と答える。ナディアは知識が豊富で丁寧、しかも感じがよい。あなたはそのサービスに感心する。

電話を切った後、このちょっとしたやり取りと、目の当たりにした大きな力について考える。その力とは、世界中に張りめぐらされた通信網が可能にしたグローバリゼーションだ。インドか中国を訪れたことがあれば、両国のインフラが、欧米の基準からすればやや遅れていることをご存知だろう。しかしそれは、知識の時代には、あまり問題にならない。今日の世界で成功するには、教育を十分に受けた人材、電力、そしてインターネットへの接続さえあれば十分だ。

ご存知のとおり、インドや中国の労働者の教育水準は極めて高い。一九五〇年代後半に設立され、ケネディ大統領らの支援を受けたインド工科大学は、世界で有数の工科大学になっている。合格率はわずか二〜三%で、ハーバード大学やマサチューセッツ工科大学（ＭＩＴ）に入るより四〜五倍も難しい。[3] アメリカの学問の世界では、サイエンスや工学は衰退傾向にある。これに対しインドでは、人気の高い専攻科目のトップスリーは医学、サイエンス、エンジニアリングであり、法学、社会科学、人文科学ではない。以前、バンガロール出身のエンジニアに、どうしてエンジニアになったのか、と聞いてみたことがある。彼の答えはこうだ。「弁護士になりたかったのですが、弁護士になったら勘当だと家族に言われたのです。家族は本気でした」。アメリカとは違い、インドや中国では競争に必要な人材を育成しているのだ。[4]

インドと中国は懸命に働いて、アメリカをはじめとする各国を追い抜こうとしている。両国はアイデアが豊富で、意欲とエネルギーにあふれており、無限の可能性を信じて、昼夜を問わず働きながら新規事業を創り出している。

対照的に、西欧の国々は〝欠乏〟の世界だ。フランスでは、二五歳未満の男性の失業率が二二%を超える。[5] 教育水準が低く、少数民族出身の男性であれば事態はさらに深刻で、失業率が五〇%にも及ぶ。フランス政府は、限りある職を分け合うために週三五時間労働制を義務づけた。このアプローチは欠乏モデルに基づいており、事態を悪化させるだけだ。なぜなら、現在ある機会を分け合うだけのもので、新しい機会を創り出そうとするものではないからだ。

グローバリゼーションの影響を受けるのは誰だろう？　製造業ばかりではなく、コールセンターや、基本的な法務処理、ソフトウエア、レントゲン解析といったアウトソーシングが容易な業務にも、その影響は現れている。[6]

一方で、インドと中国の企業はバリューチェーンの上流へと急速に移動し、研究開発をはじめ、あらゆる形態のイノベーションを取り込みつつある。ゼネラル・エレクトリック（ＧＥ）やヒューレット・パッカード（ＨＰ）、ＩＢＭ、インテルといった世界的な大手企業の多くは、[7]バンガロールをはじめ、世界各国に研究施設を構えている。そこには優秀な人材と低コストという条件が揃っているのだから、当然の選択だ。成功には開発スピードが欠かせない。グローバリゼーションによって、一日二四時間仕事を続けることも可能になる。太陽の動きに合わせて、国から国へと仕事をバトンタッチできるからだ。こうした動きを受けて、「バーチャル」（「オンライン」の意）と「Ｆ－to－Ｆ」（「face-to-face：（直接会う）」の意）という言葉が広まっている。

高速通信技術によって、われわれは世界中の人々の才能を利用できるようになった。しかし、世界中の人々を協業させることは容易ではない。たとえば、現状を皮肉るフレーズに「恒常的な注意力散漫状態」というものがある。電話やテレビ会議の向こうで、相手はもしかしたら、ｅメールを読んだりネットサーフィンをしたり、プレゼンテーション資料を作成しているかもしれない、というわけだ。

グローバルな協業には困難もつきまとうが、通信技術やコラボレーション・ツールの改善によって問題は解決されるだろう。われわれは、グローバル・イノベーションの時代に向かって進んでおり、最高の価値を生み出す場所で仕事をすべきだ。ウォルマートやデルをはじめ様々な企業が、グローバルに統合された企業体になっている。こうした企業の成功を支えているのは、グローバリゼーションの進展をテコにしたビジネスモデルのイノベーションだ。国のグローバリゼーションを阻止したり、経済的に国を孤立させたりすることは、下流へと流れる水を押し戻そうとするぐらい無意味だ。

トーマス・フリードマンは、示唆に富むベストセラーの中で、世界が平坦な競技場のように「フラット化」していると論じた。[8] この表現は、ますます的確なものになっている。しかし、フラット化するだけでなく、同時に、世界は一つの小さな点のように縮小している。情報と資金が、光のスピードで世界を駆けめぐり、知識産業の多くにとって、場所は重要なものではなくなった。近隣の事業活動を束ね、その地域で競争上の優位を得るという考え方は見直されつつある。事業活動を世界的に分散させることの意味が十分に理解されるまでには、もう少し時間を要するだろう。

指数関数的に進化する市場

グローバリゼーションの影響に世界中の注目が集まる一方、さらに重要で大きな動きが進行している。「指数関数的に進化する市場」(指数関数とは、aを1でない正の定数、xを変数とする関数y＝aｘ)だ。指数関数的スピードで価格性能比が向上している成長セグメントには、コンピュータや通信、バイオテクノロジー、消費財などが含まれる。

こうした市場のお馴染みの例として、コンピュータについて考えてみよう。インテルの共同創業者ゴードン・ムーアによれば、コンピュータの価格性能比は一〇〇年以上にわたって、一年半ごとにほぼ倍増している[9]。この「ムーアの法則」は〝経験則〟にすぎないが、二〇世紀の初めから、市場はこの「法則」に従っている。コンピュータが利用する技術は、木製計算機から中継器、真空管、トランジスタ、そして集積回路（ＩＣ）へと何度も変遷を経たにもかかわらず、である。

これまで、こうしたスピードの進化を代表していたのがコンピュータ業界だった。今では、通信、エンターテインメント、医薬品業界など、他のセクターもここに仲間入りしている。こうした市場セグメントでは、価格性能比が九～二四カ月で倍増している。たとえば、インターネット基幹通信回線の帯域幅は、一年ごとに倍増してきた[10]。この業界で、一年半ごとにしか帯域幅を拡大できなければ、数年のうちに倒産の危機を迎えることになる。こうした進化は、影響を及ぼし始めたばかりだ。今日では、インターネットの接続速度は、毎秒数万ビットと電話回線とほぼ同じ水準に到達している。接続速度が、毎秒数千万ビット以上とハイビジョンテレビと同程度になる日も近いだろう。今後数十年にわたり、人工知能やコンピュータ、通信技術は非直線的な目覚ましい成長を遂げ、思いがけない機会をもたらすだろう。

指数関数的な進化は、テクノロジーをはじめ、知識産業の多くに備わる特性だ。そこでは知識が蓄積されるにつれ、ソリューションがいっそう優れたものになる。たとえば、原子レベルのデバイス設計・構築を可能にするナノテクノロジーの登場は、素材やデバイスの進化をさらに加速させている。ナノテクノロジーを基盤とした知識増殖型プロセスによって、バイオロジーも急成長を遂げている。[11]

知識経済への移行

市場の指数関数的な進化を牽引するのは、知識型経済への移行である。そこでは、アイデアがアイデアを生んで加速度的に発展し、知識が増殖する。グローバリゼーションがこの勢いを加速させる。ユビキタスに利用できる高速通信技術は、アイデアの迅速な収集を可能にする。コラボレーション・ソフトウエア・ツールの進化や新しいビジネスモデル、イノベーションを生み出す業務手法の改善は、進化に拍車をかける。

特に、指数関数的な進化は、まったく新しいものを生み出すときに威力を発揮する。その代表がインターネットだ。インターネットは、コンピュータ技術と通信の融合である。急速に成長し、進化しているが、そのスピードは「ムーアの法則」すら超えている。複数の指数関数的進化をテコにしているためだ。インターネットの端末やコンテンツの数は一二カ月ごとに倍増している。インターネットは、活動や刺激や機会を生み出す本質的な何かを持っている。

こうした「衝突型の指数関数」[12]が、現代の経済に大きな転換を生み出している。五〇年前、多くの市場において価格性能比は、年間数%と比較的ゆるやかなペースで改善していた。電車、自動車、住宅、レンジ、掃除機といった、物理的・物質的特性が特徴となる製品は、知識集約型の製品やサービスほど価格性能比が急速に伸びるものではない。大きなイノベーションにはまったく新しい規格が必要であり、アナログ式の電話やテレビといった従来型の製品には急速な進化は望めなかった。

しかし五〇年前に、コンピュータの世界で「ムーアの法則」が働くようになった。過去一〇〇年の間、コンピュータ会社は生き残るためだけに、一年半から二年ごとに性能を倍増させなければならなかった。多くの企業がこれを怠ったため、先駆者的存在のコンピュータ会社で生き残っているのはＩＢＭのみだ。

一九八〇年代には、インターネットが実用段階となり、同時に、「指数関数的な相互作用の法則」によって、「ムーアの法則」の成長力に、もう一つの推進力が加わった。この相互作用の法則によれば、インターネットのように完全につながったネットワーク上でユーザーが増加すれば、ユーザー同士の接触が指数関数的に増加する。その結果、アイデア収集の勢いが増し、既存のアイデアから新しいアイデアが急ピッチで生まれる。このため、「ムーアの法則」のような指数関数的な進化に、さらに拍車がかかる。

今日では、コンピュータと通信技術の融合が、経済の大多数のセグメントに影響を与えるまでに発展し、その影響は製品の販売やオークション、出版、エンターテインメント、教育、物流、製造、研究などにも及んでいる。

コンピュータ、通信などの技術革新が経済に影響を与えることについて、疑問をさしはさむ余地はない。「ユビキタス・コンピューティングの時代」の到来だ。たとえば、病院と患者の家族の双方が、老齢の患者の健康状態をモニターできるようになる。最終的には、数十億人とコンピュータ数千億台が、インターネットのようなネットワークにワイヤレスで接続される。

こうした状況により、驚くべき新しい機会が次から次へと創り出されるに違いない。

影響の広がり

指数関数的な進化の影響は、エンターテインメント、教育、環境関連の製品といった、われわれにとって重要な領域に広がる。エンターテインメントの領域では、コンピュータ・ゲームやCD、カメラ、携帯情報端末（PDA）といった消費者向けエンターテインメント製品の多くが、すでにデジタル化されている。有力テレビ局のニュースメディアや全国紙、映画製作スタジオは、今後も細分化と衰退の途をたどる。インタラクティブ・ゲーム、ブログ、ウェブサイトや世界中の何百万、何千万という人たちが新しい種類の情報娯楽コンテンツを創り出すと、ピラミッド状の階層的なメディア産業は、文字通り根底から覆される。次々と誕生する携帯情報端末やコミュニティ型の情報サービス（ウィキペディアやクレイグスリストなど）が、社会の将来像を映し出している。

指数関数的に進化する市場への移行が完了すれば、医療と医療サービスにも変革が起きる。医療は従来、解剖学と基礎化学の上に成り立っていた。問診、体温や血圧、レントゲンや磁気共鳴画像装置（MRI）、血液検査と尿検査など、医師は限られた情報から健康状態を推し量ろうとする。一〇〇年前と比べて医療が格段に進歩したことは間違いない。しかし、人体は途方もなく複雑だ。体内における特定の伝達プロセスや計算プロセスに関する情報が必要であり、今日も急ピッチで蓄積されている。ヒトゲノムの解析により、人体を機能させるプロセスの詳細が解明され、医学は新時代に突入した。医学は情報技術になりつつあり、たとえばヒトゲノムに関する情報は、一五カ月ごとに倍増している。[13]

遺伝子研究が進めば、オーダーメイド医療が現実のものとなる。アメリカでは毎年、一〇万人が薬の深刻な副作用で亡くなっているが[14]、生理機能に合った薬だけを使うようになれば、多くの命が救われる。さらに、出生異常や障害を起こす疾患を予防するため、研究者は遺伝情報の修正にも取り組んでいる。ゲノム学と計算生物学が進化すれば、コンピュータ上での新薬設計と実験が可能になり、現時点で平均一五年、一〇億ドルを要する新薬開発が、数分の一の時間とコストで可能になるだろう。寿命は、おそらく一〇年か二〇年、あるいはそれ以上長くなるだろう。[15]

知識型に転換し、指数関数的な相互作用によって進化するセグメントは、さらに増加する。遺伝子組み換え食品は、食品業界を変え続ける。こうした動きは、運輸やエネルギーのような変化のゆるやかなセグメントにも、影響を与える。ダイレクトカーボン燃料電池[16]をはじめとする最新技術は、石炭などの潤沢な資源から環境に優しい電力を生産する可能性をもたらす。

自動車やトースターなど、従来製品の多くが、指数関数的に進化する市場の仲間入りをしている。その進化は、物理的特性によるものではなく、開発や製造や販売手法がもたらしたものだ。成功を決定づける要因は、イノベーションのスピードであり、新しく創出された顧客価値(費用対効果)だ。こうした産業の競争力は、シミュレーション・ソフトウエアの進歩に負うところが大きい。シミュレーション・ツールといえば、指数関数的に進化する市場の代表例である。自動車の衝突実験ですらコンピュータ化され、コンピュータ・モデリングなどとともに、素材や技術の進歩が新車の開発に迅速に反映されるようになっている。

製造技術も進化を続け、物理的な品質による差別化が難しいほど、どの製品の品質も向上している。使い捨ての消費者向け製品ですら、わずか一〇年前と比べ物にならないほど品質と機能が向上した。品質は今や、市場に参加する際の必要最低条件となった。同時に、製品原価は原料コストに近づいている。製品の価値は、原料や製造によるものではなく、品質、デザイン、新機能、顧客体験がもたらすものになってきた。従来型ビジネスにおいても、指数関数的な進化が競争優位のカギを握るようになっている。

もちろん、あらゆる職業が指数関数的な進化の恩恵を受けるわけではない。理髪師が髪を切るスピードを一年半ごとに倍増させることは不可能だ。レストランのスタッフ、ホテルの従業員、建設労働者も、仕事のスピードが加速度的に上昇するわけではない。しかし、知識型のセグメントが増えるにつれ、こうした人々にも進化の影響は及ぶ。

ただし、指数関数的な市場の進化は、別のセグメントにも影響を与える。変化のゆるやかな業界でも、影響を受けることに変わりはない。たとえばグーグルマップは、理髪店やレストランの場所を教えてくれる。自動車は、今や衛星ラジオ（たとえば、Ｘｆｍ）、車載テレマティクスサービス（ゼネラル・モーターズ（ＧＭ）のオンスター）、ナビゲーション・システム（ＧＰＳ）など一連のモバイル通信・情報サービスを搭載した情報サービスのプラットフォームであり、指数関数的に進化する経済の、れっきとした一員である。

さらに指数関数的な進化は、メインストリームの企業に、ビジネスモデルの変換と新しい顧客価値の創出を迫っている。たとえば、アマゾンなどが展開するオンライン書籍販売が引き金となって、従来型の書店は、生き残りをかけて有名作家の講演会やコーヒーショップ、ゆったり座れる椅子といった新しいサービスを提供するようになった。ウォルマートは、情報技術の進歩を活用して世界中のサプライチェーンを連結し、小売業界に革命をもたらした。

それだけではない。自動車、小売り、教育、旅行、放送・メディア、金融サービス、エンターテインメントといった業界はこぞって、衝突型の指数関数的進化によって自身のビジネスがどのように変わり、新しい機会がどのように生み出されるかを見極めようとしている。その他の業界は、現行の競争相手に取って代わる新しいビジネスモデルを開発するのに余念がない。イーベイとアマゾンが指数関数的な進化の第一波から新しいビジネスモデルを生み出したように、衝突型の進化の第二波から姿を現す企業は、既存の大企業に取って代わるだろう。

生産性の向上

ここで論じている性能やコストの劇的な改善によって、国の国内総生産（ＧＤＰ）が大幅に増加するわけではない。知識産業の急速な進化と、経済成長との関係は複雑だ。

では、ＧＤＰの主たる推進力である生産性について考えてみよう。二〇〇〇年から二〇〇五年にかけてのアメリカの生産性伸び率は年間三・三九％と、過去五〇年間で最高を記録した。アーノルド・クリングは、こう述べている。「従来型産業の生産性伸び率が年間一％、コンピュータ業界の年間伸び率が五〇%と仮定しよう。コンピュータ業界が経済全体の六%を占め、その他の業界が九四%を占めるとすれば、経済全体の年間成長率は三・九四%となる」[17]。ＩＴ業界はアメリカのＧＤＰの一〇%前後を占め、その比率は年間約〇・〇二%のペースで伸びている[18]。おそらくクリングは基本的に正しく、指数関数的に進化するセグメントが増えれば、経済成長期も長期化するはずだ。

こうした生産性の向上は、どの程度重要なのだろうか？

ノーベル経済学賞を受賞したロバート・フォーゲルは、社会保障制度の将来が生産性の向上にかかっていると論じる。「過去五〇年間と同様、一人あたりの生産性が年間二%前後で向上し続ければ、社会保障の財源に窮することはない」[19]。三%の生産性向上が確保できれば、メディケア（高齢者向け公的医療保険）すら十分まかなえる。このことは、イノベーションを国の経済政策の中核に据える十分な理由になる。政府は、こうしたメガトレンドを活用し、必要な支援とインフラを提供すべきだろう。

とはいえ、こうした指数関数的な進化は、まだ初期の段階にある。われわれが互いに交流し、働き、遊ぶその行動は、軒並み変化する。社会的慣習や政治プロセス、国際関係も同様だ。現状がどうあろうとも、指数関数的な発展により、世界は二〇年後、三〇年後には大きく変化している。われわれは人類の歴史上、最も重大で注目に値する、ある意味おそろしい時代に突入しようとしている。指数関数的な発展は豊富な機会をもたらすとともに、世界に熾烈な競争を招き入れた。こうした流れは、経済と人類に長期にわたって重大な影響を及ぼすことになる。

企業の寿命

指数関数的に進化する経済における競争激化を示す指標の一つに、企業の寿命がある。

リチャード・フォスターとサラ・カプランの著書『創造的破壊』も、この点に触れている。[20] 同書から図表を引用しよう。図表2－1は、スタンダード・アンド・プアーズ（S＆P）五〇〇企業の過去七〇年間における寿命の推移を示したものだ。S＆P五〇〇は、アメリカの中～大規模企業で構成する代表的な株価指数で、「寿命」はS＆P五〇〇構成企業が独立企業として存続した年数だ。経営破たんや他社への身売り、合併の段階で寿命を迎えたとみなしている。

このグラフによって、興味深い二つの事実が浮き彫りになった。まず、寿命の増減を示すサイクルに定期的かつ劇的な変化がみられること。次に、終身雇用が一般的だった二〇世紀初めに寿命が五〇年以上に達していた一方、現在では一五年前後まで縮まり、終身雇用が実質的に消えたことだ。

S＆P五〇〇構成企業のような、規模の大きい、成功した企業の寿命が短くなっているのには、驚きを禁じ得ない。こうした企業は、普通の企業では得難い資源、つまり、顧客、実績ある製品やサービス、ビジネスモデル、技術、資金、人材、ブランド認知などを手中にしている。しかし今日では、必要なものをすべて手に入れた段階で、一般的企業の残り寿命はわずか一五

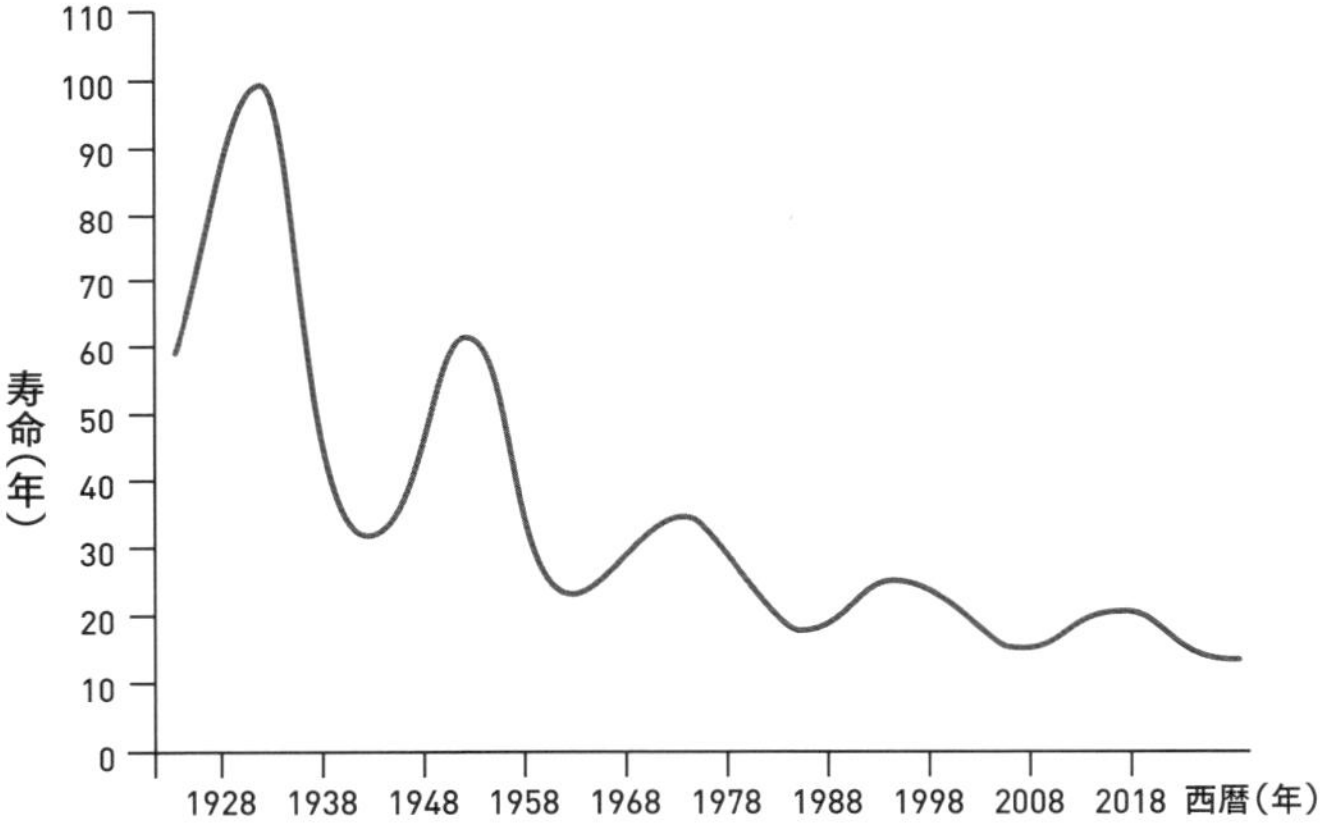

出典：『創造的破壊』2001年刊行　リチャード・フォスター、サラ・カプラン著

図表2－1：S&P500企業の平均寿命

年前後ということになる。注目すべきは、こうした企業が死んでいくのは、機会が乏しいからではないという点だ。機会はあふれている。[21]ただその機会は、事業を確立した企業が素早く対応することができない種類のものなのだ。

この結果は、ヨーゼフ・シュンペーターが提唱した「創造的破壊」の力が、シュンペーター自身が驚くほどの勢いで作用していることを示す。[22]企業の寿命が短くなっているとすれば、イノベーションの創出プロセスも再考されなければならない。ダーウィンが言うように、「生き残るのは最強の種でもなければ、知性が最も高い種でもない。変化に最も対応できる種」なのである。[23]

変化に対応できない企業は、あっという間に消えるしかない。フォスターとカプランは、変化への対応は、地位を確立した企業にとって大変困難なことであり、その証として、この七〇年間、一定期間にわたって市場成長率を超える伸びを示した企業がほんの一握りであると指摘している。これは重大な問題だ。市場に後れを取る企業はいずれ消え去ることになるのだから。[24]

そもそも地位を確立した企業は、足元の戦いに勝つために創られた組織であり、これが、彼らが永続できない根本原因になっている。世界は絶え間なく変わり続ける。人口動態に変化が生じ、顧客ニーズは進化する。新しい技術が発明され、経営手法は改良され、新しいビジネスモデルが出現する。問題は、実績ある企業が、既存の製品とビジネスモデルの維持を優先させる点にある。将来的に貴重な、誕生したばかりの機会をないがしろにしてしまうのだ。

こうした企業は、明確に定義された組織とプロセスを構築している。しかし、それは初期の目標を達成するための組織とプロセスが、今日、新しい機会開拓に必要となる変化の障害になる。さらに上級管理職の顧客体験や世界に対する理解は、過去の遺物の上に成り立っている。社内で問題を解決しているうちに、イノベーションを生み出すスピードが落ちる。市場全体を見渡せば、普通の企業には、過去の遺産が引き起こす時間的遅れはない。市場と同じスピードでイノベーションを生み出せない状態が数十年も続けば、致命傷となる。

実績ある企業が市場についていくのがどれほど大変なことか。それは、この一世紀でおそらく最も優れたCEOであるGEのジャック・ウェルチをもってようやくこなせた、という事実からうかがえる。当時のウェルチの異名は「中性子ジャック」。批判的な論者が、ウェルチのふるった大ナタを揶揄するためにつけたあだ名だ。その決断は、今から思えばGEを救うためのものであり、[25]彼に血も涙もなかったわけではない。

インテルの元CEO、アンディ・グローブは、口癖のようにこう言っていた。「極度の偏質狂だけが生き残る」。[26]この言葉が示唆するように、指数関数的な進化についていこうとすれば、傲慢になったり、自己満足に浸ったりする余裕はない。この世界では、顧客価値を速やかに創り上げ、またすぐに創り変えるサイクルを繰り返すほか、生き残る術はないのだ。

製品ライフサイクル

知識本位な指数関数的経済への移行は、製品のライフサイクルに甚大な影響を及ぼした。指数関数的に進化する市場における製品ライフサイクルは、驚くほど短くなっている。消費者向け通信製品の例を挙げよう。

マルコーニは一九〇一年に無線通信に成功し、一九二〇年にはピッツバーグのKDKAが初のAMラジオ放送を実施した。当時は「この放送をお聞きの方は、当方までご連絡ください。本放送の受信範囲と受信状態について調査しています」と呼びかけたという。FMラジオは一九三三年にエドウィン・アームストロングによって発明され、その数年後に発売された。テレビは一九三九年から白黒放送が始まり、一九五一年にはデビッド・サーノフが次世代イノベーションであるNTSC方式のカラー放送を開始した。記念すべき初のカラー放送はエドワード・R・マローの番組「シー・イット・ナウ」で、ゴールデンゲートブリッジの映像を映し出した。

カラーテレビは、一九九四年まで本質的には変わらなかった。この年にRCAとヒューズが高性能デジタル衛星放送を開始し、変化のペースは加速した。[27] 一九九六年に連邦通信委員会（FCC）がグランド・アライアンス高精細度テレビ（HDTV）を承認した。現在、これがアメリカのアナログシステムに置き換わりつつある。一九九九年にはHBOが衛星放送でHDTV対応の映画放映を開始した。

iPod現象について考えてみよう。アップルがiPodシャッフルを発売してわずか数年で、五、六種類の競合製品が市場に出回った。アップルはビデオ再生機能も搭載したiPodを発売している。新しいメディア製品とサービスの成長は、まだ始まったばかりだ。

図表2－2は、製品ライフサイクル曲線を示したものである。A地点で生まれた新しいコンセプトが顧客価値と企業価値の双方を徐々に高めていき、B地点で製品やサービスとして市場に投入される。A地点で発明が起こる、それは個人による発明の場合もある。しかし、意味のあるイノベーションをなし得るには、組織横断的なチームが何年かをかけて取り組むことが必要だ。したがって、A地点からB地点に到達するには、A地点の数十倍から数千倍の投資が必要となる。発明に関する記事や書籍は多いが、市場で成功するために必要なイノベーター（革新者）や大規模チームの重要性は、残念ながら過小評価されている。

新製品や新サービスがB地点に到達すると、市場に導入され、顧客に販売される。B地点からC地点では、新しいイノベーションが利益をもたらす。最終的に、製品やサービスはC地点

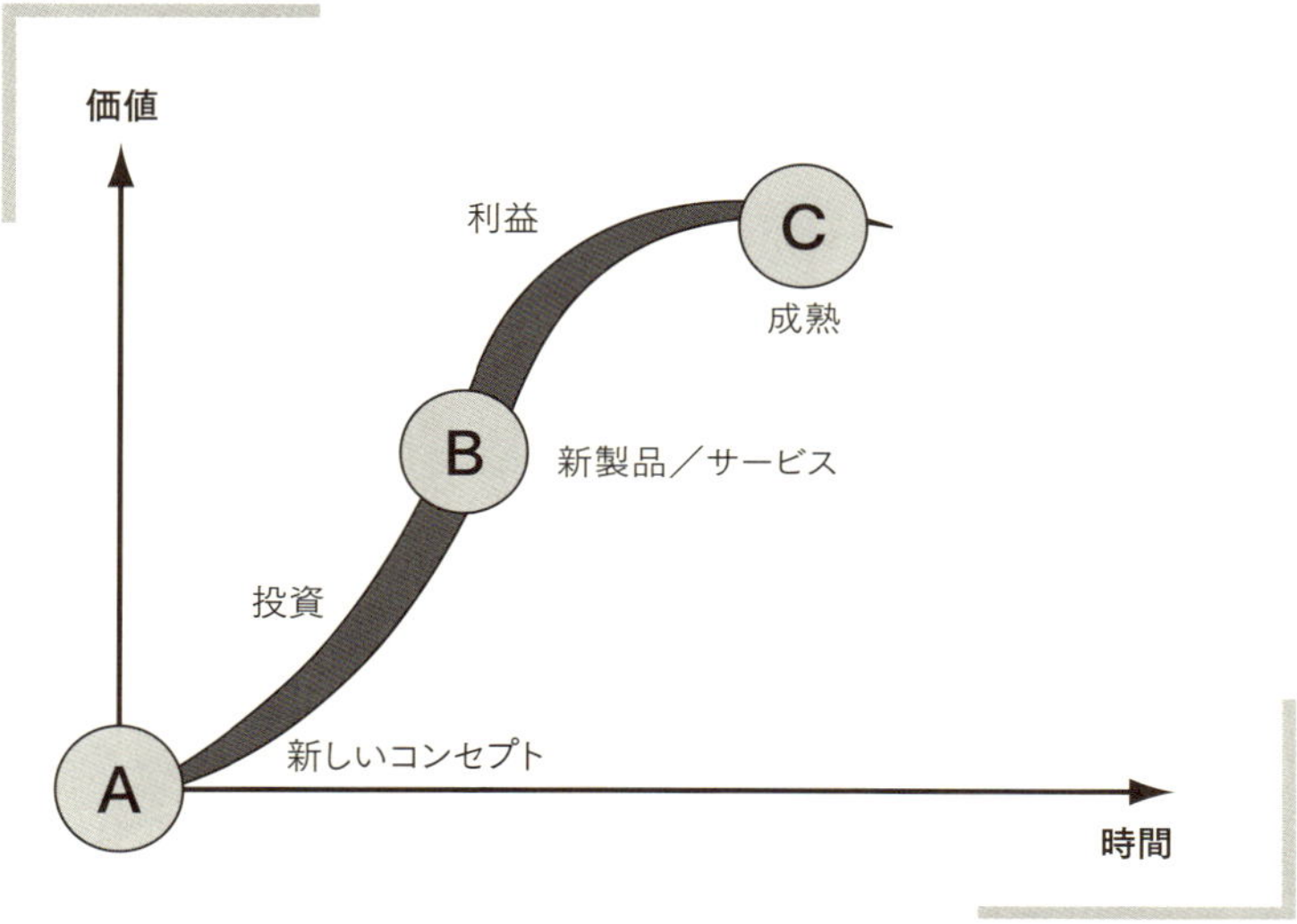

図表2－2: 新製品・サービスのライフサイクル曲線
新しいコンセプトの価値が上がり、新製品／サービスとして市場に導入され、その後、徐々に成熟して、衰退するまでを図示。その後、プロセスは再スタートする。

で成熟し、コモディティ化したり、時代遅れになったりして、衰退し始める。このサイクルを再スタートさせるには、新製品や新サービスが必要だ。

いったん市場でイノベーションを確立できれば、ほとんどの企業がB地点からC地点に向けて事業を推進することができる。確立された組織体制と十分考え抜いたプロセスでビジネスをモニターし、成長させていくのだ。CEOと経営陣は日々の業務に集中し、収益性を維持する。しかし新しいイノベーション、つまりA地点からB地点への移行に熱意を持って取り組む企業は少ない。実際に、研究投資を、株価の低下要因として疎んじるCEOもいる。在職中に研究が業績に寄与するとは限らないからだ。

問題が生じるのは、ある製品がライフサイクルの終わりに達し、これに代わる新しい製品やサービスの開発と市場導入が必要になったときだ。ソニーは、成功するイノベーションを生み出す模範企業とされていたが、既存製品が成熟した後に利益を上げる新製品を生み出せないことが多くなった。ウォークマンを覚えているだろうか？　この大ヒット製品は今や廃れ、一連のデジタルデバイスに取って代わられてしまった。

A地点からB地点へ

イノベーションとは、A地点からB地点へと移行することによって、新たな顧客価値を構築し、市場に送り出すプロセスである。新しい顧客価値は、企業の成長に十分な利益を生み出すものであるべきだ。後で詳しく説明するが、B地点に到達するために必要なコンセプトが価値提案であり、これは、以下の基本的質問に答えることで明確になる。

- まだ満たされていない重要な顧客ニーズ、市場ニーズは何か？
- このニーズに応えるためにどのようなアプローチをとるか？
- そのアプローチの費用対効果は？
- その費用対効果が競合より優位なのはなぜか？

価値提案は、A地点からB地点へと向かうあらゆる段階で役に立つ。それは、新たな顧客価値の創出に向けた事業活動の核となる。

イノベーションは、新しい産業を築くことだけを意味しない。実績ある企業で働く社員にとって最大のチャンスは、既存の製品やサービスに段階的な改良を施すことにある。すでにB地点以上に達している製品を改良するのだ。段階的に発展するイノベーションのライフサイクル曲線は、図表2－2と同じだ。スケールの大きいイノベーションとまったく同じ方法で推進する必要がある。その積み重ねで実現されるような小さいイノベーションは、極めて重要だ。小さい改良が多数積み重なれば、市場で大成功を収めることも可能だからだ。それは、トヨタなどによってすでに実証されている。

「改善」「改良」レベルの段階的なイノベーションであれ、一気に時代を変えるイノベーションであれ、イノベーションは、自然発生することはない。開発が必要だ。指数関数的に進化する市場では、スピードと緊急性が競争優位をもたらす。新しいチャンスを素早くつかむには、効率的かつ体系的なイノベーション創出プロセスが必要だ。

「技術主導型」や「結果は後からついてくる」的なアプローチは、単に新製品を開発し、ライフサイクル曲線のA地点からB地点へとやみくもに押し上げようとするにすぎない。顧客ニーズに対する理解が欠如しているため、こうした手法がうまくいくことは滅多にない。市場からすでに姿を消しているRCAは、このアプローチを推し進めて消えていった。コンパックやポラロイド、DECなど数多くの企業も同じ運命をたどった。こうした企業は、素晴らしい技術

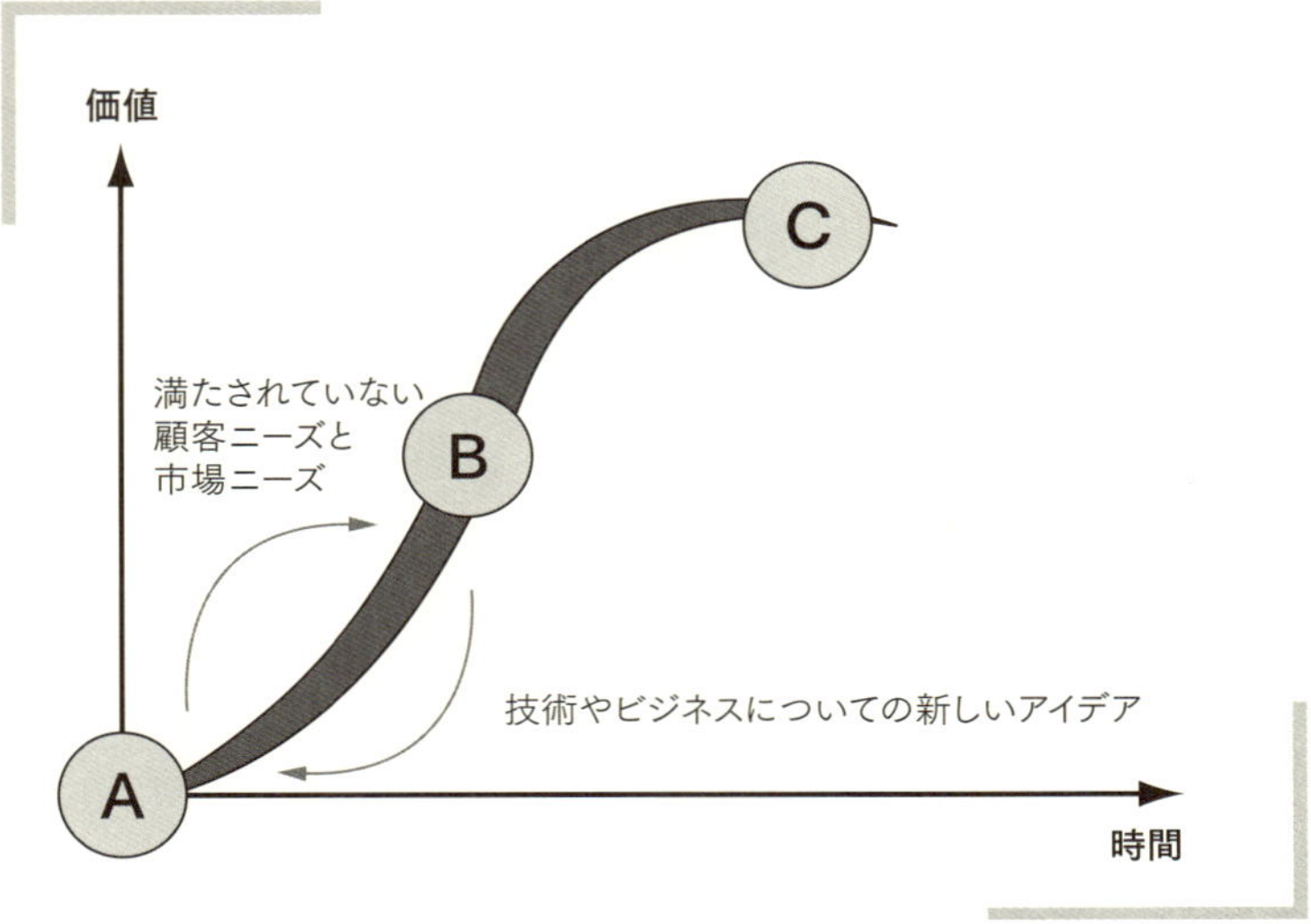

図表2−3: 新製品・サービスのライフサイクルにおけるイノベーションの起こり方
イノベーションは、技術やビジネスについての新しいアイデアや、顧客や市場の満たされていない重要なニーズに対する理解から生まれる。

的発明を数多く成し遂げたが、最終的に顧客ニーズを満たせなかった。傲慢な経営陣と非体系的なイノベーション創出手法が、失敗と企業の崩壊を招いたのだ。

顧客にとって魅力のある価値を体系的に創出する唯一の方法は、図表2−3に示した矢印のように、市場と新しいアイデアの源に相互作用を起こすことだ。常に市場と接し、満たされていない重要な顧客ニーズと市場ニーズを把握するとともに、エコシステム全体と競争環境に対する理解を深めることが必要だ。それと同時に、新しいアイデアの源にも継続的に接して、何が可能かを見極め、新しいイノベーションのコンセプトを開発するのだ。新しいアイデアの源はテクノロジーやプロセスの改良、ビジネスモデル、人件費など多種多様だ。こうした新しいアイデアが原料となり、そこから新製品や新サービスのコンセプトの開発に必要なアプローチが形作られる。

新しい顧客価値は、種々様々な方法から誕生する。たとえば、革新的な技術やスマートな製品デザインが、新製品やサービスのもとになることもある。だが、イノベーションの多くは、新しいビジネスモデルから生まれている。

たとえば、サウスウエスト航空の場合、陽気な客室乗務員の姿が頭に焼きついて離れないという読者もいることだろう。同社が実際に力を入れているのは、エンターテインメントではなく、コストの低減だ。陽気な客室乗務員は乗客の迅速な乗降を促して、航空機の回転率を上げようとしている。使用する航空機は同じタイプに統一して、メンテナンスを合理化している。利用する空港も、アクセスが便利な空港に絞っている。スピードアップによって一日の発着便数を増やせば、利益率の向上が図れるというわけだ。

知識増殖の法則

なぜこれほど多くの知識型ビジネスが、指数関数的なペースで進化するのか？

その理由を一言で言うのは難しいが、知識増殖についてのシンプルな説明が、進化プロセスに関する重要な見識を与えてくれる。これは、指数関数的な性能向上を期待できる場合と、期待できない場合の違いを理解する一助ともなるはずだ。この知識増殖モデルは、イノベーション・チームの価値創出プロセスにおいても中心的な役割を果たす。指数関数的なスピードでイノベーションを生み出せなければ、指数関数的に進化する市場では成功できない。

アインシュタインは、「宇宙最強の力、それは複利の力だ」と言ったとされる。この理論が理解できれば、指数関数的経済が何たるか、なぜ重要かがわかるだろう。

基本的な考え方を説明するために、簡単でお馴染みの例を挙げよう。手元に一ドルがあり、利率が年間一五％だとした場合、一年で一・一五ドルになる。翌年には、一・一五ドル×一・一五ドル＝一・三二ドルになる。五年後には二・〇一ドルになり、元本が倍増する。一〇〇年後には、たった一ドルが一〇〇万ドル以上に膨らむ。さらに複利が一日五〇％の場合は、三五日で一〇〇万ドルを超える。この例から、利率と複利回数を上げるのが得だということがわかる。これが高利貸しの手口だ。

技術的・ビジネス的な進歩も、指数関数的な進化を生む。新しい発明の一つ一つが以前の発明を足がかりとして生まれ、それがさらに進化を生み出す。生まれるイノベーションに対するニーズと、イノベーション創出プロセスを牽引する新しいアイデアがあり、以前の結果を足がかりに改良を施そうとする増殖プロセスがあって、それを実現するための経済的・人的リソースがあれば、指数関数的な進化が生じるのだ。

図表2－4で、このプロセスを図示した。たとえば、コンピュータをツールとして使う場合

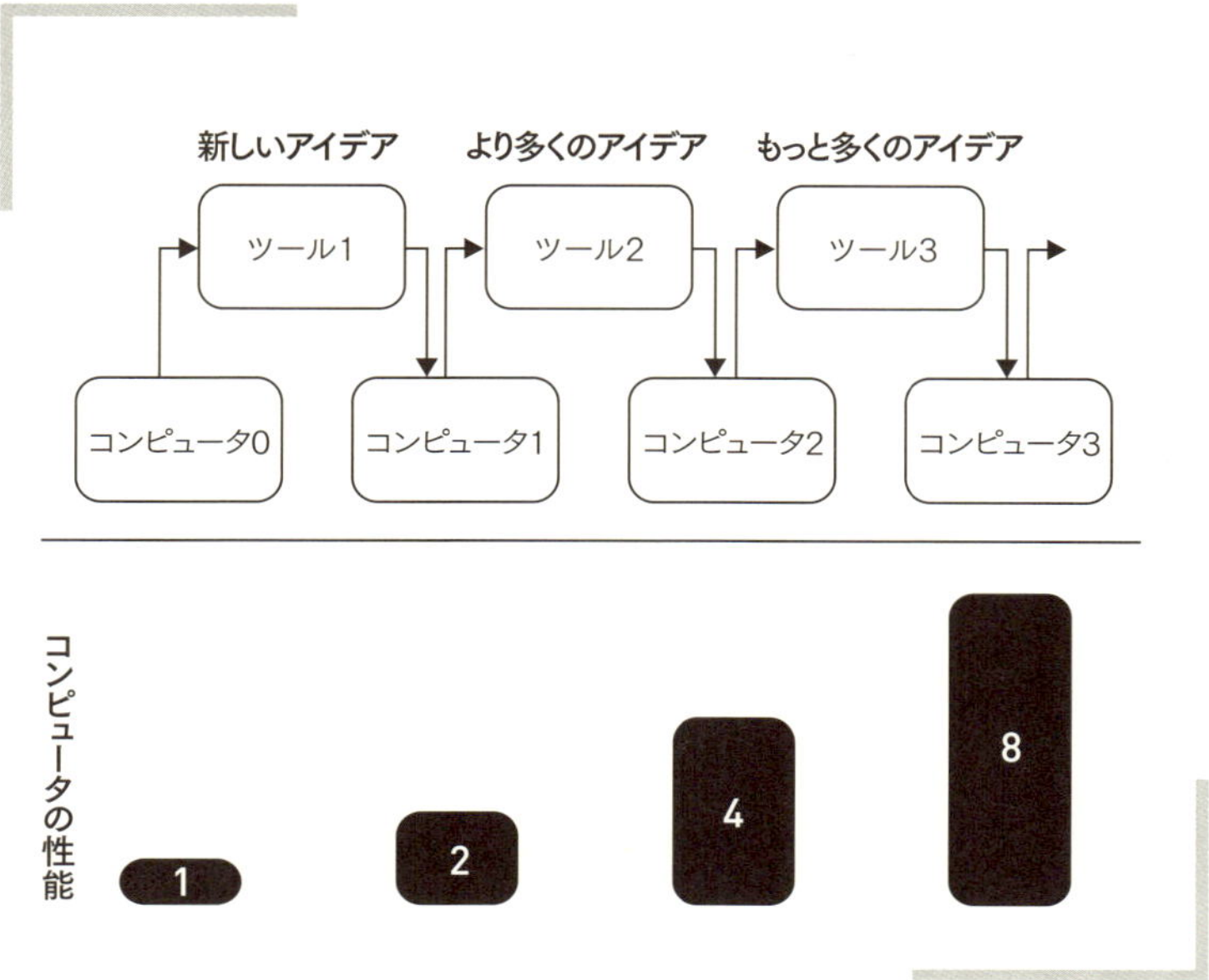

図表2－4：指数関数的な進化
上段：ツール、新世代のコンピュータと、新アイデア集積の複合効果。下段：指数関数的な進化を図示。この場合、性能は各段階で倍増する。

を想定してみよう。このツール1を使って新しいアイデアを収集し、新しいコンピュータ1を設計する。そのコンピュータは次に新しいツール、つまりツール2になり、さらに多くのアイデアを収集し、また別の新しいコンピュータ2を設計する。コンピュータの改良に関する未対応の重要なニーズがあり、新しいアイデアがあり、以前の進歩を足がかりに発展していく手法があり、人材などのリソースがある限り、このプロセスは繰り返される。

　簡単に言えば、これが「ムーアの法則」を成立させ、前述した条件が揃ったときに知識増殖プロセスを働かせるメカニズムだ。増殖的な進化プロセスの計算式は、複利の計算式とまったく同じだ。[28] あなたも、優れたアイデアを可能な限りたくさん集めて、複利のように増殖させたいだろう。[29]『鏡の国のアリス』で、赤の女王はアリスにこう言う。「同じ場所に居続けようと思うなら、全力で走れ。よそに行きたいなら、その倍以上のスピードで走るのじゃ！」[30]。前述したグローブの言葉が示唆するように、半導体ビジネス、あるいは知識が雪だるま式に急増するビジネスを手がけるということは、魔法の国に住んでいるようなものかもしれない。「イノベーション五つの原則」は、「さらに速く走る」ためのルールである。

イノベーション・チームへの導入

ここまで議論したアイデアは、どんな改良プロセスにも適用可能だ。指数関数的スピードで進化が進む業界であれば、後れを取らないためにも指数関数的な改良プロセスが必要となる。知識を集積して何かをよりよいものにしようとするならば、以下のアドバイスに従うことだ。

- 重要度の高いニーズに取り組むこと。重要なニーズとは、業界の指数関数的な進化の先取りを可能にするニーズである。

- 新しくて貴重なアイデアを多数収集し、段階ごとに最大限の改良を施すこと。
- 循環的な増殖プロセスを活用し、複利のマジックを起こすこと。
- 経済的リソース、人的リソースなど、適切なリソースを用意して、プロセスを推進すること。

目指すのは、競合の進化の先を行く指数関数的進化である。われわれの価値創出プロセスの核を成す要素は、重要度の高い顧客ニーズと市場ニーズ、チームの人材によるアイデア創出、アイデアを増殖させて迅速にソリューションを提供するためのツールやプロセス、そしてプロジェクトを率いる「チャンピオン」とイノベーション・チームによるプロセスの推進である。こうした条件を満たすことができれば、新たな顧客価値を創出してイノベーションを生み出す可能性が高まるのである。

この考え方は、製品開発、品質管理、政府施策、教育、基礎研究など、多くの業務に適用できる。これは、チームでアイデア創出を行う、伝統的な「ブレイン・ストーミング」を発展・拡充させたものである。また、品質改善の領域におけるW・エドワード・デミングと大野耐一の貢献を発展・拡充させたものだが、現在では知識ビジネスに従事する人たちの価値創出に広く適用される。それは汎用的な概念であり、あなたがかかわっているビジネスがコンピュータ業界のように急速に変化していなくとも、十分機能する。創造的かつ革新的なビジネス全般で適用可能なのだ。

指数関数的に進化する市場には、多くの課題もあるが、同時に、かつてない機会も存在する。技術の進化が次から次へと波のように押し寄せ、新興市場だけでなく、多くの市場セグメントで大きなビジネス機会が生まれ続けている。われわれは、行く先の問題点しか見ようとしない「悲観的な」人々とは意見を異にする。むしろ、こうした世界的な動きが、アメリカをはじめ世界中で経済的進展をもたらすと考えている。

アインシュタインの言葉通り、複利は驚異的な結果を生む。われわれが、指数関数的に進化する市場の中にいることは間違いない。アインシュタインの考えを忘れずに、宇宙で最強の力を自分たちのものにしていかなくてはならない。

第1部

原則1

真の顧客ニーズ

IMPORTANT NEEDS

第3章

重要度の高いニーズに取り組む

RFIDタグ

WORK ON IMPORTANT CUSTOMER AND MARKET NEEDS: THE RFID TAG

「おもしろいことだけでなく、重要なことに取り組むことだ。どちらも無数に存在する」

フランク・グァルニエリ

おもしろさとニーズ

ＳＲＩの定例イノベーション会議で、サニティ・シャルマが印刷の新技術に関する素晴らしいプレゼンテーションを披露した。金や銀、プラチナといった金属を普通のボンド紙に印刷するという驚くべき手法だ。わずか数セントという低コストで、熱を使わずに、金属で紙をコーティングできるというのだ。彼がその場で見せた試作品は鏡のようにキラキラ光り、これまでにない美しいグリーティングカードの誕生に、その場にいたメンバーは興奮した。

興奮が一段落したところで、われわれはその市場性を尋ねた。シャルマによると、紙の表面をコーティングする技術はすでに存在しており、市場は年間数百万ドル規模にとどまるという。つまり、このメタリック調のグリーティングカードは技術こそ素晴らしかったものの、それは単におもしろいというだけで、顧客と市場のニーズをとらえたものとは言い難かった。

その後、この印刷技術は運よく意外な方向に発展していく。ＳＲＩの事業開発担当スタッフが、物流市場について調査している中で、荷物の追跡コストの年間総額が推定、数百億ドル規模にのぼる重要な市場であることが明らかになったのだ。

追跡手法の一つに、ＲＦＩＤ（無線個体認識）タグがある。絆創膏ほどの大きさのＲＦＩＤタグは無線周波数パルスを受信すると、内容物と配送先情報を無線発信する。その信号は遠隔地からでも小型モニタリング装置で読み取ることができ、荷物の追跡ができる。

では、この市場における問題は何なのか。ＲＦＩＤタグシステムを広く普及させるためには、コストを一個五セント未満に抑えなければならない。しかし、主要パーツであるアンテナは高品質の銅でできているため、生産コストが一〇セント前後にのぼる。そこで求められるのが、このアンテナを最小限のコストで紙に印刷する技術である。アンテナの生産コストを、一セントをはるかに下回るほどに抑え、数千億個の生産が見込めれば、市場は年間数億ドル規模に達するだろう。

ここで、それまで単に「おもしろい」だけだったシャルマたちの技術が活きてくる。ＲＦＩＤ市場には、重要度の高いニーズが存在しているからだ。グリーティングカードとは違い、この市場には取り組む価値がある。

これは、「イノベーション五つの原則」の一つめ「自分がおもしろいと感じることだけでなく、顧客と市場にとって重要なニーズに取り組む」の好例である。

重要度の高いニーズにフォーカスすれば、指数関数的に成長する市場で十分な資金調達ができ、成功への近道となる。魅力的なグリーティングカードの開発に対する投資は期待できないが、ＲＦＩＤタグのように確実に市場ニーズが存在する領域であれば、投資家を引きつけることができる。市場で長く利益を生み出し続けられるようなイノベーションにつなげるためには、重要度の高い顧客ニーズと市場ニーズに焦点をあてることが不可欠だ。

市場のグローバル化と複雑化が進む中、未解決の課題は巷にあふれている。その中で、満たされていない顧客と市場の重要なニーズを適切なタイミングで選び出すことが、すべての起点となる。そのうえで、そのコンセプトが実現可能か、必要なインフラが整備されているか、必要なリソースが確保できるか、が問われるのだ。第五章で説明するように、価値提案についての四つの質問に答えられれば、こうした課題を克服でき、確実にイノベーションを生み出せる。

われわれが目指しているのは「改善」「改良」レベルのイノベーションから、一気に時代を変えるイノベーションまで、あらゆる種類のイノベーションにおいて成功率を向上させることである。RFIDタグが物流業界で浸透すれば、それはこの業界を根本的に変えるイノベーションになり得る。シャルマが取り組んでいる低コストRFIDアンテナの開発は、RFIDシステムの根幹を担う部分であり、それだけに重要だ。一方で「改善」「改良」レベルのイノベーション、たとえば、社内の財務状況トラッキングシステムや新製品の開発などは、規模としては格段に小さい。だが、いずれの原則も変わらない。あなたが、おもしろいと感じることだけに取り組むのでなく、顧客にとって重要なことにフォーカスをするということだ。

重要度の高いニーズを見分ける尺度

企業のゴールは、限られた資金や人材を活用して、顧客価値と株主価値を最大化することにある。一方、組織の中には一見実現可能な「おもしろい」テーマが数多く存在し、ついそれに目を向けてしまいがちだ。だが大事なのは、数あるプロジェクトの中から最も重要な案件を選び出すことである。そのためには、「イノベーション五つの原則」と併せて、顧客と市場にとって重要なニーズが何であるかを判断する、社内共通の尺度を持つことが必要だ。

こうした尺度を提示するのは、経営トップ層の役目であり、それが提示されれば、社員一人一人がそれを理解し、各業務領域において、重要度の高いニーズを特定できるようになる。しかし残念ながら、多くの企業がそうした尺度もプロセスも持ち合わせておらず、時間をムダにし、失敗を繰り返すはめになっている。

重要な仕事ができるという〝期待感〟だけでも、大きなメリットがある。それにより、企業のエネルギーが集中され、生産性も向上するからだ。重要なプロジェクトは、必ずといっていいほどおもしろいものでもある。

悪例を挙げれば、政府機関が重要度の高い顧客ニーズを理解していないことは、よく知られるところだ。利害の対立する様々な有権者と対峙しなければならないという意味で、彼らに同情の余地はあるものの、状況は厳しい。

アメリカ連邦緊急事態管理庁（ＦＥＭＡ）が、超大型ハリケーン「カトリーナ」で被災したニューオーリンズへの対応で後れを取ったことは、彼らが重要な顧客ニーズを理解していないことを示す典型的な例だ。当時、ハリケーンの進路にあたる地域は海抜ゼロメートル以下にあり、盛土でしか守られていないその地域には数十万人の住民が住んでいたため、最優先で住民を避難させ、救援策を講じるべきであることは明らかだった。ところが、ニューオーリンズに向かっていた救援隊は、能力開発プログラムの一つである「感受性」訓練のために対応が遅れたというのだ。[1] 救命活動という、この上なく重要な任務を前にして、愚の骨頂と言わざるを得ない。

一方で、アメリカ国防総省の機関である国防高等研究計画局(DARPA)は、ニーズの重要度に関して明確な基準を持っており、最先端の研究に年間数十億ドルを投入している。その目的は極めて明確で、通常一〇倍の進化を実現するようなパラダイムシフトとなる技術を開発し、国防総省のパフォーマンスを大幅に向上させることだ。DARPAが手がけた研究の一つは、後にインターネットの基礎を築くこととなった。また、位置情報を知らせることのできるGPS機能もまた、DARPAが開発した技術だ。彼らの使命は、「国土の安全保障のためにイノベーションを開発する」ことにあり、その成果を顧客が利用して初めて成功となる。こうしてDARPAは、ステルス機、無人空中戦闘システム、自律ロボット、サターンロケットなど、数々の軍事関連イノベーションを起こし、アメリカの政府系研究機関として最大級の実績を残している。

外部顧客と市場のニーズ

新しいイノベーションは、チームや企業の目的によって、「改善」「改良」レベルで段階的に進化するものから、一気に時代を変えてしまうものまで、多岐にわたる。さらに成功の尺度は、ビジネスの性質により、千差万別だ。

シリコンバレーのベンチャー・キャピタルの場合、年間売上高が数百万ドル以上、投資収益率（ＲＯＩ）が年率一五％超というのが投資の基準だ。それ未満になると、必要な資金も優秀な人材も確保できず、投資家が期待するリターンも狙えない。

企業の大規模な新規プロジェクトも、同様に明確な基準を満たすべきだ。ゼネラル・エレクトリック（ＧＥ）のジャック・ウェルチは、数十億ドルの規模を持つ成長領域において、市場規模トップないしは二位になることを明確な目標として掲げていた。規模の小さい企業も、規模こそ違えど、同様に明確な基準を持つべきだ。

ＳＲＩでも、スピンアウト企業に対してベンチャー・キャピタル同様の尺度を持っているが、新技術の開発尺度はまったく異なる。まずは、社会的に重要なニーズがあることが第一条件だ。たとえばそれは、クリーンエネルギー、環境修復、高校までの基礎教育、次世代ワイヤレスシステム、サイバーセキュリティ、癌、感染症、依存症、老化といったようなテーマである。こうした中から、われわれは五〇人以上の研究スタッフを抱えるＣＯＥ（Center of Excellence）となり得る領域を選び出す。

重要度の高い未開拓の顧客ニーズと市場ニーズが存在する領域の特徴は、市場の規模も大きいということだ。インターネット販売、チタン製造の低コスト化、ＲＦＩＤタグ、高性能太陽電池といった新製品やサービスは、いずれもこの基準を満たす。重要度の高い顧客ニーズと市場機会は、多数の顧客に影響を及ぼすものでもある。デジタルラジオの衛星放送、携帯電話、エンターテインメント製品、Ｅラーニングシステムが、その好例だ。

別の具体例を挙げよう。企業の研究開発（R&D）部門における基本的な指標には、顧客価値、市場規模、必要とする投資、市場導入までに要する時間、ROIなどがある。こうした指標を数値化し、周知徹底すべきではあるが、指標に基づく開発プロセスを徹底しているR&D組織は少ない。

大企業で働いている人の多くは、「次代の主力製品」を開発しようとせず、コストの削減や新機能の付加などによる、既存製品・サービスの改良に注力する傾向がある。これら「改善」「改良」レベルのイノベーションもまた、企業の成功には不可欠である。カミソリのシック・クアトロは、ジレット・マッハスリーに後れを取らずに対抗していったという点で、評価できるイノベーションの一つだ。

どんな仕事にも、やるべきことは数多く存在する。しかし、目指すところは、繰り返しになるが、あなたにとっておもしろいというだけでなく、顧客にとって最も重要なニーズをつかむことである。

内部顧客のニーズ

社員は皆、新たな顧客価値を生み出すことにエネルギーを注ぐ必要がある。これは、人事、情報システム、財務といった管理部門でも変わらない。こういった部門は直接顧客に製品やサービスを販売しているわけではないが、見方を変えると、社員という内部顧客に最高の価値を提供することが使命なのである。そうすることで、フロントラインに立つ社員が、外部顧客への提供価値を最大化することに専念できるのだ。

管理部門の尺度は、シニア・マネジメントと内部顧客、つまりフロントラインに立つ社員によって決まる。たとえば人事部門であれば、採用活動と社員の定着率向上が問われることとなる。SRIでは、自主退職による離職率をシリコンバレーの平均の半分にとどめるという指標を持つ。

フロントラインの重要なニーズが満たされていないために、フロントラインのスタッフが管理部門に反発する場合がある。たとえば、情報サービス部門が新しい管理ソフトウエアを導入しようとした場合、その導入によって社員のニーズが満たされて初めて、それは成功といえる。目指すべきは、コスト削減と生産性の向上の「両方」を成し遂げることであり、それが成功のカギとなる。

企業のどの部門であっても、顧客価値を高めることに注力すべきだ。たとえば、大手企業のリサーチャー、パトリックを例に挙げよう。彼は、顧客から受注したプロジェクトを短期間で完了させるため、早急に人材を採用しなければならないという課題に直面していた。以下は、そのときの対照的な二人の人事採用担当者とのやり取りである。

ダメな人事スタッフとの会話：

パトリック　もしもし、教育グループのパトリックです。大口顧客からプログラムの強化を求められていまして、そのために至急人材を採用したいのですが。

人事　申請書一〇二三は記入しましたか？

パトリック　申請書に関してはよくわからないのですが、いずれにせよ本件は緊急案件でして。候補者はもういますし、クライアントからは早く進めてほしいと言われているのです。

人事　申請書を書きたくないということですか？

パトリック　とんでもない。ただ、早急に進める必要があるということです。

人事　求人広告は出しましたか？

パトリック　いえ。出していませんが、すでに候補者がいますし、クライアントのＯＫもいただいています。なので、至急取りかかりたいのですが。

人事　早く進めたいのはわかりますが、だからといって、必要な手続きを無視するというのは困ります。

パトリック　いや、わかりました。申請書を書きます。その用紙はいついただけますか？

人事　いったい何名の社員でこれを処理していると思っているのですか？　ほかのことをすべて投げ出して、あなたの案件を最優先でやれと言うのですか。仕事は山積みなのですよ。

パトリック　わかりました。用紙は取りに伺います。

人事　私はこれから昼食に出ますので、社内便で送ります。オフィスの番号は？

パトリック　いや、いいです。私が取りに伺います。

人事　あなたは、とにかくルールに従うのが嫌なようですね。

理想的な人事部スタッフとの会話：

パトリック　もしもし、教育グループのパトリックです。大口顧客からプログラムの強化を求められていまして、そのために至急人材を採用したいのですが。

人事　それは、いいですね。どのプロジェクトですか？

パトリック　ここ数年取り組んでいる、カリフォルニアのプロジェクトです。

人事　素晴らしい。あのプロジェクトは好調のようですね。それで、候補の方は、もういらっしゃいますか？

パトリック　ええ、クライアントもご存知の候補者がいます。うってつけの人材ですし、ほかのプロジェクトも手伝ってもらえそうです。

人事　では、職位や給与水準、基本的な職務内容など詳細を教えてください。私のほうで求人申請書を書いて、そちらにお持ちします。署名していただいたら、上司の方にお持ちして、今日のうちに公示しましょう。

パトリック　私のほうでは、何をすればいいでしょうか？

人事　書類関係は私が担当しますので、照会状の確認と照合をお願いします。それで、適任かどうか判断してください。

パトリック　わかりました。ただ、時間的にはかなり急いでおりまして。

人事　求人の公示は必須なのですが、それは今日のうちにできます。公示している間に、候補者の方とコンタクトをとることは可能です。ですので、その方に、私に連絡するように伝えてください。その間に私のほうで書類を揃えて、その方に必要情報をお知らせできるように準備しておきます。遅くとも数日中に完了できると思いますよ。

パトリック　ありがとう！

パトリックの抱えている課題に応え、顧客価値と企業価値のいずれも生み出せたのはどちらの人事スタッフだったか、一目瞭然だ。内勤の社員は、どうすれば顧客価値を最大化できるか、という視点が欠如していることが多い。〝自身の顧客〟のニーズにフォーカスしなければ、よい成果は上げられない。最初に出てきた人事スタッフのような人は、周囲に煙たがられるばかりか、組織や顧客に提供できる自分の価値を自らつぶしているようなものである。

その他の留意事項

新しい市場機会を開拓する際に留意すべき「重要性」には、あと二つの基準がある。市場の進化にのみ込まれないものであること、そして実現可能であることだ。

1．市場の進化にのみ込まれない機会をつかむこと

外部環境の変化を考慮しないイノベーションは失敗する。指数関数的に変化する市場では、

めまぐるしいスピードで進化が進む。そのため、「最先端技術」に淘汰され、急速に廃れていくようなプロジェクトは避けるべきだ。

競合が新しいビジネスモデルを確立し、指数関数的な進化が自社に難題をつきつけることもある。たとえば、書籍のデジタル化やデータベース化は、紙の書籍を販売する業者にとっては脅威となる。アマゾン・ドット・コムは最新式の電子書籍端末を開発しており、フェニックス大学は紙の教科書を廃止し、電子教科書に移行しようとしている。学生にとっては、価格が安くなるだけではなく、持ち運びも便利で、利便性も向上する。百科事典の場合、二〇年前には一〇〇〇ドルもしていたものが、今ではインターネット上で無料アクセスが可能だ。変化のスピードは驚くほど速い。

あなたがどんな製品やサービスを手がけているにせよ、「先手を打つ」ことが重要だ。失敗すると時間もリソースも無駄になるのだ。

2. 実現可能な機会をとらえること

イノベーションは、製品やサービス、インフラ、必要な技術、リソースが揃って初めて可能になる。いつの時代でも、実現しなかったアイデアは数多く存在する。たとえば、レオナルド・ダ・ヴィンチは、ヘリコプター、ハングライダー、機関銃、戦車、潜水艦、計算機、太陽ヒーターといったアイデアをたくさん持っていた。しかし、当時は技術が追いつかず、こうしたアイデアが実ることはなかった。これらはアイデアにすぎず、新たな顧客価値を生むことはなかったのである。

トーマス・エジソンは、課題に取り組むべきタイミングを見極める天才的嗅覚の持ち主で、次々と画期的なイノベーションを生み出した。

たとえば、代表的な発明となった電球の場合も、莫大なチャンスがあることを知りながら、送電のインフラを構築する技術が実用化されていなかったため、長年この発明を眠らせていた。しかし、その後、インフラが整備されると判断するや否や、彼は研究に没頭した。そして、耐用時間の長い電球、並列回路、改良型発電機、地下導線網、安全ヒューズ、絶縁体、スイッチのついた電球ソケットなどを次々と発明した。[2] 彼は、ほかにも蓄音機や映画、現代的な研究室などを生み出し、ゼネラル・エレクトリック（GE）を設立して、イノベーションを世に送り出し続けた。

重要度の高いイノベーションかどうかを見極めるには、実現が可能となった段階で、それがどのようなニーズを満たすのかを明確にすることである。顧客が新しいコンセプトを受け入れ、実現に必要なあらゆる要素が揃っていれば、成功は近い。

重要なプロジェクトの選別

手がけているプロジェクトに第一の原則を適用するには、以下の三点を念頭に置くことだ。

1．そのプロジェクトは、社内や社外の顧客に明らかな価値をもたらすものか？

プロジェクトの重要性をきちんと説明できるか？　社内や社外の顧客にプラスに働き、自社に利益をもたらすか？　社内でアイデアが評価されないなら、評価が得られるようにプロジェクトを見直す必要があるかもしれない。

プロジェクトの重要度を測る尺度を明確にするには、まずはリストアップして上司に見せてみること。そこで誤解や意見の食い違いがあれば、意見をすり合わせておくことが不可欠だ。

2．そのプロジェクトは、自社の目標と合致しているか？

そこに食い違いがあれば、プロジェクトを支援してもらえるはずがない。整合させるか、打ち切るしかない。たとえば、大手石油会社に勤めていて、会社が数十億ドル規模のプロジェクトを検討しているとする。そこであなたが数百万ドル規模のクリーンエネルギー開発を計画しても、それは自社内では実現が難しく、他社に移るしかないだろう。非営利団体で資金的に手が届かない大規模プロジェクトを提案し続けていても、イノベーションにはつながらない。

3．本気でそのプロジェクトに取り組みたいと思っているか？

プロジェクトや発明に本気で取り組むつもりがなければ、イノベーションは生み出せない。天才的ひらめきを得ることは簡単だ。むしろ何年も全力で取り組み、イノベーションを実現させることのほうが格段に難しい。

あなたが今取り組んでいるプロジェクトは、あなたの時間を割いて会社のリソースを使う価値があり、顧客が支払ってくれる対価に見合うものだろうか？　社内に「顧客と市場にとって重要なニーズ」が何であるかを明確に判断する尺度があるだろうか？

成功する体系的イノベーションの起点は、顧客と市場にとって重要度の高いニーズを特定することだ。それは研究部門であれ、営業・マーケティングであれ、人事、財務であれ、同じだ。指数関数的に進化する市場では、顧客価値の創出に全力を注ぐことが生き残りの道だ。大企業であれ、中小企業であれ、大学、非営利団体、政府官庁など、どんな組織であろうと、一丸となって最も重要な顧客ニーズの解決に注力すれば、人の成長を後押しする、やりがいのある職場環境が築けるだろう。

第 4 章

顧客価値を創出する

あなたの唯一の仕事

CREATING CUSTOMER VALUE:

YOUR ONLY JOB

「『起業するいいアイデアが浮かびそうなんだけど』と父に言ったら、こう言われました。『必要なのはアイデアじゃない、顧客だよ』」[1]
サラ・ナウリン

「顧客は尊い存在だ」
ノーマン・ウィナースキー

顧客とは？

「何だって？　一〇〇億ドルの損失だって？」

ＳＲＩベンチャー事業部のバイス・プレジデント、ノーマン・ウィナースキーがボブに問いただした。ボブは、当時注目の的だったインターネット・ベンチャーの起業を支援する会社のマネージング・パートナーだった。当時インターネット・バブルは終焉に向かっていたものの、ボブの答えに私たちは息をのんだ。

「ええ、この一年半の間に株式で九〇億ドル、現金で一〇億ドルを失いました」

事の経緯を尋ねると、ボブは、自分たちが向かうところ敵なしで、何でも顧客よりわかっていると思い込み始めていたと答えた。

「デューデリジェンス（財務調査）をしっかりとやらないまま、ただ資金を投じ続けたのです。投資していた新興のドットコム企業は例外なく、永遠に伸び続けるものと思えましたから。これは、おごり以外の何物でもありません」

さらに詳しく聞いてから、ノーマンが指摘した。彼らは、アクセス可能なパソコンの台数だけで、投資すべきか否かを決めていたのだろうと。ＰＣを保有する顧客の購買意欲は、ないがしろにされていたし、そもそも購買意欲のある顧客は多くはなかったようだ。ボブは有能なビジネスマンだが、ネット・バブルの興奮にのみ込まれ、ただ「おもしろいだけでなく、顧客と市場の重要なニーズを理解し、それに応える」という基本から逸脱してしまったのだ。

このベンチャー支援会社は苦境に陥り、立て直しを余儀なくされたが、ボブはすぐに立ち直った。有能な人間というのは、そういうものだ。顧客価値を理解するという重要なことを学んだのだから、立ち直りも早い。ボブは現在、シリコンバレーの有力通信会社で上級管理職の職に就いている。

胸に刻むべき教訓は、価値を決めるのは「あなた」ではなく「顧客」だということだ。フォードのエドセル、アップルのニュートン、ゼロックスのアルトをはじめ、失敗した何千もの製品やサービスに必要だったのは顧客なのだ。そして、誰もが顧客を持っている。テレビ俳優、公務員、研究者、教育者、作家、牧師。どんな職業にも顧客は不可欠だ。顧客があなたの製品やサービスにお金を払うかどうかで、あなたの成功が決まる。顧客の行動によって、あなたが価値を創り出しているかどうかがわかる。

顧客に、ニーズが満たされているかどうかを聞きもせず、顧客のニーズを誤解している人は多い。たとえば、非営利の食事宅配サービス、ミールズ・オン・ホイールズの支部のマネジャーであれば、配達時間の正確性や味など、サービスの重要な要素に対する顧客の意見を聞きたいと思うはずだ。顧客ニーズを推し量るわけにいかないし、自分の好みで判断するわけにもいかない。そして意外なことに、配達員と交わす、思いやりのこもった短い会話が最も大切だと考えている顧客もいるのだ。

さらに残念なことに、企業には、顧客が誰かすら答えられない人もいる。顧客を特定し、顧客のニーズをとらえることが、顧客価値最大化への第一歩であり、最も重要なステップである。

価値創出は全員の仕事

組織で働く人には、必ず顧客がいる。顧客価値の様々な側面や、自分の仕事が組織の成功にどのように貢献するのかを、誰もが明確に理解すべきだ。大企業、政府機関、大学などに勤めている人に、どのような価値を提供しているのか尋ねてみても、なかなか明確な答えは返ってこない。たとえば、終身在職権（テニュア）を認められている大学教授の顧客は誰だろうか？学生、保護者、一般社会、事務局、理事会、それとも同僚なのか？

世界中の大学が、オンライン教育や新興の営利大学と、毎年数千万人の学生をめぐって競争するようになったら、大学教育はどう変わるのだろうか。教育市場は、アメリカだけで年間二〇〇〇億ドル以上の規模があるため、学生を顧客とみなし、優れた価値を提供して教育のあり方を変えていく組織が必ず現れる。フェニックス大学のような営利法人や、増加基調にあるオンライン教育が、その変化の兆候である。

一九七九年に認可を受けたフェニックス大学は、アメリカ最大の私立大学である。一六万人以上の学生が四〇を超えるキャンパスで学んでおり、学生数は毎年三〇％ずつ増えている。[2]

最大の顧客は、社会人学生だ。元歴史学教授のジョン・スパーリングが創立したフェニックス大学は、教育界の常識を覆した。終身在職権とすべての講義を廃止し、学生同士のグループ学習システムを軸とした授業カリキュラムを採用している。

スパーリングは言う。「教員は、教室では学生と同じ目線に立ち、知識を講義するのではなく、学ぼうとするグループを助ける役目を持つのです」。スパーリングは現在、教材を電子化して紙の教科書を撤廃しようとしている。授業内容に沿った教材を作成することにより、教科書出版社を排除するとともに、数カ月ごとに一〇万冊以上を配布する手間とコストを省くのだ。こうしたイノベーションと世界中に広がるインターネットとを融合させれば、社会人教育ががらりと変わるだろう。

また、組織の中には、実際にお金を払う外部顧客と接しない人も多い。こうした人たちには、「内部顧客」がいる。たとえば、製品部門の取締役のもとで働く弁護士が外部ベンダーとの契約書の草案を作成しているとする。取締役は、自分が顧客だと認識しているだろうか？　顧客として自分のニーズを満たすよう求めただろうか？　取締役は、自分にとって重要なニーズと、それが満たされているかどうかを、確実に伝えるべきである。しかし、このような内部顧客の満足度を測定している企業はほとんどない。

グローバル企業の中間管理職の方々に、プロジェクトが生み出す価値について尋ねたことがある。驚いたことに、彼らの答えは「懸命にやっています」というものだった。彼らは、優秀な人たちだ。問題は、組織全体が顧客価値の理解に立脚していないということだった。われわれの議論はまったくかみ合わず、まるで外国語を話しているようだった。

健全な組織であれば、顧客の重要なニーズを理解し、低コストで魅力的なベネフィットを提供して顧客のニーズを満たし、顧客価値を高めることを目指す。それが、あなたの唯一の仕事なのだ。

価値の種類

「価値」には多くの意味があり、価値のとらえ方や提供の仕方については誤解も多い。どんな組織も、以下の価値を提供しなければならない。

- 顧客価値
- 企業価値
- 株主価値
- 従業員価値
- 社会価値

まず「顧客価値」、つまり顧客にとっての価値は、その他の価値を生み出す基盤となる。顧客ニーズを理解し、顧客にとって魅力的な製品やサービスを開発しない限り、他の価値は生み出せない。CEOが株主価値を高めることばかり話していても、どうすればよりよい成果を上げられるかを社員に伝えたことにはならない。CEOをはじめ社員全員が、顧客に、そして顧客のニーズに注力すべきだ。

ただし、顧客価値の高い製品を作っても、その製品が損失を計上し続ければ、倒産を招きかねない。このため、新製品を発売する場合には、少なくとも二つの価値を提案しなければならない。一つは、顧客にとっての価値。もう一つは、自社にとっての価値である。次の章では、こうした価値提案のテンプレートを紹介する。

「株主価値」は、収益性の高い大規模な成長市場で大きな顧客価値を提供することにより生じる。それは、上場企業のCEOや役員、経営上層部の最大の関心事である。あらゆる戦略投資の意思決定においても、株主価値が考慮される。しかし、顧客価値を犠牲にして株主価値を追求する企業は、いずれ倒産する。DECがその代表例だ。

「従業員価値」にかかわるのは、給与や賞与などの報酬制度だ。加えて、仕事の性質や同僚の質、組織の価値観、場所・施設などの職場環境も関係してくる。仕事で実績を上げ、キャリアアップするチャンスのほか、組織の安定性や将来的な見通しも重要な要素だ。

「社会価値」は、企業は社会に貢献する法的・道徳的な義務があるという認識の上に成り立っている。たとえば企業は、環境を犠牲にして利益を高めることもできる。しかし、それでは社会全体の価値を損なってしまう。この点について、政府は最小限のルールしか設けていない。

ルールには、税制、就労規定、環境基準など、様々なものがある。イノベーションは、顧客、株主、社員にとっての価値を生み出すだけでなく、社会のニーズも満たさなくてはならない。ヒューレット・パッカード（ＨＰ）をはじめ大多数の企業は、最小限の法規制のみならず、社会に対する義務を包括的にとらえている。地域の教育や交通システムへの支援や、地元のサッカーチーム支援のような地域活動は、優れたコーポレート・シチズンシップの好例である。

価値には様々な種類がある。したがって、どの価値について話しているかを明確にする必要がある。本書では顧客価値にフォーカスをあてる。顧客価値こそがすべての出発点となるからだ。同時に、顧客価値を起点としてあらゆるステークホルダーを満足させることが必要である。

顧客価値の構成要素

製品やサービスを選ぶとき、消費者は製品のベネフィットとコストの双方を考慮する。たとえば、ワインを一本買うとすれば、そのワインのベネフィットとコストを瞬時に心に浮かべ、頭の中で算盤をはじき、自分自身にとって価値があるかどうかを判断するわけだ。

したがって、

「顧客価値＝ベネフィット－コスト」

という計算式が成り立つ。

製品やサービスが提供する価値の合計は、「値打ち」と呼ばれ、そこには経済的価値が存在する。製品やサービスに対して顧客が支払うコストは、その製品やサービスの価格である。しかし、ほかにも負担しなければならないコストがある。プリンターの場合、インクカートリッジ、用紙、維持費などが考慮の対象となる。さらに競合製品への乗り換えという煩雑なコスト、つまり移行コストも必要になる。こうしたコストには、顧客にとって重要なものも、そうでないものもある。ベネフィットと同様にコストの算盤をはじき、重要度に応じてウェイトづけできるのは顧客だけだ。長期的にはインクカートリッジが最も大きなコスト要因になるにもかかわらず、そのコストを度外視してプリンターを購入する消費者セグメントもあるのだ。

ほとんどの製品はいくつかの機能を備えており、その特性が、特定の市場セグメントの消費者に対するベネフィットを提供する。自分自身の買い物をする場合、あなたは自分のニーズに合った機能（パソコンであれば、文章作成機能、バッテリーの耐久時間、携帯性など）の製品を探す。もちろんコストも考慮して、買うだけの「値打ち」があるかどうかを判断する。

企業は、市場をいくつかのセグメントに分け、あるベネフィットに対してプレミアム価格を払うことをいとわない顧客のクラスターを見出そうとする。自動車の場合、燃費で選ぶなら、ホンダのシビックやトヨタのプリウスのようなハイブリッド車がいいだろう。高級車がよければ、高性能で新型のキャデラックやＢＭＷ、コブレットやジャガーを選べばよい。

製品の特性は、顧客のニーズを満たして初めてベネフィットになる。つまり、ベネフィットとは、顧客がお金を払ってくれるような特性のことを意味している。まずは、あなたが満たそうとする顧客のニーズを特定し、数量化することが必要だ。

顧客のニーズは多種多様だ。形のあるものも、ないものもある。形のあるニーズには、携帯性、コミュニケーション、食欲などがあり、形のないニーズには、ライフスタイル、ステータス、アイデンティティ、恐怖、安全、愛、セックスアピール、（環境に対する意識の高い人たちが持つような）グループ・アイデンティティなどがある。

多様な顧客ニーズは、心理学者アブラハム・マズローの欲求段階説で説明される。[3] これは、人間の欲求がピラミッド状に五段階で構成されているとする説で、①生理的欲求、②安全に対する欲求、③帰属・愛情に対する欲求、④賞賛に対する欲求、⑤自己実現に対する欲求があり、呼吸や食べ物などの生理的欲求がまず満たされなくてはならないと説いている。これが満たされると、次の段階の欲求が表面化する。ピラミッドの最上位が自己実現に対する欲求であり、マズローはこれを「何のために生まれてきたか」であると説明している。

マズローの五段階説は、無数の顧客ニーズが存在していることを示唆している。マズローのピラミッドを一段上がるたびに、食品、通信、交通、エンターテインメントといった市場セグメントのそれぞれで、提供可能な製品やサービスの一群が現れる。それぞれのカテゴリーで、ベネフィットとコストの様々な組み合わせを創り出すことから、独自の製品やサービスが生まれる。

消費者向けのエンターテインメント製品を例にとって、品質と利便性の様々な組み合わせから、どのような可能性が生まれるのかを考えてみよう。

図表4－1は、品質もしくは利便性のいずれかが大きく向上すれば、新しい産業が生まれる

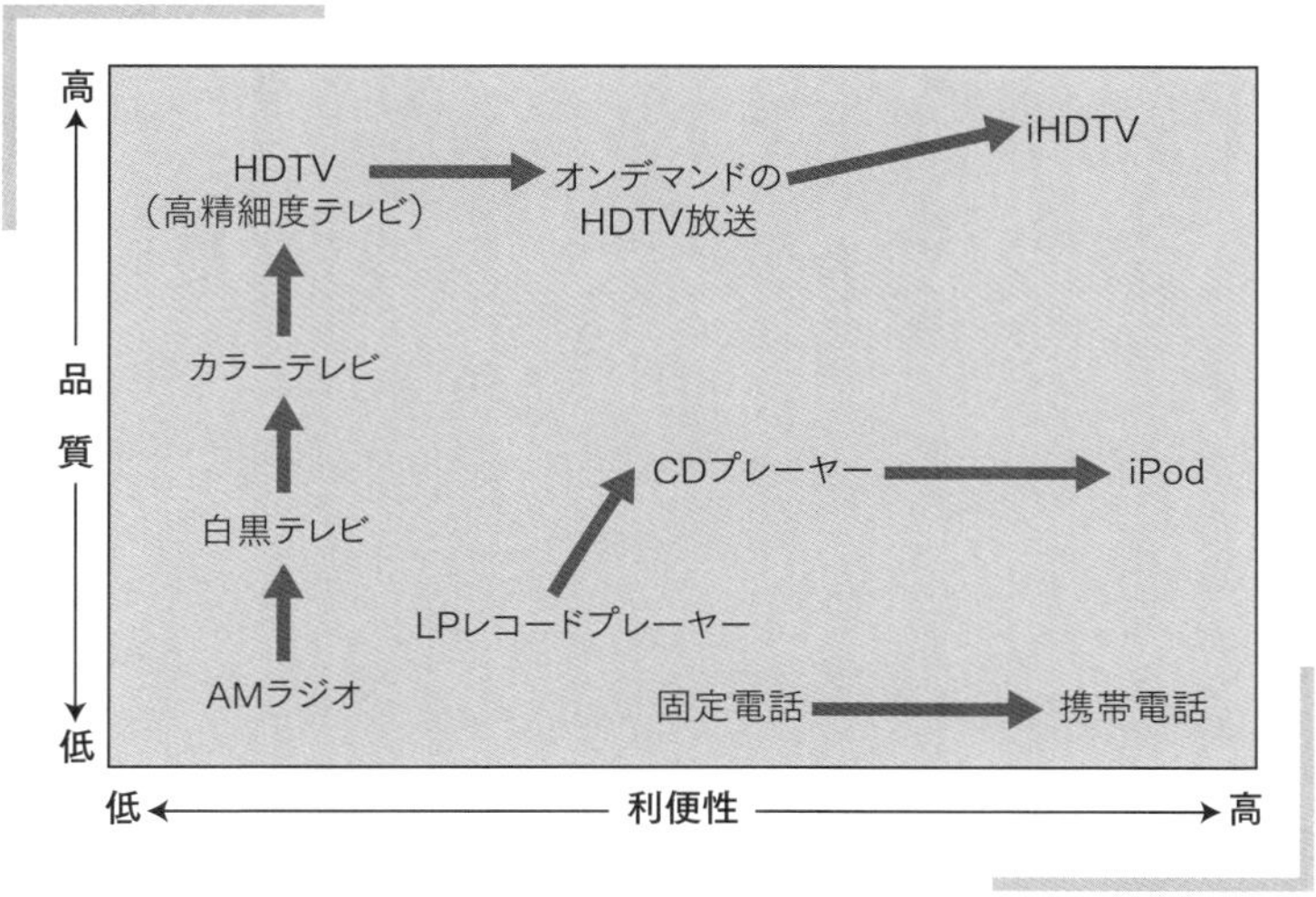

図表4−1：品質と利便性で分類した家電製品の進化
品質もしくは利便性のいずれかが大きく向上すれば新しい産業が生まれることは、過去の事例から明らかだ。どの業界でも、このようにシンプルに図式化すると、大きなイノベーションが可能な「ホワイトスペース」が特定できる。これを「ホワイトスペース・イノベーション」と呼ぶ。

ことを示唆している。[4] ラジオから、白黒テレビ、カラーテレビ、高精細度テレビ（HDTV）という流れは、製品のイノベーションが、音質や画質の向上を通じて品質を格段に引き上げたことを示している。一方で、LPレコードプレーヤーから、CDプレーヤー、さらにiPodという流れは、選択の幅や携帯性などの利便性にイノベーションがもたらされたことを示したものだ。

同僚にこう聞かれたことがある。

「スティーブ・ジョブズのiPod成功は、まぐれだと思うかい？」

そんなことはないだろう、とわれわれは答えた。iPod nanoは、図表4−1のずっと右に位置している。これは、偶然などではない。対照的に、日本企業は考えられる限り機能を足していく傾向が強い。この図表でいえば、上に向かおうとしているわけだ。ジョブズは、オーディオ再生と選択の幅という二つの特性だけを残して、あとは全部取り払い、コンパクト化と利便性の最大化を図った。この結果、競争に直面しない「ホワイトスペース」に移動できた。動画再生機能を搭載した新しいiPodでも、同じ方針を貫いている。シンプルさと利便性の高さを維持しながら、品質軸で上の方向に向かった。これも偶然の産物ではない。

イノベーションは、品質と利便性の向上が組み合わさったものだ。LPレコードからCDへの移行が、その代表例である。オンデマンドの映像配信は、HDTVに利便性を付加し、新たな産業を生み出すだろう。最終的にはiHDTVが登場する。音声で操作できるヘッドマウント型のモバイル高画質映像ディスプレイ装置である。

図表4－1に記した製品はいずれも、スケールの大きな破壊的イノベーションだ。しかし、多くのイノベーションは、既存の製品やサービスを改良したものだ。こうした小規模のイノベーションであっても、際立った製品を生むことができる。ゴム製のすべり止めがついた歯ブラシは、その一例だ。これは、手が濡れていても、しっかり握ることを可能にした。

製品やサービスのベネフィットについて、あらゆる可能性を体系的に検討することができる企業や個人は少ない。スティーブ・ジョブズは、それができたからこそ、羨望の的となったのだ。図表4－1のような図は、どんなビジネスにも応用が可能だ。この図を利用すれば、品質と利便性をどう組み合わせられるか、どこに「ホワイトスペース」があるかを視覚化できる。

つまり、未開拓の顧客ニーズに対して、競合よりも優れた対応が可能なポジションを特定できる。あなた自身のビジネスに活用して、今どこにポジションを取っているか、イノベーションの機会があるかどうかを確認するとよい。

製品やサービスが提供するベネフィットの経済的価値は、人によって評価が異なる。だからこそ、フリーマーケットが成立する。誰かのがらくたは、ほかの誰かにとって掘り出し物だというわけだ。あなたは、製品やサービスのベネフィットの価値を、心の中で値踏みしている。ただで手に入れた製品に何らかのベネフィットがあれば、その製品の顧客価値がフルに得られる。ちょっとしたプレゼントが喜ばれるのは、こういうわけだ。

顧客価値のあらゆる要素を網羅する

顧客価値を最大限に高めるということは、可能性のある全要素を考慮することを意味する。たとえば、製品やサービスの使用体験は、指数関数的に進化する市場において、顧客満足や競争優位の源泉となり得る要素である。

トヨタは、レクサスを開発していた当時、顧客価値の重要な要素の一つとして、販売店において業界最高水準のサービスを提供することを目指していた。トヨタは、顧客のニーズを把握するために、欧米で広範囲な調査を実施した。ライバルに定めたＢＭＷとメルセデスは、いずれも、カスタマーサービスの評判が芳しくなかった。調査によれば、販売店が提供するサービスを利用しているメルセデス・オーナーは半分に満たなかった。顧客は、車のメンテナンス担当者に直接話したいと考えているにもかかわらず、メルセデスの販売店ではそれができなかった。このニーズに対し、レクサスの販売店は、小ぎれいな服装をした「診断スペシャリスト」が、直接顧客に接するようにした。メンテナンスの最中、顧客は居心地のよいラウンジでくつろぎながら、大きな窓を通してチリ一つない整備工場を眺めることもできた。

あちこちのオフィスで使われているスリーエム（3M）のポスト・イットイーゼルパッドを例に取ろう。イーゼルパッドは目新しい商品ではない。だが3Mは利便性を大幅に向上させて、差別化に成功した。まず、画板サイズの台紙にハンドルをつけて、簡単に持ち運べるようにした。さらに各ページの上部に特殊な接着剤を塗布したため、イーゼル自体を持ち運ばなくても各ページを壁に貼ることができるようになった。これは、単純ではあるが、顧客の消費体験とニーズに配慮しなければ生まれない改良だ。

実際の使用体験が期待にそうものでなければ、製品の価値は損なわれる。マイクロソフトのワードは、最も普及している文章作成ソフトだ。ワードには、ほとんどのユーザーが気づかないような機能が数多くある。何年も使っているのに、同僚から「見出しマップを使えば、文書の見出しを表示させられるのに」などと言われると、あぜんとする。あなたは、「見つけられないようなデザインをするなんて、どうかしてるんじゃないか？」と思うことだろう。アウトラインモードなどのデフォルト機能も同様だ。最初から設定されているため、解除方法がわからなくて苦労するユーザーは多い。簡単な対処法を見つけられず、ユーザーは苛立ってこの機能を使わなくなってしまう。生産性を上げるツールのはずが、フラストレーションや不満をもたらすことになっているようだ。

新しい製品やサービスの開発段階では、その価値を網羅的にとらえるべきだ。物的な特長は重要だが、ユーザー体験も無視できない。また、形のない感情や、アイデンティティのような要素も重要である。指数関数的に進化する市場では、メーカーとその製品・サービスについて、消費者がかなりの情報を得ていることを忘れないでほしい。むしろ、消費者の知識が十全であることを前提にしておくべきだろう。優れた製品やサービスを送り出せば、クチコミは光のスピードでインターネット上をかけめぐり、アップルのｉＰｏｄのような成功を経験することになる。ただし、製品のどこかに問題があれば、それも瞬時に世界中に伝わってしまう。

価値の高いベネフィット

ステータス、アイデンティティ、セックスアピール、低リスク、耐久性、サービス、消費体験といったベネフィットにより、プレミアム価格を成立させている製品やブランドがある。

- スターバックス
- アップル
- ＧＭのコルベット
- グッチ
- ミキモト

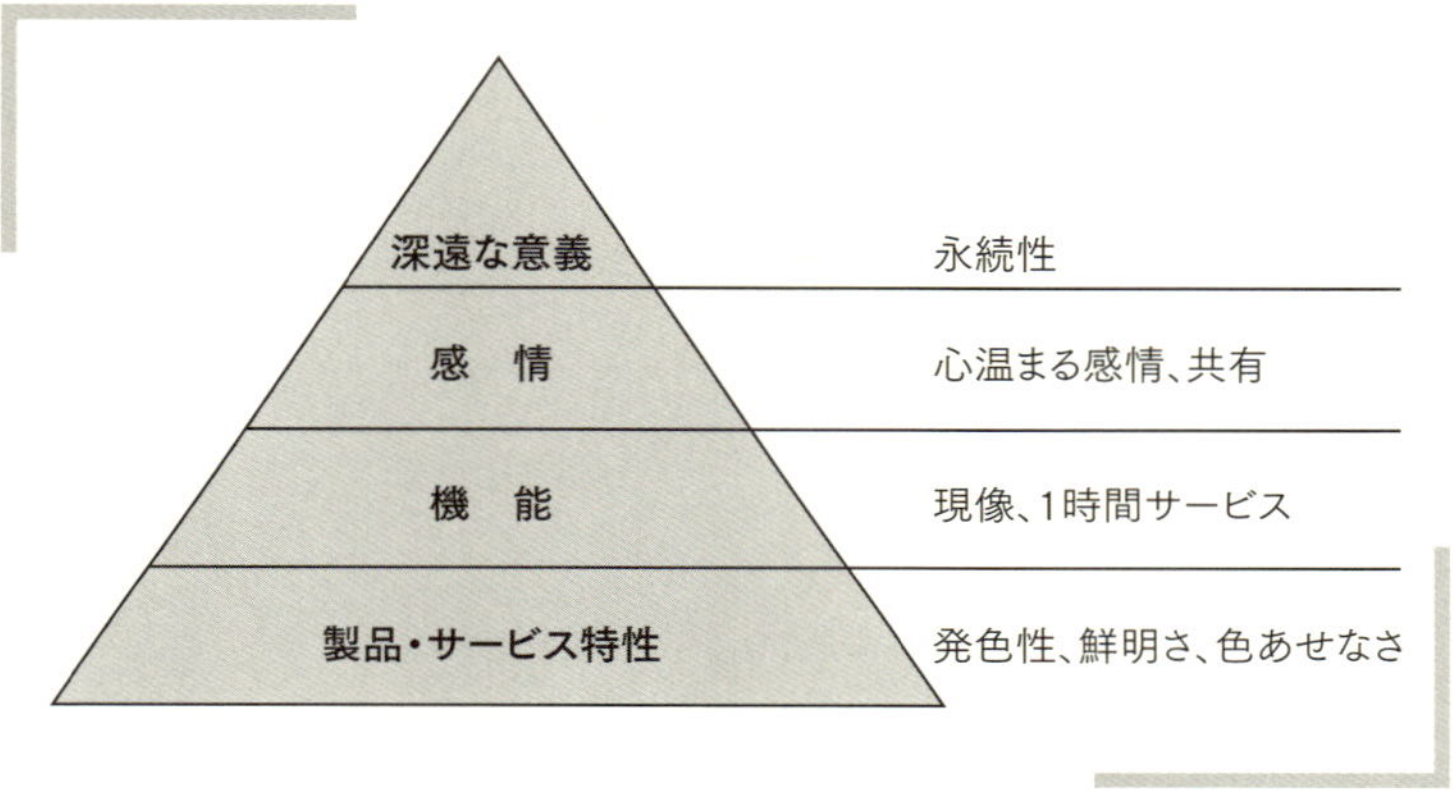

図表4－2：マーコウィッツのニーズ階層で考えるコダックカラーフィルムの長所
深遠なニーズを特定し、顧客のベネフィットを高めるには？　どんな製品・サービスでも、上のような階層図を作成してみると、顧客価値を創出するためにあらゆる手段を講じているか、を判断できる。

前記の企業は、形に見える製品の特長を超えるニーズに応えている。このリストを見れば、これらの企業が何を売っているのか、一目瞭然だ。

スターバックスが売っているのは、好みに合わせてくれるフレッシュなコーヒーと、インターネット接続環境が整い、快適でなごやかな空間だ。何回か通えば、名前と好みのドリンクを覚えてくれる。ダンキンドーナツが一ドルで販売しているコーヒーが、二～四ドルの価格で売れる理由はここにある。注目すべきは、スターバックスにおける「経験と選択の自由」が、製品以上の価値をもたらしているということだ。

アップルの場合は、ユーザーフレンドリーな製品を提供し、「人とは違う」というアイデンティティを満足させている。コルベットは、パワーと快活さ、セックスアピールを、グッチはステータスを売っている。ミキモトの場合は、品質保証だ。ほとんどの消費者は、真珠の良し悪しがわからない。品質保証によってリスクが低減され、価値が高まるわけである。

マイケル・マーコウィッツは、マズローと同様に、ニーズとベネフィットを特定する階層モデルを提唱している。[6] 図表4－2で明らかなように、優れた製品とブランドは、「深遠な意義」など複数の階層で、顧客のニーズを満たしている。

コダックは、「永続性」をはじめ、複数の階層でベネフィットを提供している。同社の広告は、マーコウィッツの考案した四階層すべてを網羅し、顧客にとってのベネフィットを高め、顧客価値を引き上げている。このため、競争が激化するまで、コダックはプレミアム価格で製品を販売することができた。[7]

価値の定量化

顧客価値の定量化や推定は、一筋縄ではいかない。問題の一つは、顧客価値が時間の経過とともに変化するということだ。ピンク色の車が流行ったかと思えば、数年後にはそれも古臭くなってしまう。

価値の定量化にまつわる問題は多い。ただし、少なくとも顧客価値を推定することは可能だ。これから説明するツールを使えば、顧客に焦点を絞り込むことから様々な洞察が得られ、顧客価値を構成する要素を精査することができる。

われわれの同僚であるレナート・ポリゾットは、顧客価値にフォーカスすることに意欲的だ。ポリゾットは、「価値係数の分析ツール」、つまり、製品やサービスの顧客価値を競合と比較して試算するツールを開発している。これは、彼が大学教授時代に、競合や代替製品と比較して新製品の価値をどうとらえるべきかを、工学部学生に教えるために考案したものだ。新製品や新サービスを開発する際に避けては通れないトレードオフについての考え方もここから学べる。製品やサービスを開発するには、顧客にとって最も重要な製品特性とコストを把握する必要がある。SRIでは、社員とパートナーがポリゾットの「価値係数の分析ツール」を学ぶようになっている。

顧客は、製品のあらゆるベネフィットを、支払う金額と比較して（つまり値打ちとコストを比べて）、買う、買わない、を判断する。通常、消費者は製品やサービスの相対価値を検討し、それに基づいて判断を下す。このため、「価値係数の分析ツール」は、顧客が知覚する価値を数値化して相対的に比較する。製品のベネフィットをコストで割ると、製品ごとの違いがより明らかになる。[8] 計算式は次のようになる。

「価値係数＝ベネフィット÷コスト」

この計算式は直観的なものであり、第五章で紹介するように、価値提案の定義にも利用される。ここでは、この式を活用して複数の製品やサービスの相対価値を比較する。

製品やサービスのベネフィットは、品質と利便性に大別される。これについては、図表4－

品質	重要度:0－5	満足度:0－5	ベネフィット:0－25
環境性能	5	5	25
スタイリング	2	2	4
信頼性・耐久性	5	4	20
環境イメージ	5	5	25
リアスポイラー	0	1	0
ベネフィット合計			**74**

コスト要因	重要度:0－5	費用:0－$$$$$	コスト:0－25
車体価格	1	$$$$	4
ガソリン	3	$	3
メンテナンス	4	$$	8
保険	2	$$	4
コスト合計			**19**

プリウスの価値係数(ベネフィット合計÷コスト合計)	**3.9**
フォード・トーラスの価値係数	**1.4**

図表4－3: プリウスの相対価値試算

環境意識の高い消費者、ハーマンの基準によってハイブリッド車プリウスの価値を算出した。次に、ハーマンからみたフォード・トーラスの価値も算出。トーラスの価値係数は1.4と、プリウスの3.9を大きく下回っているため、ハーマンのような環境意識の高い「グリーン」消費者はプリウスを選ぶ傾向が強いことがわかる。

1が示しているとおりである。同様に、コストも品質と利便性に分類できる。しかし、以下に挙げる例では、分析を単純化して要点を説明する。

価値係数を図表4－3に示した。同僚のハーマンは、環境意識が高い「グリーン・コンシューマー」だ。ハーマンは、すでに電気自動車を二台所有しており、最近、トヨタのプリウスを追加購入した。彼はなぜプリウスを選び、価格の変わらないフォード・トーラスを選ばなかったのか？　後述するように、ハーマンにとっては、プリウスの顧客価値がフォードを大きく上回っていたからだ。逆に、トーラスの顧客価値のほうが高いととらえる人もいる。

図表4－3の上段の左に、車が持つ特性の幾つかを列記した。その隣に、ハーマンにとっての重要度を0（まったく重要でない）から5（非常に重要）までの六段階で評価している。たとえば、環境性能は非常に重要で、スコアは5である。車体後部の「リアスポイラー」はまったく重要ではないため、スコアも0だ。

その隣の欄では、トヨタ・プリウスがそれぞれの特性をどの程度満たしているかを、0（全然満足していない）から5（とても満足している）までのスコアで評価している。プリウスの燃費はガロンあたり最高六〇マイルで、環境性能が非常に優れているため、スコアは5だ。

右端の欄は、ベネフィットのスコアである。それぞれの特性について「重要性」と「満足度」のスコアを乗じて求めたものだ。このスコアの合計が、プリウスのベネフィットの総合スコアであり、「値打ち」である。このスコアを可能な限り高めて、顧客価値を最大化することが必要だ。

次に、プリウスの総コストを計算する。顧客にとっては、コストをできるだけ抑えることが重要だ。図表の下段で、顧客が支払うコストを計算した。ここでも、「重要度」を0（まったく気にしない）から5（非常に気にする）までの六段階で評価した。「費用」の欄では、ドルのマーク（$）が費用水準を表している。ドルマークがなければプリウスにかかる費用が極めて低く、五つの場合は非常に高額になることを意味する。ハーマンはガソリン価格を極端に気にするわけではないので、「重要度」のスコアは3となっている。プリウスの燃費は非常によいので、「費用」欄にはドルマークが一個しかついていない。

それぞれの特性について、ハーマンが考える「重要度」にドルマークで示した「費用」のスコアを乗じて、「コスト」のスコアを算出した。各スコアを足し合わせて、コストのスコア合計を算出。最後にメリットのスコア合計をコストのスコア合計で割って、価値係数を求めた。この場合の価値係数は、図表に示しているとおり、三・九である。

フォード・トーラスについても、同じ方法で価値係数を算出した。この単純な計算で、トーラスを試乗することもなしに、ハーマンがプリウスを選んだ理由が一目瞭然になった。一方で、しゃれたリアスポイラーをはじめ、フォードが実現しているスタイリングを重視する消費者もいる。こうした消費者の場合、トーラスのスコアのほうがプリウスよりも高くなる。「Vive la difference（多様性に幸あれ）」、だ。

図表4－3で示した計算式は、とても単純なものだが、顧客にとって重要な要素を特定するには有用だ。この結果についてハーマンと話をしたとき、われわれは「プリウスは従来型の同等車より格段に高く、価格差をガソリン代で相殺するには一〇年以上かかるかもしれない」と指摘した。

ハーマンの答えはこうだ。「ＢＭＷを買う人がいるのはなぜだと思う？　ホンダやトヨタ、シボレーより高いアキュラやレクサス、キャデラックのどこがいいの？　私にとっては、ハイブリッドカーがＢＭＷよりクールなんだよ。買おうと思えば、ＢＭＷだって買えるけどね」。価値を測る基準は人それぞれだ。

価値係数の分析ツールは、常に有効だ。新しい製品やサービスにおいて検討すべき特性を特定することができる。また、様々な特性のベネフィットを、顧客がどのように評価しているかがわかる。この分析結果に疑問が残るようであれば、市場調査を実施して、質量ともに充実した定量データを得ることが可能だ。マーケティングの担当者は、この種のツールを使って、「ホワイトスペース・イノベーション」と呼ばれる未開拓の大きな市場セグメントに対して訴求すべきベネフィットを見出そうとする。

顧客価値を定量化する手法は、ほかにもある。参考になる考え方を幅広く学びたい方には、ハリー・クック[9]の著書をお薦めしたい。クックの手法は極めて有効なものだが、作業量は多くなる。クックらの著作を読んで、どのような場合にこうした本格的な手法を使うべきかを判断するとよい。最低でも、価値係数の分析を行うべきだ。同僚やターゲット顧客と繰り返し実施すれば、あなたの前に可能性が広がるはずだ。

第2部

原則2

価値の創出

VALUE CREATION

第5章

NABCを使えば簡単!
リズが昇進を勝ち取ったわけ

It's as simple as NaBC:
How Liz got her big job

自分自身が提供できる価値を明確にできないなら、それは自分の仕事がわかっていないということだ。

大きなチャンス

編集ディレクターのポストに空きが出たのは、リズが大手出版社でノンフィクション書籍の編集員として働いているときだった。大きなチャンスだが、リズには不安もあった。編集ディレクターは一〇年以上のキャリアのある、三〇~四〇代の人が就くポストだ。リズは当時二七歳で、二〇歳そこそこにしか見えなかった。リズは有能で精力的で、編集ディレクターをこなす知識もスキルもあると自負していたが、それは人事責任者が、幼い外見を度外視して自分のことを見てくれた場合の話だ。まともに相手にしてもらえるだろうか？

リズに相談を持ちかけられた父親のアートは、リズが提供できる価値は何かと尋ねた。アートは、ビジネスは常に二つ以上の価値提案があって成立する、と説明した。この場合には、まず採用担当者から応募者に対して、「なぜこの仕事に就くべきか」という説明。もう一つは、応募者からこの企業に対して、「なぜ自分が適任者なのか」という説明だ。お互いが相手を納得させなければならない。

驚くべきことに、自分がどのような価値を生み出すことができるかを考えもせずに、面接を受ける人が多い。「採用されるだろう」と、期待するだけで面接を受ける人もいれば、ただ履歴書に書いてあることを繰り返すだけの人もいる。企業にとって最適な人材だと売り込むチャンスを、みすみす逃しているのだ。このため、リズが説得力のある価値提案を作れば、人と一線を画すことができる。つまり、編集部門がいかにして顧客と出版社に高い価値を提供できるかについてビジョンをまとめ、編集ディレクターの職に関する活発な対話を生むのである。

アートはリズのパートナーを務め、価値提案の策定を進め、一〇回以上は練り直しを行った。リズはそのほかの人とも話をし、そこから得た新しいアイデアを価値提案の中に盛り込んだ。最終的に、リズは面接の場で以下の四つに言及した。

●出版社の課題（Need）

リズの担当する書籍には利益を出しているものもあったが、ノンフィクション部門全体としては赤字の書籍が多かった。顧客の購入書籍数は毎年五％ずつ減り、ビジネスは縮小基調にあった。ブランドイメージを高水準に維持することが大前提とされる一方、作家の要求通り印税を払っては採算を割り込んでしまう。つまり、ブランドと質を維持し、顧客基盤を拡大し、採算性を高めるために出版書籍を見直すとともに、印税の支払いを圧縮することが課題になっていた。

●リズの提案（Approach）

リズは、出版書籍の二〇％が利益の九〇％を稼いでいる現状に基づき、出版書籍の見直しを提案した。また、幅広い読者層にアピールする質の高いテーマを選び、低価格で出版するなど、顧客基盤を拡大する方法を幾つか提言したほか、実績ある作家に加えて新人作家を起用し、印税の支払いを抑制する手法にも言及した。さらに、すでに出版済みのコンテンツを編集して再出版する方法も説明した。

●提案の費用対効果（Benefits per costs）

リズは、現状の売上高と利益のデータをもとに、提案が採用された場合に毎年一〇%の増収と一五%の増益が見込めることを裏づけるスプレッドシートを作成した。さらに、ブランドイメージの向上によって、より多くの作家を確保でき、出版書籍と利益の拡大を誘発する好循環が生まれると論じた。リズの提案にかかるコストは、現状を上回るものではなかった。

●競合（Competition）や代替案の検討

現状維持の経営を続けていけば、じわじわと衰退の道をたどることは目に見えている。出版社の再建と成長に向けての道筋を描いたのも、提案した手法の経済的メリットを現実的な方法で数値化したのも、リズだけだった。

価値提案の成果もあり、リズは満場一致で最有力候補に選ばれ、編集ディレクターに内定した。就任後初めての人事考課では二ケタの昇給率が認められ、「目標のすべてをクリアしたリズは出版社にとって天の恵みだ」と、上司にも言われた。

リズは、「価値提案を作成しなければ、この仕事に就くことはできませんでした。フォーマットが完璧でした。まず企業のニーズを洗い出し、正しく理解して会社側と認識を一致させます。それからニーズについて突っ込んだ話し合いをして、提案の前にさらに分析を深めます。パーフェクトでした。それ以外の何ものでもありません」と話してくれた。

リズのように、不可能だと思える新しいプロジェクトを前にすると、誰しも不安になるものだ。われわれはよくこう聞かれる。「曖昧模糊とした脈絡のない考えを、どうすれば説得力ある顧客価値にまとめ上げることができますか？」と。

リズの踏んだプロセスが、その答えだ。それは、SRIが何年もかけて開発し、試し、練り直し、磨き上げてきたプロセスであり、SRIが手がけた何百件ものプロジェクト、SRIから生まれた一五社以上の新会社、受賞した二つのエミー賞の基盤となったものだ。

本章を読んでいる読者の中には、「こういうことは、すでにやっている」と思う方がいるかもしれない。確かに、あなたもこの一部を、ある程度は実践していることだろう。

確かに、このアイデアは、複雑なものではない。にもかかわらず、体系的に実践している人は非常に限られている。企業となると、さらに少ない。何百もの企業・団体について調べ、その上級管理職に会ってわかったことだが、実践している企業はほんの一握りだ。

価値提案：NABC

どのようなイノベーションにも、価値提案が必要だ。価値提案がないと、社員と経営との間に誤解とミスコミュニケーションが生まれる。顧客のニーズが絞り込めず、経営資源の無駄遣いにつながる。

イノベーションの目指すところは、競合より明らかに優れた顧客価値を創り出し、市場に届けることにある。競合との差は、顧客の注目を集めるものでなくてはならない。一言で言うと、次のようになる。

「新しい価値提案は、競合の提供する価値を格段に上回る」

リズのように新たな顧客価値を構築するには、価値提案からスタートすることだ。価値提案は、価値創出の核であり、顧客価値を生み出す際に検討しなければならない四つの基本的ポイントに答えるものである。四つのポイントとは、以下のとおりだ。

- N　重要な顧客と市場のニーズ（Need）とはどんなものか？
- A　そのニーズに応えるための独自のアプローチ（Approach）とは？
- B　そのアプローチの費用対効果（Benefits per costs）はどうなのか？
- C　費用対効果は、競合（Competition）や代替品と比較して、どのくらい優れているか？

このアイデアの本質は、珍しいものではない。誰もが日常生活で価値提案を行っている。たとえば、誰かがオフィスに訪ねてきて、昼どきになったとすると、このような会話が交わされる。「ジュン、お腹すいたでしょう？〔ニーズ〕マクドナルドじゃなくて、社内のカフェにランチに行きませんか？〔アプローチ〕マクドナルド〔競合〕の値段でおいしいものが食べられるし、静かだから、話を続けられます〔費用対効果〕」。

この価値提案の良し悪しを決めるのは、ホストのあなたではない。訪ねてきているゲストのジュンだ。ジュンは、こう答える。「ありがとう。でも、今日は子供たちと一緒にマクドナルドに行くって約束したの。だから、今日はマクドナルドに行きたいわ。子供たちは滑り台で遊ぶのが大好きだから、話は続けられるでしょう」。

この単純な例は、ほかにも重要なポイントを示している。まず、四つのポイント——ニーズ、アプローチ、費用対効果、競合——の順序は、入れ替わってもかまわない。大事なのは、四つすべてを網羅することである。次に、ある特定のニーズに対応するアプローチは多種多様であること。目指すべきは、競合や代替品より優れた顧客価値——費用対効果——を提供するアプローチをとることだ。価値提案の効果を高めるには、数値化し、わかりやすくすることだ。画像やイメージ、サンプルは、アイデアを伝えるのに大いに役立つ。

ビジネスの世界で価値提案を構築するのは容易ではない。初めのうちは、四つのポイントのどれもがよくわからないし、この四つは互いに作用し合っている。ほかの人から意見を聞きながら何度も見直すという「反復サイクル」を繰り返して、説得力のある価値提案を完成させなければならない。

価値提案の構築が難しい理由の一つは、誰もが自分の「アプローチ」を話したがり、他の要素を置き去りにしてしまうことである。われわれは職業上、多くの企業のプレゼンテーションを受ける。初めのころは、いつもこんな感じだ。

ニーズ（n）、**アプローチ（A）**、費用対効果（b）、競合と代替品（c）

「アプローチ」ばかりなのだ。典型例を挙げよう。

「消費者が求めているのは、赤い小型ワゴンです。
当社は、赤い小型ワゴンを開発することを提案します。
赤い小型ワゴンを販売できることが当社の強みです。
競争はありません。当社のワゴンの赤は、絶妙なカラーです」

ニーズや費用対効果、競合については、何も触れられていない。これは極端な例だと思われるかもしれないが、そうではない。誰もが、常にアプローチで頭がいっぱいだ。自分が考え出したことを人に話して、評価してほしいのだ。評価してもらえなければ、相手に問題があるのだと考える。自分に問題があるとは、思いもしないものなのだ。

価値提案の開発に着手する際には、次のようにすべきだ。

ニーズ（N）、アプローチ（a）、費用対効果（b）、競合と代替品（C）

重視すべきは、顧客と競合の状況、つまり市場のエコシステム（顧客ニーズと市場ニーズ、現在および将来に想定される競合企業）に対する理解である。その後に、新しいアプローチの構築や既存のアプローチの練り直しによって、競合に対して優位な費用対効果がもたらされる。

イノベーションのことになると、組織は〝バベルの塔〟に早変わりする。スタッフと上層部は文字通り、言葉が通じなくなる。スタッフは、当初は「nAbc」といった状態で、アプローチのことで頭がいっぱいだ。ニーズや費用対効果、競合は眼中にない。しかし、上層部がまず関心を示すのは、「NabC」である。未開拓の顧客ニーズを満たし、競合に競り勝ちたいわけだ。ニーズと競合さえ理解できれば、あとはスタッフがアプローチや費用対効果を何とかしてくれるものと考えている。あらゆる要素を統合するプロセスがなければ、スタッフと上層部は対立したままだ。これを解決するには、価値創出プロセスを導入し、顧客価値という統一言語を共有することだ。そこではもちろん、価値提案の全要素であるNABCを活用する。

スティーブ・ウォズニアックは、ヒューレット・パッカード（HP）を辞めて、スティーブ・ジョブズとともにアップルを創業した。HPのことは好きだったが、パソコンの可能性を経営陣に理解してもらえなかったのだ。この結末は、珍しいことではない。才能あふれる多くの社員が、巨額の利益を生む可能性のあるアイデアを抱えたまま、毎年のように愛着のある会社を辞めていく。あなたは、プロジェクトを率いる「チャンピオン」として価値創出プロセスを導入し、自社にいる第二のウォズニアックを巻き込んで、彼らの重要なイノベーションを実現しなければならない。

誰かのプレゼンテーションを受けるときには、四つの要素（ニーズ、アプローチ、費用対効果、競合）を念頭に置き、すべてが網羅されているか確認してみるといい。網羅されていたら、そのプレゼンターは得難い人材だ。逆に網羅されていなければ、忍耐強く聞かなければならない。

優れた価値提案の創造は、並々ならないことである。だからこそそれは、チームや組織と一緒に細心の注意を払いながら改良していくべきで、その場限りの仕事ではないのだ。

以下に、簡潔かつ優れた価値提案を紹介する。まずはシリコンバレーを代表する起業家、ポール・クックがケーブルテレビ会社に対して行ったプレゼンテーション、ビデオ・オン・デマンド・システムの価値提案だ。四つの要素（ニーズ、アプローチ、費用対効果、競合）にそれぞれ見出しをつけた。すべてが網羅されていることがよくわかるだろう。

ビデオ・オン・デマンドの価値提案

「御社の事業拡大を、私たちがお手伝いできると思います。

ニーズ

映画のレンタル市場は五〇億ドル規模ですが、現時点で御社はここに参入されていません。レンタルで不満度が高いのは、返却の手間と延滞料金です。消費者は、不便で時間のムダだと感じています。

アプローチ

弊社は、御社のケーブル・ネットワークを使って映画をオン・デマンドで提供するシステムを開発しました。大作映画を含め、あらゆる映画を提供することが可能です。このシステムでは、御社が使用していないチャンネルを有効活用します。設備投資もシステム変更も必要ありません。映画一本の視聴料金は六・九九ドルで、レンタル・ビデオショップと同額です。

費用対効果

映画一本のレンタルにつき、御社は五ドルを売り上げます。マージンは、映画の著作権料の支払い後で二〇%。顧客はビデオと同様、映画を見ている最中に停止や早送りなどの機能を使えます。見終わった後に返却する必要はありません。延滞料もなくなります。御社の市場シェアは、二〇%に達する見込みです。

競合

弊社システムは特許を取得しており、このような機能をすべて搭載するのは弊社だけです。御社にとっても、弊社にとっても、ネット宅配レンタルが競合となりますが、こちらには映画一本あたり七五セントの手数料がかかります。返送も手間ですし、システム上自発的な購入を促すものでもありません。

よろしければもう一度ミーティングを設定して、御社の収益拡大についてお話しさせていただきますが、いかがでしょうか？」

四つのポイントに対する答えを書き出していくことが、提案やイノベーション・プランの第一歩となる。NABC価値提案が強力なのは、簡潔で核心をついているからだ。第八章で論じるように、この価値提案は、「エレベーター・ピッチ」（エレベーターに偶然乗り合わせた相手に届けられる、簡潔で要領を得たセールストークのこと）のベースとなるものだ。第九章では、イノベーション・プランの全体像を説明する。

新しいアイデアを思いついたら、四つのポイント（ニーズ、アプローチ、費用対効果、競合）に答えていくといい。イノベーションについて説明するときは、（価値提案などの）共通言語を有効に活用すべきだ。価値提案に説得力がなければ、シンプルなNABCのテンプレートを利用するといい。これで魅力的で説得力のある価値提案を構築すれば、同僚や上司、最終的には顧客に受け入れてもらうことができるはずだ。

複数の価値提案が必要とされる理由

どんなときでも、少なくとも二つの価値提案が必要だ。

一つは将来、製品やサービスを買ってくれる可能性のある顧客に提示するもの。こうした見込み顧客にとって重要な尺度は費用対効果であり、それが競合や代替品と比較して優れているかという点である。二つめの価値提案は、投資家に提示するもの。大きな組織であれば、社内のマネジャーや校長、政府官庁の契約担当官などが投資家にあたる。ベンチャー・キャピタルなど、外部投資家の場合もあるだろう。この場合に成功の尺度となるのは、市場規模や利益、増収率、投資収益率（ＲＯＩ）である。

多くの場合、三つ以上の価値提案が必要になる。顧客や投資家だけでなく、ビジネス・パートナーがかかわってくるからだ。ポール・クックのオン・デマンド映像配信の場合、投資家のほかにケーブル・ネットワークを保有している企業がパートナーとして必要だった。ケーブルテレビ会社に提示した価値提案は、相手の収益拡大に力点を置いた。同時にレンタルビデオと利用料金が同じで、返却の手間が不要であるなど、ケーブルテレビ会社の顧客に対する費用対効果も短い価値提案の中に盛り込まれている。顧客価値が高まらない限り、ケーブルテレビ会社の関心を得られないからだ。新しいプロジェクトには、関与するサプライヤーや販売会社、社員などのパートナーへの配慮も必要なのである。
以下は、ハンズフリー型自動車電話の価値提案のたたき台だ。価値提案の構築を始めたばかりのため、箇条書きになっている。顧客と投資家の双方にとっての費用対効果が網羅されていることに注目してほしい。

ハンズフリー型自動車電話の価値提案

ニーズ

- 運転中の携帯電話の使用は面倒かつ危険
- 全世界で使用されている携帯電話は五億台以上にのぼる。アメリカの多くの州政府や諸外国の政府が運転中の使用を規制し、これに伴い、携帯電話の車内での使用が減少する見通し

アプローチ

- 消費者は運転中も電話を利用したい
- 音声でダイヤル操作できるヘッドセットを利用
- 既存の電話に適用できるソフトウエアを提供
- 既存の電話にこのソフトウエアを「ダウンロード」する方式をとり、「車内利用サービス」の年間使用料を一〇ドルに想定

顧客にとっての費用対効果

▼利便性
・電話の利用機会が広がる
・安全かつ快適、利用が簡単：新しい電話端末が不要
▼品質
・音声でダイヤル操作可能な、優れた音声認識機能：初心者で精度九九％
・一二言語をサポート
・騒々しい環境でも、精度は高水準：手動での操作より正確
▼新しい利用法：音声認識により、インターネットなど他のサービスも利用可能
▼使用料：電話一台あたり年間一〇ドル

投資家にとっての費用対効果

▼新製品＝売上拡大
・携帯電話五億台のうちユーザーを一〇％に想定
・年間使用料一〇ドルと仮定すると、年間売上ポテンシャルは「五〇〇〇万台×一〇ドル＝年間五億ドル」
・初期投資：五〇〇万ドル
・発売後三年で年間売上高五〇〇〇万ドル、ＲＯＩを二〇％と想定
▼音声認識インターフェースの利用により、ほかにも収益源が得られる可能性
・他のサービス・プロバイダーと協議開始

・検討中のアプリケーション：ナビゲーション、自動車整備サービス、レストラン情報
・ビジネスモデル：未定
▼ハンズフリー型のヘッドセットで訴訟件数の減少が見込める。新たな収益源の可能性
・運転中の携帯電話利用をめぐる訴訟の損害賠償金は平均五万ドル
・消費者にとって、自動車保険の掛け金が下がる可能性
・ビジネスモデル：未定
▼製品リスクは低水準＝プロトタイプは開発・実証済み

競合と代替品

▼既存の携帯電話
ただし、車内での使用は規制対象
▼音声認識機能付きの車内取付け式自動車電話
・高価。自動車一台あたり一〇〇ドル以上
・日常使用している携帯電話を利用できないため、利便性が低い
▼インテル、ＩＢＭ、マイクロソフトが参入する可能性あり
・弊社システムは音声認識機能の品質が一〇％高く、車の騒音下でも精度が高い
・知的所有権：特許一四件取得

この草案は、わずか数時間で作成したものだ。未定の部分も多いし、初期段階の想定事項に

は誤りもある。しかし、それは問題ではない。重要なのは、この草案で可能性が十分にあると判断できたことだ。このため、われわれは価値提案を練り直す反復プロセスに入り、最終的に大きなビジネス機会を創出できるかどうかを判断することとなった。

優れた価値提案の条件

優れた価値提案は、具体的かつ明確で数値化されている。そこには物語がある。価値提案のプレゼンテーションを初めて聞くとき、われわれは時間を一分から四分に限定する。これまでに数百件のプレゼンテーションを聞いてきたが、そのうち次の段階に進めたのはほんの数件で、理解不能のものも多かった。それも無理はない。ＮＡＢＣテンプレートが頭に入っていたとしても、価値提案を磨き上げるには何度も練り直しが必要だ。

たとえば、ハンズフリー型自動車電話の価値提案には、携帯電話が「アメリカの多くの州政府や諸外国の政府が運転中の使用を規制」という部分がある。これだけでは不十分だ。規制新法の施行日や規制の具体的内容が必要となる。また、携帯電話五億台のうち一〇％がサービスを利用すると見込んでいるが、これを裏づける具体的なデータや、ユーザーの獲得方法も必要だ。

ここで簡単な実験をやってみよう。誰かがあなたのオフィスにやって来て、あなたの最も重要なプロジェクトの価値提案について尋ねたとする。あなたはどう説明するだろう?

・N　顧客のニーズは……
・A　そのニーズを満たすためのアプローチは……
・B　このアプローチの費用対効果は……
・C　費用対効果は競合や代替品より優れています。なぜなら……

価値提案のひな形は、あなたの視野を広げる。これは、日常業務でも活用可能だ。最後に、できれば製品やサービスを使用している状態を克明に描いたイラストを用意してほしい。イノベーションのコンセプトが明確になるからだ。以下に、説得力のある価値提案を策定するためのアドバイスをまとめた。

顧客

・見込み顧客の話を聞く：市場に対する理解を深めること
・価値係数の分析ツールを活用し、利便性や顧客体験などの目に見える要素から、安全性やアイデンティティなど目に見えない要素まで、可能性のある価値要素を網羅しているかを確認する
・できればプロトタイプを作る。少なくとも、イラストかモックアップは必要
・プロトタイプを使用する見込み顧客をよく観察する

競合

・競争状況を把握すること：競合は名前も確認する
・あらゆる代替品を把握する
・将来を見据えること：新たに出現する競合や市場の突然の変化に先んじる
・数値化すること：不透明なら見当をつける

反復サイクル

・いち早く成功するには、何度も失敗を繰り返す
・「ウォータリング・ホール」（情報・意見交換の場）を形成する（第六章）

イノベーション・プラン

価値提案は、イノベーション・プランの完成形ではないが、イノベーション・プランの基本的な要素を含んでいる。こうした基本的要素について、明快、簡潔、かつ説得力あふれる回答を出せないうちから、詳細なイノベーション・プランを作成するのは間違いだ。われわれは、ビジネスプランといわずに、イノベーション・プランという言葉を使っている。この言葉が、価値創出のダイナミックで緊急度の高い課題を浮き彫りにしているからだ。

多くの場合、何をすべきかを判断するには、短い価値提案で十分だ。しかし、政府施策であれ、新規事業であれ、多くのリソースを投入する場合には、最終的に価値提案はイノベーション・プランのあらゆる要素を網羅しなければならない。第九章では、価値提案がどのように本格的なイノベーション・プランに発展するのかをみていく。同時に、成功に必要な他の要素や

アドバイスも紹介する。

価値提案を必要とする業務

イノベーションには、「改善」「改良」レベルの段階的なもの（たとえば、新しいウェブサイトの構築）もあれば、一気に時代を変えるもの（たとえば、糖尿病新薬）もある。価値創出のプロジェクトが、その場限りの仕事や、非効率な行動の連続になってしまうことも多い。しかし、イノベーションは偶然生まれるものではなく、価値創出プロセスの中で練り上げられるべきものだ。価値提案は、価値創出プロセスにおいて最も重要なツールである。これを使えば、個人も、組織も、プロジェクトの核となる四つのポイントに集中することができる。また、このツールは、（アイデアがアイデアを生む）アイデアの増殖を可能にする。

リズが新しい仕事を勝ち取るために活用したパワーを実感するために、あなたがプレゼンテーションをする際にも、NABCフォーマットを使ってほしい。できるだけ具体的に記述し、数字を使って説明しよう。また必要に応じて、アプローチを図解する写真やイラストを用意しよう。パートナーや他の人に、プレゼンテーションの内容を何回もチェックしてもらうといい。本番で、同僚も驚くほどの効果が得られること請け合いだ。価値提案は出発点であり、最終的に、エレベーター・ピッチやイノベーション・プランの心臓部となるのである。

第6章

「ウォータリング・ホール」で価値を創造する

BBCがやって来た日

WATERING HOLES FOR CREATING VALUE :
THE DAY THE BBC WALKED IN

目指すべきは、指数関数的スピードで新たな顧客価値を生み出すことである。

警鐘

ある月曜日、午前七時三〇分。イギリス放送協会（ＢＢＣ）の上級マネジャーが数人、イノベーション・ワークショップに参加するためにＳＲＩを訪れた。社交的でものおじしない、ウィットに富んだ人たちだ。彼らは活気に満ちていたが、この時点では、ワークショップで何が待ち受けているかを、ほとんどわかっていなかった。

ＢＢＣが設立されたのは、一九二二年。そのルーツは、ラジオ放送とテレビ放送の黎明期まで遡る。今や世界で最も権威ある放送局と目されるＢＢＣは、英語だけでなく、アジアやヨーロッパ、中東、南北アメリカ、アフリカで四二の言語を使って放送をしている。国際的ニュース報道に加え、質の高い娯楽番組においても先駆者的存在だ。

外から見る限り、ＢＢＣは創造性あふれる放送局だ。だが、経営陣は世界のメディア・放送業界の変化に後れを取っていると考え、内部の「創造性」を活性化するパートナーを探していた。ＢＢＣがイノベーション・ワークショップの受講を決め、一年半の間に六回にわたって上層部の人間をシリコンバレーに派遣したのは、そういう背景があったからだ。公的機関に近いＢＢＣがイノベーション創出手法の刷新を求めていると聞き、われわれは小躍りした。ＢＢＣに対して、日ごろから敬意を抱いていたからである。

すでに述べたように、価値提案を簡潔に説明できる人はほとんどいない。これを実証するため、われわれは、ＢＢＣのマネジャーを到着直後に一人ずつ別々に、四つの部屋に案内した。部屋にはそれぞれビデオカメラが設置されている。ドアを閉め、こう言う。

「あなたは、エレベーターでＢＢＣの重役と乗り合わせます。重役はあなたに向かって、こう尋ねます。『君は今、どんな重要なプロジェクトに取り組んでいるのかね？』。これに対する答えを一〇秒で考えてください。その後一分間カメラを回しますから、カメラの前で答えてください。一分後にベルが鳴ったら、それが終了の合図です」

これは、ワークショップが生半可なものではないという警鐘だった。参加者のほとんどにテレビの出演経験があり、カメラをじっと見据えて歯切れよく話す姿は痛快だった。

それから全員を集めて、劇的に進化する経済と、世界の放送業界が目の当たりにしている変化のスピードについて意義深いディスカッションをした。ワークショップのインストラクターとファシリテーターである、ハーマン・ギアとラズロー・ジョルフィがガイド役を務め、業界で起きている変化を探索していく。新たに出現しつつある顧客や競合と時代を変えるテクノロジーを図式化した「世界地図」を作成するうち、参加者は世界に途方もなく大きいチャンスと脅威が現れつつあることを認識し始めた。

そして、「このようなチャンスと脅威に対応し、持続可能なイノベーションに変換するにはどうすればよいか？」という新たな疑問にぶち当たった。最新のデジタルデバイスを手にした視聴者は、ただおとなしくテレビを見たり、ラジオを聞いたりはしない。四六時中、誰かとやり取りしたり、テレビゲームをしたり、ネットサーフィンをしたりといった具合で、ＢＢＣをはじめとする従来型の放送に費やす時間が減っている。こうした課題に対応する唯一の方法は、市場の大きな変化を反映した革新的なアプローチを導入し、顧客価値を高めることだ。

そこでわれわれは、「ウォータリング・ホール」を紹介した。ＳＲＩにある横断的かつ協力的な環境であり、社員がそれぞれの価値提案を練り直したり、顧客価値を高めたりするために集まる場のことである。ＳＲＩのウォータリング・ホールでは、エレベーター・ピッチやイノベーション・プランを互いにプレゼンテーションし合い、価値提案をさらに緻密で明快なものにするにはどうすればよいかを話し合う。本格的なイノベーションに取り組むには、こうした討論の場がＢＢＣ内部にも必要だ、とわれわれは力説した。

次に、ＢＢＣのワークショップ参加者を四つのチームに分けた。そして各チームでイノベーションの機会を議論し、三分間のエレベーター・ピッチにまとめるよう指示を出した。作業に向かうチームから、ぼやきが聞こえる。「一時間は必要だ。三分じゃ無理だろう。本当にこんなことできるのか？」。参加者は、一時間に及ぶプレゼンテーションに慣れきっていた。われわれは、お互いに協力し合ってチームの価値提案を練り上げるように、参加者に促した。

価値提案の質が急速に向上するのは、新しいアイデアや有益なフィードバックを得たときだけだ。ところが、ワークショップの参加者は、協力すべきときでも、皮肉っぽく辛辣なイギリス人気質や議論好きな性格をむき出しにしていた。そこで、プレゼンター以外の参加者を「青い帽子組」と「赤い帽子組」に分けることにした。青組は肯定的なフィードバックを、赤組は改善点を提案するという役割だ。[1]

スタート時点では、全員が赤組を希望した。皆、常日ごろから鍛えているというわけだ。われわれは、全員が青組と赤組の両方を経験しなければならない、と説明した。青組になるとプレゼンテーションの優れたポイントを指摘することになる。たとえば「市場ニーズが効果的に数値化されている点を評価したい」「視聴者の人口動態が明確になっていて、いいと思う」といった具合だ。実際にウォータリング・ホールにプレゼンターとして参加すると、こうしたフィードバックが、長所を理解するのにいかに重要かがわかる。肯定的なフィードバックをもらえると、次のプレゼンテーションに向けて熱も入る。赤組メンバーに対しては、役に立つコメントの仕方をアドバイスした。つまり、「そんな支離滅裂な話、聞いたことがない」というよりも、「数値化したほうが効果的でしょう。新番組が一二歳から一八歳の視聴者層の二五％に到達できる、というのはどうだろう？」といった具合だ。赤組にも青組にも、簡潔かつ具体的なアドバイスをするとともに、数値を取り入れるように、という指示を出した。

もう一つ、重大な問題が浮上した。討論に熱が入りすぎるのだ。そこで、全員の前で熱心にフィードバックを聞くように促し、赤組と討論したい衝動に駆られても、ただフィードバックに感謝するように指導した。さらに、コメントを忘れてしまわないよう、プレゼンター一人一人に「コーチ」を割り振った。フィードバックを聞き終えた後に、プレゼンターと二人でフィードバックの内容を検討する役割だ。

週も半ばになり、価値提案やＮＡＢＣフォーマットの説明を終え、ウォータリング・ホールを一回実施した段階で、初日に撮影した一分間のプレゼンテーションを披露した。当然だが、それはアカデミー賞に匹敵する代物ではなかった。われわれは何百回も似たようなプレゼンテーションを聞いているが、最初からうまくやれる人はいない。

ウォータリング・ホールを数回実施し、各チームともに繰り返しNABCを練り直したころ、ワークショップは最終日を迎えた。三分間でイノベーション・プランの完成版を全員の前で発表する日である。どのチームの最終発表も、絶賛に値するものだった。段ボール製サンプルや笑いを誘う寸劇、絵、イラストが盛り込まれており、いずれも提案するイノベーション・プランの視覚化に役立った。これまでに受けたプレゼンテーションで最高の出来だった。

気づき

BBCはウォータリング・ホールを実施して、五つの気づきを得た。

まず、彼らが視聴者を理解していなかったこと。視聴者について議論をしてはいたが、わかってはいなかったのだ。以前の彼らの話し方といえば、こんな具合だ。「八時枠を埋めなくちゃな」「一一時台にコメディ番組を入れよう」。この点に気づいた彼らは、NABCを「aNABC」に変更した。「aN」は「視聴者（audience）のニーズ」という意味だ。これは、アプローチ、費用対効果、競合・代替品に加え、視聴者ニーズを重視しようという意識の表れだ。このようにして、「ファット・ネイション」をはじめとする番組が生まれた。

二つめの気づきは、体系的プロセスが必ずしも創造性を損なわない、ということだ。BBC

はこの点を最も憂慮していたが、創造性を損なうどころか、逆に創造性を刺激することに気づいたという。特に、ウォータリング・ホールは全社からスタッフを招集するフォーラムとして機能し、アイデアを素早く練り上げるために必要な情報やノウハウの収集を可能にした。

三つめは、重要なイノベーションを生み出すことが大仕事であるという点に、全員の意見が一致したことである。指数関数的な進化に見合うスピードで価値提案を創出していく体系的プロセスを活用しなければ、成功はない。BBCはSRIのハーマン・ギアのサポートを得て、社内にウォータリング・ホールを設置した。リーダーは、BBCの意識変革プロジェクト「メイキング・イット・ハップン（なせばなる）」を率いたキャロライン・ヴァン・デン・ブルが務めた。さらに、志願者のチームがファシリテーターとして運営にあたった。

四つめの気づきは、世界で「最もクリエイティブ」な組織になることが目的ではなく、「社会価値を最大限に高める」ものを届けることを目指すべきだということだ。創造性は、顧客価値を生み出す、という最終目的に必要な要素の一つにすぎない。顧客価値にフォーカスすべきだという気づきを得たことは、公的機関が使命を定め、実践するプロセスを根底から変える可能性があるという点で、大きな意味がある。BBCは、この目標達成に向けたプログラムの実施手法や、成果の測定手法を検討している。

五つめは、BBCのビジネスモデルを変えなければならないということだ。指数関数的に進化する経済が産み落とした最新のテクノロジーやビジネスモデルによって、顧客は複数の市場セグメントに分類されつつある。BBCは、受け身の視聴者を対象とする番組「放送局」から、ゲームや双方向的ウェブサービスなど複数のチャネルを駆使する「プラットフォーム」に進化し、視聴者をコンテンツ制作に巻き込んでいくことが必要になる。

参加者の一人、ＢＢＣラジオ・ワンのコントローラー、アンディ・パーフィットは帰国後、新しいイノベーション・プロセスに着手した。まず部下全員に指示して撮影した視聴者の写真を大きく引き伸ばし、オフィスの壁や踊り場、通路に飾った。顧客にフォーカスするという意味である。パーフィットはこう言う。「ワークショップを受講後一年間で、ラジオ・ワンの制作プロセスは大きく変わりました。生まれたアイデアが視聴者参加型の音楽番組『スター・ピユーピル』や、『グラストンベリー』『ビッグ・ウィークエンド』といった音楽フェスティバルへのアプローチとして実を結びました。創造性やイノベーションが大きな変革を遂げたのです」。

ウォータリング・ホールの本質

ウォータリング・ホールは、単なるブレイン・ストーミングの場ではない。ブレイン・ストーミングの手法は以前から存在するが、アレックス・Ｆ・オズボーンが発展させ、一九四八年にブレイン・ストーミングと命名してから知られるようになった。四〇〇年前のヒンズー教のプロセスから発展したもので、グループで「自由奔放にアイデアを出し合う」発想法である。[2]

批判抜きで可能な限り多くのアイデアを出し合い、問題解決の糸口を探る点で有効だ。

オズボーンの命名から七〇年近くを経た現在、ハイレベルのイノベーションに必要なアイデアを出すには、従来型のブレイン・ストーミングでは追いつかなくなってきた。ブレイン・ストーミングが効果を発揮するためには、具体的な質問事項に答える形式をとる必要がある。また、ミーティング前後にやるべき作業も多い[3]。

ただし、それだけでは不十分だ。求められているのは、新しいアイデアだけでなく、アイデアを増殖させて、顧客価値を指数関数的に高めるイノベーションを導くことだ。何度も繰り返してアイデアを練り直さない限り、ひらめきがイノベーションとして実を結ぶことはない。

イノベーションを成功させるには、たくさんのアイデアを集積することが必要だ。新しい製品やサービス、イノベーションを可能にする技術や機能、競合の参入を阻止する障壁、説得力あるビジネスモデル、重要な提携などを積み上げなければ、イノベーションは生み出せない。

ウォータリング・ホールは、体系的なフォーマットに基づき、多彩な参加者のリアクションを活用して顧客価値を創り出す。こうした場に集う人材の才能を定期的に活用していけば、価値あるイノベーションを素早く生み出し、指数関数的に進化する経済についていけるだろう。

体系的で継続的なミーティング

ウォータリング・ホールというのは、同僚の一人がつけた名前で、もともとは動物が水を飲みに集まってくる場所のことを指す。市場に焦点をあてた体系的かつ継続的なミーティングで、参加者には常に有意義なものだ。そこは「安全な場所」であり、新しい企画を披露して、アイデアや意見、リソースを集めることができる。

参加者は、技術、業務、財務、法務部門のほか、必要に応じて外部から専門家を招く場合もある。組織横断的に参加者を集め、成功に必要なあらゆる視点を網羅する。具体的には、特定の市場セグメントや製品あるいはサービスに関心のある人たちがグループを形成し、二~八週ごとに集まって価値提案を練り上げる。参加者は、以下の人たちを含めて通常五~二〇人だ。

- ファシリテーター：ミーティングの招集、準備、運営および予算管理を担当
- イノベーション・チャンピオンとチーム・メンバー
- コーチ、パートナー、（必要に応じて）社内外の顧客
- ジャングル・ガイド：市場のエキスパート
- 各部門からの参加者：技術、業務、法務部門等のスタッフ

ウォータリング・ホールに、「ベンチ・ウォーマー」はいない。全員の参加が求められる。ウォータリング・ホールは参加者の時間を尊重しており、プレゼンテーションは簡潔かつムダのないものが求められる。まずはチームを代表して、「イノベーション・チャンピオン」が価値提案やイノベーション・プランについて五~二〇分間プレゼンテーションする。それから一〇~二〇分間、具体的に意見を出し合うことになる。

ウォータリング・ホールは、プレゼンターの価値提案を強化するとともに、数値化する。参加者は、エレベーター・ピッチ（第八章）の作成と改良をサポートし、最終的にはイノベーション・プラン（第九章）の提案を完成させる手伝いをする。その狙いは、アイデアの自由な交流にとどまらず、価値提案の改良によって顧客価値を新しく生み出すことにある。

判断基準

ウォータリング・ホールでは、おもしろいだけでなく、重要度の高い顧客ニーズを特定することができる。プロジェクト・アイデアは、第一に重要度の基準を満たす必要がある。それは、既存の顧客に対する重要度でもいいし、市場規模や世界に対する影響度、組織として定めた基準でもかまわない。その基準をウォータリング・ホールの参加者全員に伝えておくことだ。

ホームレスの住宅問題に取り組んでいる非営利団体であれば、「重要度」は質のよい保護施設への入居人数になるだろう。企業の財務部門であれば、「重要度」は売掛回収期間の二〇％圧縮を意味するかもしれない。新製品や新サービスであれば、通常は市場規模や成長率、収益性が「重要度」の基準になる。組織として決めた目標がどんなものであれ、明確な成功の尺度を周知しておくことが重要だ。たとえば、「年間売上高が五〇〇〇万ドル以上のビジネスに対象を絞っている」とか、「ROIが年間一五％以上を目指す」といった具合である。

ウォータリング・ホールには時間も費用もかかるため、投資しただけの見返りが求められる。したがって、会議を効率的に運営し、参加者が参加した意味を見出すものにする必要がある。

SRIがウォータリング・ホールを設けるのは、大きな顧客価値を生み出そうとする場合のみだ。日常業務には、NABC価値提案など他の手法は活用するが、こうした場は設けていない。

ウォータリング・ホールは、市場の動きに合わせて生まれたり消えたりする。SRIでは、発足して半年から一年後に、市場機会が十分探索できたために解散する場合もあれば、長期的にコミットする大きなビジネスであれば、数年続ける場合もある。

学習環境

ウォータリング・ホールには、個人と組織が学習できる仕組みがある。価値提案を成功させる方法を理解するには、多大な努力と経験が必要であり、ウォータリング・ホールは、これを学ぶ貴重な機会となっている。したがって、参加するだけでは不十分だ。

イノベーション・チャンピオンとチーム・メンバーは会議前に見込み顧客と話をし、人前でプレゼンテーションの練習を何度も繰り返す。見込み顧客と話をするまでは、どんなディスカッションも机上の空論だ。最初から価値提案のプレゼンテーションがうまくいくことはなく、学ぶべきことが多い。たとえば、ウォータリング・ホールのミーティングでは、ほかの人が「マーケット・ポジショニング」や「ビジネスモデル」といった新しいコンセプトと格闘し、それに習熟していくプロセスに立ち会うことができ、それが重要な学びとなる。

ウォータリング・ホールでは全員が同じように苦労するため、提案の改良に際しても、よりオープンに人の意見を取り入れられるようになる。誰かが重要なポイントに気づけば、それを正しく受け入れ、そこから学ぶようになる。ディスカッションに慣れないうちは、戸惑うことも多い。このため、コーチかパートナーをイノベーション・チャンピオンにつけて、会議の前後にコンセプトの改良を手伝ってもらうとよい。ディスカッションの最中に矢継ぎ早にアイデアが提示される場合は、コーチにメモを取ってもらうこともできる。プレゼンターが覚えていられるディスカッションの内容は多くても一割程度であり、メモは必要不可欠だ。

ウォータリング・ホールの狙いは、プロジェクトの「チャンピオン」の自信をくじくことではなく、チャンピオンとチーム・メンバーによる価値提案を強化することだ。最初のうちはまだ学びの途中で、不安も手伝って、苛立ち、時には屈辱を感じることもある。参加者は味方や友人になって、チャンピオンを育ててほしい。

また、ウォータリング・ホールは、モチベーションを醸成する場だ。フィードバックに刺激されて競争心が頭をもたげ、それが改良を進める動機となる。

組織的なサポート

ウォータリング・ホールは、イノベーションの阻害要因となる部門間の壁を取り払うのに最適だ。参考になる意見を提供してくれそうな参加者を、様々な分野やプロジェクトから募るとよい。重要な情報を握っている社内の人物を知っているという参加者もいるだろう。「チャンピオン」は、そうした人物に会いにいく権限を与えられる。また、「チャンピオン」の候補生を招くことも重要だ。ウォータリング・ホールを体験したことがなくても、そこに参加することによって触発され、イノベーションに向けて歩み出すのだ。

ウォータリング・ホールの会議運営を担当するファシリテーターには、わずかだが予算も与えられる。これは、見込み顧客やパートナーに会いにいったり、ジャングル・ガイド（市場コンサルタント）を雇ったり、モデル構築やシミュレーションを行ったりするための費用であり、イノベーション創出の初期段階に必要な資金としても使われる。有望なイノベーションとして認められれば、より大規模な予算が認められる。

SRIでは、ウォータリング・ホールでのプレゼンテーションに、その進化の過程に応じて違う名前をつけている。それぞれの段階に期待されることが、名前によって明確になるわけだ。たとえば、研究開発部門が参加するときは、初期のアイデアに関する情報を求めている。こうしたミーティングは、即興の音楽セッションになぞらえて「ジャム・セッション」と呼ばれる。ジャム・セッションでは、発明した技術の市場機会を検討することもある。電場応答性高分子（EAP）の場合も、開発初期段階にプレゼンテーションが行われた。これは、電圧をかけると膨張するプラスチック状の素材であり、電気モーターやバルブ、発電装置、スピーカーに取って代わる可能性を持っていた。結果的にこのアイデアは、新会社アーティフィシャル・マッスルの設立につながった。[4] ジャム・セッションの後にさらに研究を進め、何度も繰り返しプレゼンテーション行い、イノベーション・プランの完成度を高めたのだ。

ウォータリング・ホールでの後期のプレゼンテーションは、「リハーサル」と呼ばれる。うまくかみ合わないパートや、抜け落ちているパートもある、途中段階でのプレゼンテーションだ。クライアントの前での最終発表は「コンサート」だ。イノベーション・プラン完成版のプレゼンテーションである。プレゼンテーションの内容を最終調整する際にも、何を盛り込むべきか、何を落とすべきか、建設的なフィードバックを得ながら悩むことになる。

さぁ始めよう

ウォータリング・ホールをスタートさせ、効果的に運営するための経験則を紹介しておこう。

- **初期の目標を明確にすること**
自分の専門性と市場ニーズが合致し、参加者全員に意義のあるテーマ設定ができる、最適なセグメントを特定する。
- **ミーティングのスケジュールと公式の議題を発表すること**
ミーティングの枠組みを規定し、目指しているゴールまでの道筋をチーム・メンバーが把握できるようにする。
- **アウトプットを保存し、共有すること**
ルーズリーフをバインダーでまとめるか、ウェブサイトを設けて、プレゼンテーション資料と予備の資料を保存する。

●毎回のプレゼンテーションで必ず市場分析を取り上げること
市場セグメントのエコシステムについての理解を広げ、深める。

●パートナー候補も巻き込むこと
パートナーの知識と同意を得ながら、価値を共創する。

大切なのは、幅広く参加を募ることだ。重要なイノベーションは、異質なものが交わり合うところに生じる。第二章で述べたような衝突型の指数関数的進化が起きれば、ホワイトスペース・イノベーションのチャンスが生まれるのだ。

SRIに新しいプロセスを導入するとき、われわれは必ず自問する。「別の方法はないのか?」と。たとえば、「最大の顧客価値を最短期間で提供することを目指さないのであれば、われわれは何にフォーカスすべきだろうか?」といった具合だ。別の方法がないか自問すれば、課題が明確になり、意思決定の精度も上がることが多い。リアルなミーティングであれ、バーチャルなコミュニケーションであれ、ウォータリング・ホールを開催する際には、様々な機会に、同じ質問を参加者にぶつけるべきだ。

われわれの願いは、読者の皆さんがBBCのようにウォータリング・ホールを設けて、価値提案を構築する楽しさを経験することだ。価値提案の質を加速度的に向上させ、劇的に進化する経済に遅れずについていってもらいたい。

第7章

アイデアが集まれば、価値創造は加速する

リナックスのルーツ

MORE IDEAS FOR FASTER VALUE CREATION: ORIGINS OF LINUX

「進化すればするほど、進化することに長けてくる」[1]

ダグラス・エンゲルバート

アイデアの世界

ハッカーたちは、空き時間を使って、役に立つソフトウエアを作ることができるのか？　答えはおそらく「イエス」だ。

オペレーティング・システム（ＯＳ）のリナックスは、当初は、ただ珍しいだけの存在だったが、徐々に大きなうねりを巻き起こし、今ではその価値が認められて、ＩＢＭやヒューレット・パッカード（ＨＰ）、ノベルに自社サーバーのＯＳとして採用されている。リナックスの開発プロセスは、アイデアが集まれば集まるほど改良が速くなることを物語る好例だ。アップルやマイクロソフトのＯＳのような「クローズド」システムとは違い、リナックスは最初からインターネット上で公開され、世界中のプログラマーの手によって発展していった。一九九一年にリーナス・トーバルズが作成したカーネルに改良が加わり、進化し続けたのだ。今では、パワフルで安定性の高いＯＳとして、デスクトップ・パソコンや企業のサーバーにも採用されている。[2]リナックスは、オープンソース革命の力を体現する革命的な進化を遂げた。

外部のイノベーション・アイデアを活用するという点において、プロクター・アンド・ギャンブル（Ｐ＆Ｇ）はリーダー的な企業だ。同社は、社内の研究部門だけに頼らず、「コネクト＋ディベロップ」プログラムによって、世界中のイノベーターと連携する機会を作っている。[3]

イノベーション・ナレッジ担当のバイス・プレジデント、ラリー・ハストンは、「国境をオープンにして、自由化を進めるんです。P&Gの研究開発部門では七五〇〇人が働いていますが、P&Gが関心を持つ分野では、世界で一五〇万人の科学者が研究に携わっています。七五〇〇人に加えて、一五〇万人の中の優秀な頭脳を活用できれば、よりよい製品を作ることができるのは自明の理です」と語っている。[4] P&Gは、三五%以上のイノベーションに社外のアイデアを活用しており、数年以内にこの比率を五〇%に引き上げたい考えだ。

製薬大手のイーライリリーが発足させた「イノセンティブ」も同様の事例だ。「イノセンティブ」は、世界一七五カ国の技術者八万人をインターネット上に集めたフォーラムである。技術者は、企業と協力して難題に取り組み、革新的な解決法を提示することで報奨金を得ている。

第二章で論じたように、指数関数的な進化は、四つの条件が揃ったときに実現する。①重要なニーズに対応する、②新しいアイデアを生み出す源泉がある、③進化が進化を生む増殖プロセスがある、そして④人材や資金などの経営資源を利用できる、の四つだ。指数関数的な進化を実現するには、最良のアイデアを生み出すとともに、それを何度も練り直して進化させることが必要だ。

四つの条件を、リナックスに照らし合わせてみよう。第一に、大きな可能性を持った重要なニーズに対応した。第二に、世界中から継続的に新しいアイデアを募った。第三に、トーバルズが基盤となるカーネルを作成して指数関数的な成長の核を作り、そこに様々な人が改良を重ねていった。第四に、関心を持つトピックであれば貢献したいと考える意欲的な人々が、指数関数的な進化を牽引した。ウォール・ストリート・ジャーナルは、リナックスにセキュリティ上の脆弱性が見つかったときのことを伝えている。問題の発生後にドイツ在住者がアメリカの友人にメールを送り、この人物が他の人を引き込んだ結果、問題は二四時間以内に解決された。事の重要性が認識されれば、インターネット上の知識とアイデア、スキルは強い力を発揮する。同じような問題が起きた場合、あなたの会社では解決にどの程度の時間がかかるだろう？　数日、数週間、数カ月、それとも解決されないままだろうか？

ネット上のウォータリング・ホール

前述した事例で明らかなように、インターネットを活用すれば、バーチャルなウォータリング・ホール（情報・意見交換の場）を構築できる。第十一章で論じるように、バーチャルなウォータリング・ホールは、有能なチームのパワーや問題点を浮き彫りにする。

インターネットには、ラジオやテレビを大きく上回る価値をもたらす可能性があり、その利用方法も多種多様だ。イーサネットの提唱者ボブ・メトカーフは、ネットワーク上で全員が全員とコミュニケーションできるなら、ユーザー間の相互接続数はユーザー数の二乗に比例すると説いた。[5] どの接続の価値も同一であり、ユーザーがN人いると仮定すれば、ネットワークの価値はNの二乗に比例する。ユーザーが全体の一部にしか接続しないとしても、ネットワークの価値は急速に上昇する。

メトカーフも気づいていたのだと思うが、ネットワークの相互接続数と潜在的価値は、「メトカーフの法則」を上回るスピードで増加する。デビッド・リードが指摘したように、実際の接続可能件数は指数関数的に増加し、「メトカーフの法則」をはるかに上回る。[6] われわれはこれを「指数関数的な相互接続の法則」と呼んでいる。

では、「メトカーフの法則」と「指数関数的な相互接続の法則」はどう違うのだろうか？

「メトカーフの法則」は、電話回線のようなユーザー間の直接接続を加算しているが、「指数関数的な相互接続の法則」は、それに加えてネットワーク上のグループに情報を「流す」手段が何通りあるかもすべて計算する。インターネットは、電話やラジオ、テレビの持つ通信上のメリットを残さず備えており、加えて、特定のグループにマルチキャストすることも可能である。こうした通信方法には価値がある。ユーザー数が増えれば増えるほど、接続数も加速度的に増えるのだ。

「指数関数的な相互接続の法則」が示すコミュニケーションの可能性をフルに活かすのは簡単ではない。しかし、インターネットが持つ可能性のほんの一部しか利用できなかったとしても、この通信手段を利用する価値があることを「指数関数的な相互接続の法則」は実証している。[7]

指数関数的に進化する市場でハイレベルのイノベーションを実現するには、優れたアイデアを迅速に生み出す必要がある。前述したように、インターネットは、こうした進化を促す環境を創り出す力を持っている。第一に、新しいアイデアにアクセスする直接的手段となる。第二に、まったく新しいビジネスモデルの基盤となる。P&Gのように、新しいアイデアを収集する手段としてインターネットを使ってもいいだろう。インターネットの可能性を活かしてアイデアを収集し、指数関数的な進化を実現する手法については、第十一章で説明する。

まずはスタートしよう

イノベーションを実現するため、リアルもしくはバーチャルのウォータリング・ホールで、顧客価値を創造するプロセスを開始する。ほかの人と一緒にアイデアを練り上げるプロセスを繰り返して、具体的な答えを出していくわけだ。①NABC価値提案のたたき台を書き出す、②これについて意見を募り、新しいアイデアを収集する、③収集したアイデアを盛り込み、価値提案を手直しする、④何度もこのプロセスを繰り返す、というのがその具体的なステップだ。

価値提案を書き出すステップは必要不可欠だ。アイデアについて口頭で説明するだけでは不十分だ。アイデアを書き出して初めて、それを人に見せてアイデアを募ることができ、知識を増殖するプロセスを繰り返すことができる。

必ず手直しすることになるので、最初はシンプルにしておくことだ。まずはパワーポイントのスライド四枚からスタートしよう。ニーズ、アプローチ、費用対効果、競合と代替品という、NABCの要素それぞれに一枚ずつだ。最初はお粗末だろうが、心配することはない。NAB

C価値提案を短くしておけば、最初に思いついたアプローチにこだわりすぎなくてすむ。改良プロセスを進めている間は、変更に対してオープンであることだ。顧客の話を繰り返し聞き、競争状況について十分に理解し、独自のアプローチを練り上げなければ、優れた価値提案は生まれない。アプローチを説明するイラストや絵、コンピュータ・シミュレーション、プロトタイプを用意するといい。そうすれば、価値提案を瞬時に把握してもらえる。いずれにせよ、新しい考え方にオープンであること、そして最初に考え出したアプローチを完全に断念する可能性も排除しないことが大切だ。

価値提案を専門家や同僚、友人に見せて、アイデアの追加や練り直しに協力してもらおう。ウォータリング・ホールで提示し、昼食時に同僚に見せ、帰宅後には家族に話すことだ。興味を示したり、知りたがったり、混乱したりするポイントは、人によって異なる。誰もがシンプルでわかりやすい答えを求めるだろう。多様な視点を得ることには意味がある。コンピュータ科学者のアラン・ケイは、「視点が増えるごとにIQが八〇増える」と語っている。人にはそれぞれ経験と知恵があり、あることについては「天才」なのだ。

プロジェクトを率いる「チャンピオン」の務めは、「IQ八〇に相当する視点」を集めて、パワフルな価値提案に組み込むことだ。一人一人が効果的な説明をあなたに迫り、話をするたびにIQが増えていく。このように、われわれはチームの才能を活用する。最も知識があり、手厳しい人たちに価値提案を説明するといい。ほとんどの人は喜んで知恵を出してくれる。頼りにされるのはうれしいものだ。

自前主義はやめよう。チームメイトにも、全部自分でやろうとしないよう、注意しよう。指数関数的に進化する市場では、素晴らしいアイデアは、あなたやあなたの組織から生まれないことのほうが多い。このことを確認したければ、気に入っているアイデアをグーグルで検索してみるといい。何件ヒットするだろうか？　誰かがあなたのアイデアをすでに思いついている。差をつけるには、こうしたアイデアを収集し、新しいアプローチに組み込むことだ。

バーチャルな顧客はいない

オフィスを抜け出して、街に出よう。あなたの価値提案が正しい方向に向かっているかどうかを教えてくれるのは、見込み顧客やパートナーだ。

顧客を観察しよう。言葉だけを鵜呑みにするより、実際に観察することだ。たとえば、ポータブル・コンピュータを利用して学生に情報を配信する方法を研究しているなら、学生の意見を聞くだけではなく、あちこちの教室に出かけて学生を観察しよう。買い物カートを作りたいなら、スーパーマーケットに行って買い物客の行動を観察しよう。[8] 医療処置の方法を改良したいなら、病院に行って患者を自分の目で確かめよう。顧客のあらゆる体験をその目で実際に観察することだ。

単なる観察が、決定的な結果をもたらすことがある。たとえば、空港を設計するなら、空港に数時間身を置くだけでどれだけのことが観察できるか考えてほしい。床にはいつくばってコンセントに手を伸ばしたり、携帯電話やノートパソコンなどを充電しようと、コードを手にぶらさげて歩き回ったりする人がいることだろう。目と耳を使って、最高のアイデアを集めよう。

フィリップス・メディカル・システムズは、新たな顧客価値のポテンシャルを探るため、顧客の観察を行っている。同社は、全身を診断する大型の磁気共鳴画像装置（ＭＲＩ）をはじめ、最先端の医療画像診断装置を手がけている。同社のマネジャーの一人が、ＳＲＩの「イノベーション・ワークショップ」を受講した後、ＭＲＩ検査時に患者が横たわるテーブルの改良を行った。このマネジャーは、「ワークショップの受講前ならエンジニアに二〇％のコスト削減を命じるだけだったかもしれない」と語っている。しかし、実際には患者だけでなく、医師や看護師がどのようにテーブルを使用しているかを観察し、コストを削減しながら、テーブルを改良する方法を探り当てたという。

質問をしよう

たいていの人は、話すばかりであまり聞こうとしない。ことわざにも、「神様は人間に耳を二つ、口を一つお与えになった。話す倍は人の言うことを聞けという思し召しだ」[9]とある。顧客訪問の目的は、知らないことを教えてもらうことにある。観察するだけでなく、質問し、真剣に聞いて理解することだ。重要な訪問機会には、顧客の話を聞く役を誰かに割り振るとよい。緊張を伴う訪問の場合、話しながら聞くのは難しい。

顧客に接触するのは、早ければ早いほどいい。市場と顧客のニーズについて重要な情報を提供してもらえるからだ。好意的な見込み顧客は、「反復プロセスのパートナー」を買って出てくれることも多い。一緒に繰り返し練り直すことによって、価値提案は明確で、興味深く、価値のあるものになる。将来の顧客とパートナーを巻き込んで、無償のコンサルタントになってもらおう。

アウトドアウェアで有名なパタゴニアの創業者イヴォン・シュイナードは、後継者クリスティン・マクデヴィットの言葉を、よく引き合いに出す。マクデヴィットは、経営を譲られたばかりのとき、周囲に助けを求めたという。「私はビジネス経験がないので、いろんな人にタダでアドバイスをもらいました。銀行の頭取に電話をして、『会社を譲られましたが、どうすればいいか皆目見当がつきません。誰かに助けていただきたい』と頼んだのです。実際に、いろいろな人が助けてくれました。ただ助けを求めることです。知らないということさえ認めれば、誰もが懸命に助けてくれます」[10]。これと同じことをわれわれも経験している。

SRIのレナート・ポリゾットは、客先に部下を連れていくと、会議前に冗談まじりにこう言う。「質問以外で口を開く奴は、撃ち殺す」。見込み顧客は、自分が何に興味を持っていて、何を欲しているのかを話したいものだ。「いちばん話している人が、いちばん楽しい」ということを覚えておいてほしい。顧客とパートナーに、きちんと楽しんでもらおう。

ポリゾットは、知識に裏づけられた質問がいかに重要かを、身をもって体験している。彼のチームが、ある企業のために新しい医療機械を開発していたときのことだ。このような機器は食品医薬品局（ＦＤＡ）の認可が必要だが、認可取得までには通常一年半から二年かかる。しかし、彼はそこまで待っていられなかった。ポリゾットは、外部のエキスパートからＦＤＡの認可プロセスを集中的に学び、友人の手を借りて諮問委員たちと会うことになった。そして、会議中は認可に必要なことを各委員に質問することに徹した。プロジェクトの推進を容易にする方法を探るためである。各委員が承認に必要な事項を説明している間、ポリゾットはフリップチャートにその要旨を書き留めて発言内容を確認した。彼は、会議前に集中的に学んでいたおかげで、知識に裏打ちされた質問をすることができた。各委員が話し終えた後、ポリゾットは部屋をぐるりと一周し、認可を得るために必要な事項を再確認した。開発していた医療機械の認可が下りたのは、申請書類提出のわずか五カ月後だった。

成功するには、市場を深く理解しなければならない。市場のビジネスモデルや参入企業、サプライヤー、競争状況、そして起こり得る変化を理解するには、何年もの経験が必要だ。顧客と同じ経験をした人間が必要になる。ポリゾットの場合は、外部の専門家からＦＤＡの認可プロセスを学んだ。経験がなければ、〝ジャングル・ガイド〟が必要だ。ジャングルでも、市場でも、道に迷うことがある。ジャングル・ガイドを起用して道中のリスクを軽減し、実りの多い旅にしよう。

必要な見識を集め、検討し、組み込んでいくのは、容易な作業ではない。このプロセスを見込み顧客やパートナーとスタートさせた直後には、うまくいかないことも多い。しかし、注目すべき展開が待っている。ぎこちない打ち合わせをまごつきながら重ねるうちに、すべての答えは見えないながらも、急速な進歩が始まる。打ち合わせはまったく違う雰囲気になり、重要な問題点やリスクに集中して取り組めるようになる。あなたはエキスパートへと成長していく。知識に裏打ちされた質問をすることだ。そうすれば、多くの人に対して一線を画すことができる。そのうえ、必要不可欠な情報を手に入れることができるのだ。

リスクの軽減——目標は高く

指数関数的に進化する市場は、ハイレベルな要求をする。だからこそ、ハイレベルな価値提案とイノベーション・プランを目指さなくてはならない。立ち止まったままだと、現代では、指数関数的なスピードで後退することになってしまう。

残念なことに、プロジェクト・チームの多くは、数字に裏打ちされた説得力ある価値提案を構築しようという意識が足りない。その結果、毎年のように巨額の資金と多くの時間が浪費される。起業家の世界的な聖地であるシリコンバレーですら、成功する新興企業は五社中一社にすぎない。[11] 新興企業が失敗するのは、準備不足によるところが大きい。アイデアがあったとしても、策定したビジネスプランが急ごしらえで、調達資金は不十分、資金配分は見当はずれで、その結果、失敗するのだ。厳しい教訓だけが残ることになる。

価値提案を作成する際に留意すべきことの一つに、リスクの軽減がある。成功する起業家や社員は、この点に怠りはない。重要な問題に確実な解決策を用意することで、リスクを最小限に抑え、価値を最大限に高めている。結果として、リスクを伴う要素には、リソースをほとんど使わない。リスクは、様々な形で現れる。

- 市場リスク
- 技術的リスク
- 人的リスク
- 財務リスク
- ビジネスモデル上のリスク

躊躇せずに自分が知らないことを認めることだ。問題に真っ正面から取り組めば、解決に役立つアイデアが得られるだろう。

強調しておきたいことがある。価値提案を策定し、明らかなリスクを排除する前に、資金と時間を浪費するという間違いを犯している人が多い。方針がはっきりする前に投じた労力の多くはムダになる。迅速に行動することは大切だが、価値提案を明確にするまでは、極度の倹約が必要だ。スタート当初は、価値提案とビジネスモデルの構築、リスクの排除のみに資金の使途を絞るべきだ。プロジェクトの方向性が定まり、リスクを伴う要素を排除できれば、資金調達も容易になる。魅力的な価値提案を構築しないまま先を急ぐというのが、未熟な起業家や企業が犯しがちな間違いだ。それでは、プロジェクトや製品、新規事業をつぶしかねない。

あなたは、「今の私にとって、魅力ある価値の提案とは何だろう?」と自問し、不安に感じているかもしれない。価値提案がわかっていなければ、十分な貢献を果たすことはできない。わかっていても、それが魅力的なものでなければ、リソースの無駄遣いになるか、競争で負ける可能性が高い。提案する価値を練り直すことが必要だ。

探求の旅

初期の価値提案は不完全で、間違いもあるだろう。たとえば、一九九一年にトーバルズが公開した初代リナックスは、本格的なハッカーしか使えない代物だった。一般ユーザーが使えるようになったのは、一九九四年の三月にバージョン1・0をリリースしてからのことだ。

成功への道のりは、まっすぐであることのほうが珍しい。最初は間違ってもかまわない。世界有数のデザイン・ファームIDEOによれば、「早く成功したいなら、何度も失敗を繰り返せ」。最初のアイデアがそのまま実現することは滅多にないし、それを期待してもいけない。最初は、顧客や競合を研究したこともなければ、話をしたり観察したりしたこともないからだ。どういうアプローチをとるべきなのかもわからないし、ビジネスモデルも構築できていない。成功するイノベーションに必要なのは探求の旅だ。市場の声を注意深く聞いて、それに応えなければならない。

初期の失敗は避けられない。自分だけは例外ですんなりいく、とは思わないことだ。偉大な功績を成し遂げた人の足跡をたどるといい。失敗に次ぐ失敗だったはずだ。「近代細菌学の祖」とされるパスツールは、奇妙な仮説ばかりを立てていた。しかし研究を続け、失敗した仮説を排除して知識を蓄積し、最終的にはワクチンと低温殺菌法の開発に成功した。[12]

パートナーを見つけて、パワーポイントでNABCの要素を網羅した四枚のスライドを作ろう。見込み顧客に話し、ウォータリング・ホールでプレゼンテーションをして、アイデアを練り直すプロセスを繰り返そう。この旅路は予想よりずっと楽しく、実り多いものになるはずだ。

指数関数的な進化

当初は、価値提案に加わる改良は些細なものばかりだ。しかし、あらゆる要素が揃ってくると、価値提案は加速度的なスピードで進化し、指数関数的に成長する市場が抱える課題に応えるものになる。反復プロセスを繰り返していくうちに、調査から得たインサイトや人から集めたアイデアがどんどん膨らむ。図表7－1に「指数関数的な進化曲線」を示した。価値提案が進化する過程は、このようなカーブを描く。

一度や二度の見直しではなく、何度も繰り返して改良を続けるべきだということを理解してほしい。多くの人は、回数が十分でなかったり、スピードが不十分だったりするうえに、顧客やパートナーの意見を余さず聞こうともしない。そうした人は、やる気をなくし、人の意見を聞くこともなくなり、結局あきらめることになる。イノベーションの構築に必要なファーストステップは価値提案だ。求める答えをすべて手に入れたら、イノベーション・プランの作成に

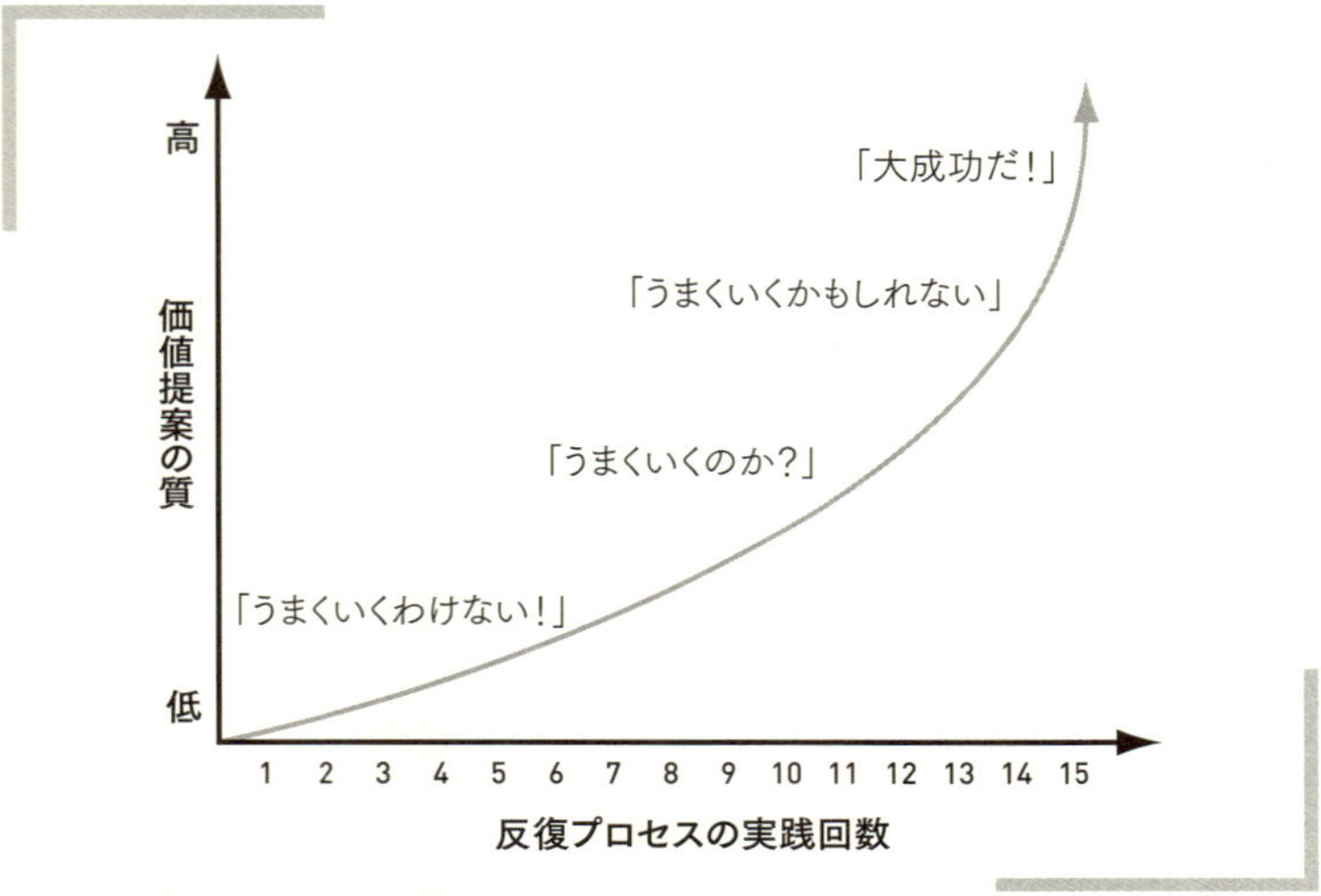

図表7―1: 指数関数的な進化曲線

図中のコメントは、価値提案のプレゼンターが価値創出のプロセスでよく口にするもの。基本的な問題に答えを出し、進化のスピードが落ちたら、次の段階に進むべきだ。

進めばいい。必要なリソースを調達し、製品やサービスのプロトタイプを作り、最終製品やサービスを市場で顧客に提供するのである。

エジソンは、何度も価値提案を改良した。何百回と改良を重ねたことも少なくない。白熱電球の中で燃え尽きないフィラメントの素材探しに失敗するたびに、彼はこう言った。「失敗したわけではない。うまくいかない素材をまた一つ見つけただけだ」[13]。最終的に彼は成功した。あなたも、説得力のある価値提案ができるまで、同僚とともに何度も何度も練り直すのだ。そうすれば、あなた自身も指数関数的な進化曲線をたどって成長する。顧客価値を明らかにして、イノベーション成功の可能性を高めるのだ。リナックスがそうしたように。

第8章

「エレベーター・ピッチ」で売り込む

高精細度テレビ（HDTV）の開発

YOUR ELEVATOR PITCH:
HOW HDTV BEGAN

「10分で話すなら、準備に1週間はかかる・・・1時間なら、準備はいらない」[1]
ウッドロウ・ウィルソン

実現する確信はなかった。

過去二〇年間、日本が高精細度テレビ(HDTV)の開発をリードしていた。HDTVに関する「初」はいずれも日本放送協会(NHK)が独占しており、実質的に初のHDTV画像圧縮方式もNHKの「MUSE方式」[2]だった。MUSE方式は素晴らしい発明だったが、アナログ式で極めて広い帯域幅を必要とした。このため世界中の研究機関が、フルデジタル化に取り組んでいた。フルHDTVの画質を持ち、なめらかな動きが表現でき、MUSE方式の約半分の帯域幅で利用できるシステムが求められていたが、一九八〇年代初頭には容易なことではなかった。時期尚早であれば巨額の損失を出し、遅すぎれば大きな機会を逸する恐れがあった。

われわれのチームは、まずRCA研究所として、次にSRIの子会社サーノフコーポレーションとして、HDTVへの取り組みを続けてきた。フルデジタルHDTVが実現可能だという点について、説得力のある主張を展開していた。当時の顧客は、ゼネラル・エレクトリック(GE)からRCAを買収したトムソン・エレクトロニクスだった。同社がドイツに構えるデジタル画像研究所で開催した大規模な会議で、われわれはプレゼンテーションの機会を得た。そこには、研究開発部門の上級副社長、エリック・ガイガーも列席している。アメリカでH

ゴーサイン

DTVの研究開発をスタートさせるチャンスだったが、与えられた時間はほんのわずかだった。ガイガーは非常に鋭く、度胸のある人物だが、列席者の多くはアメリカでのデジタル規格開発というプランに難色を示していた。HDTVの些末な部分に話が及んで、チャンスをムダにするわけにはいかない。

そこでわれわれは、プレゼンテーションの時間を極端に短くすることにした。エレベーター・ピッチの形で六つの質問を取り上げ、それをすべてガイガーにぶつける。六つの答えがすべて「イエス」であれば、それがゴーサインだ。われわれは数カ月間、ぶつける質問と想定される解答を検討し、ガイガーから「イエス」という答えを引き出そうとした。そのときのエレベーター・ピッチの要約は以下のとおりだ。六つの要素は太字にしてある。

つかみ

「デジタル技術は向こう一〇年で、家電業界を根底から覆すと思いますか？」

ガイガーはこれに、「イエス」と答えた。

ニーズ

「デジタルHDTVはピクセル数が五倍、デジタル高音質であり、革新的な製品となる可能性を秘めています。家庭でも三五ミリフィルムの映像が楽しめるようになり、テレビはすべてデジタルHDTVに置き換えられるでしょう。家庭用テレビだけでも、市場は年間二〇〇億ドルを大きく超えます。同意していただけますか？」

ガイガーの答えは、「イエス」だ。「ご明察！」。

アプローチ

「二〇〇三年までには、連邦通信委員会（ＦＣＣ）の割当帯域、つまり現在アナログ放送が使っている四・二メガヘルツ（ＭＨｚ）の周波数帯域で、一・二ギガバイト／秒のハイビジョン信号を圧縮送信することができるようになります。われわれは、ＭＰＥＧ－２の最新規格を利用するアプローチで必要な性能が得られる、とのシミュレーション結果を得ています。進むべき方向は間違っていませんよね？」

ガイガーの答えは、「イエス」だ。

費用対効果

「アメリカでＨＤＴＶ規格を確立すれば、現在の市場シェア二五％で年間五〇億ドルの新規ビジネスが生まれることになります。ＲＯＩは既存製品の二～三倍です。しかもビデオカメラやＣＤ、ゲームなど、複数の新製品や新サービスの基盤が形成されます。ビジネスの規模はそれぞれ数十億ドルにのぼります。この点は間違いないでしょうか？」

ガイガーの答えは、「イエス」だ。

競合・代替品

「当社のシステムには、他社と一線を画す機能が幾つかあります。画質が二〇％優れているほか、インタラクティブ広告のような最新のデジタル・サービスが提供できます。ヨーロッパで先行することもできますが、そうすると、システムの認可を得るべきＦＣＣに不信感を抱かせることになりかねません。アメリカは橋頭堡であり、まずここを押さえるべきです。この考え方は理に適っているでしょうか？」

ガイガーの答えは、「イエス」だ。

結び

「では、アメリカでのＨＤＴＶ規格開発を始めることにご賛同いただけますか？」

ガイガーは、これにも「イエス」と答えた。

六つの質問に対し、ガイガーはすべて「イエス」と答えた。われわれが着席しても、列席者は目の前で起きたことを十分には理解していなかった。この要約では、技術的な詳細を省略している。今ならＨＤＴＶの開発は正当化されるべきものだと思われるだろうが、当時はそうではなかった。万が一ガイガーが「ノー」と言えば、「イエス」に軌道修正するのは容易ではない。周到な準備を重ねたからこそ、「イエス」と言ってもらえたのだ。

注目を得る

指数関数的に進化する今日の市場は、これまでにも増してアイデアであふれている。その中で成功するには、アイデアの明瞭さと価値の高さで抜きん出て、注目を得るしかない。「イノベーション・チャンピオン」の責務は、人材や資金を確保してプロジェクトを完成に導くことだ。そのためには、社長や役員、ベンチャー・キャピタル、あるいは政府機関のプログラム・

マネジャーに、優れたアイデアを持っていることを納得してもらわなくてはならない。候補となるプロジェクトの数は多く、その規模は利用可能な資金の額をはるかに凌ぐ。

明瞭で簡潔なプレゼンテーションによって、一線を画す必要がある。非営利団体では、社会的価値の大きい提案を簡潔に説明できれば、支持を得やすくなるだろう。企業に対するプレゼンテーションを数分にまとめることができれば、資金支援を得られる可能性がずっと高くなるはずだ。

エレベーター・ピッチ

エレベーター・ピッチとは、一～二分で伝えることができる「価値提案の核心部分」のことだ。見込み顧客やパートナー、社員や上司の興味をかき立て、聞いた人の印象に残り、もっと知りたいと思ってもらえれば大成功だ。

簡潔で明快なコミュニケーションの重要性を教えるのは、容易ではない。相手が頭のよい、実績を積んだ人物であれば、なおのことだ。彼らは話を細部まで理解しており、説明に少しでも漏れがあると誠実さを欠くことになると曲解している。われわれが強調したいのは、核心部分を探し出し、聞いている人が忘れられないポイントを見つけ出すことが大切だ、という点だ。

メッセージは、できる限り短くすべきだ。ウィリアム・ストランクとエルウィン・ブルックス・ホワイトは、英文ライティングの古典的名作『ジ・エレメンツ・オブ・スタイル』の中で、「不要な単語を削ること」とアドバイスしている。[3]

聞いている人が理解できなければ、それはあなたの責任だ。「わからないほうがおかしい」とか、「もう少し時間があれば」と言うのは簡単だ。責任回避の方法はいくらでもある。

歯切れのいいエレベーター・ピッチからは、価値がにじみ出る。価値のある機会が明らかに存在していて、それを活かさないことなどあり得ない、と思わせることだ。説得力あるプレゼンテーションができるということは、市場で価値を創造するために対応しなければならない根本的な課題がわかっていることの証だ。同時に、そのビジョンを投資家だけでなく、顧客や社員に対しても説明できるという証明でもある。企業のビジョンと創出される価値を社員が明確に理解できなければ、成功の可能性は低い。

フレッド・フリッツは、ソングバード・メディカル・システムズという使い捨て補聴器の会社の社長だった。[4]ここでは、見込み客に対するフレッドのエレベーター・ピッチを紹介する。

「聞こえづらいのは、あなただけではありません。
何千万もの人が難聴に苦しみ、補聴器の値段の高さに疑問を持っています。
世界で初めて、使い捨ての補聴器ができました。
この使い捨て補聴器は、一日あたりのコストが一ドル。最高のデジタル音質を提供するだけでなく、使用開始から一カ月後には処分するので、柔らかい素材でできています。装着も快適かつ安心で、外からは見えません。ドラッグストアでお求めになれます。

本格的な補聴器は数千ドルするうえ、医師に調整してもらう必要があります。高価なものであるだけに、素材は耐久性があって丈夫ですが、耳に違和感が残り、フィット感もありませんし、音質も損なわれます。使い捨て補聴器をご覧になってはいかがでしょうか？」

提案は簡潔なものにしよう。どのチームもエレベーター・ピッチを作成すべきだ。

エレベーター・ピッチのひな形

エレベーター・ピッチのひな形は、「つかみ」「核心」「結び」の三つのパートから成る。「つかみ」で相手の注意をかき立て、「核心」で数値を交えながら価値提案のストーリーを語り、「結び」で次のステップへのアクションを投げかける。まとめると以下のようになる。

- **つかみ**
  注意をかき立てる
- **核心**
  NABC価値提案

● 結び

次のステップに向けたアクション

エレベーター・ピッチは、他の人でも繰り返して語ることのできるものでなければならない。経営陣、ベンチャー・キャピタリスト、政府高官、大学のトップらは、長くて複雑な議論を覚えていられない。エレベーター・ピッチを聞いた後、彼らがプロジェクトを支援する理由を簡潔かつ明瞭に言えなければ、それは失敗を意味する。あなたのプロジェクトは、日常業務の中に埋没してしまう。ベンチャー・キャピタルが検討する年間数千件の提案のうち、彼らが実際に支援するのは一〇件程度にすぎない。そこから頭一つ抜け出すには、価値を満載した説得力ある提案を練り上げ、それを手短なエレベーター・ピッチにまとめることだ。

説得力がない案は、誰にでもわかる。ビジョンが共感を生まない。聞き手は自分の役割がわからず、価値提案にも納得しない。

次に、エレベーター・ピッチを作成し、改良する方法を説明しよう。

関心をつかむ

広告業界で働く人は、アイデアと相手が重視するものとをつなぐ「つかみ」の重要性を認識している。次の例を見てほしい。

- 「聞こえづらいのは、あなただけではありません」
- 「毎年、薬の深刻な副作用で一〇万人が亡くなっています」[5]
- 「特許を取得したネズミ取りは二〇〇〇件を超えていますが、実際に利用されているのはわずか二種類です」[6]

人間は、物語やたとえ話、ユーモアに共感する。真に迫った話をすれば、印象に残る。同様に、失敗談も共感をもたらす。

シリコンバレーでも、新興企業の八割以上が大きなリターンを得ていないという話をすると、みんなが関心を持つ。「つかみ」は、聞き手と価値提案とを結びつけ、好奇心や関心をかき立てる。「つかみ」を忘れてはならない。

核心——NABC

エレベーター・ピッチの核心となる部分については、第五章で説明した。フォーカスすべきは、(あなた自身ではなく)聞いている人のニーズ(N)、提案するアプローチ(A)、提供可能な費用対効果(B)、そして競争状況(C)である。NABCは、数字に裏打ちされた価値提案であり、エレベーター・ピッチの核をなすべきものだ。

数値化

実践することは極めて難しいが、極めて説得力の高い説明方法がある。数値化だ。「御社のワークショップを改善したいとお考えですか?」と聞くより、「向こう半年間で、ワークショップの受講者を二〇%増やしたいと思いませんか?」と聞くのである。数値化された提案は少なく、自らを差別化することができる。数字を盛り込もうとすれば、価値提案を明確で具体的なものにしよう、という意識も高まる。誰しも、実現できないことは約束したくないものだ。

「より迅速に」「より安く」「よりよく」というのは、数値化ではない。何と比較して「より迅速に」なのか? どの程度「より安く」なるのか? 何と比較して「よりよく」なるのか? そして、それはどの程度なのか?

大学のバスケットボール・チームのスカウトが、監督に報告しているとする。「大型のセンターを見つけました。カリームという選手です。長身で得点力もありますし、いい子ですよ」。これと、次の報告を比べてほしい。「監督、大型のセンターを見つけました。カリームという選手です。身長七フィート二インチ、一試合の平均得点は四三。成績は平均三・七で、クラス委員もやっています」。具体性にはパワーがある。

市場規模について話すなら、数字を挙げよう。製品仕様について話すなら、数字を表にまとめよう。利益率について話すなら、具体的な数字を示そう。人は数字が好きだ。野球やフットボールには数字があふれている。

具体的にわからなければ、それを伝えたうえで、見当をつけることだ。その時点で可能な範囲で試算すればよい。たとえば、「まだデータ収集の段階ですが、二〇～五〇％はコストを圧縮できる見通しです」といった具合だ。徐々に予測値の精度を上げていけばよい。提案時点では、少なくとも概算を出し、聞き手をある程度納得させる必要がある。

人事のような間接部門や非営利団体は、数値化は難しいと考えている。数値化すること自体、間違っているのではないかという意識が働いているようだ。しかし、数値化を心がければ、提供するものを明確にせざるを得なくなり、聞く人の心にも残るようになる。

結び——何を求めるのか

プレゼンテーションの結びに初心者が犯しがちな過ちは、声を落とし、アイコンタクトを外し、終わったことに安堵しながら、ぎこちなく着席することだ。すごすごと退散すれば、効果も半減だ。重要なのは、なぜプレゼンテーションを行い、そこで何を求めたのか、を示すことだ。

- 次回のミーティング
- 融資
- パートナーや社員の増員
- 人の紹介

始める前に自問しておこう。「ここで私は、何を求めるのか？」。一分の話を無事に終わらせることなのか、それとも何かを目指しているのか？　特に何も目指していないのなら、人の時間をムダにしないことだ。

練習し、伝染させる

プレゼンテーションの内容やその伝え方は、人の意見を聞きながら改良していくべきだ。ただ原稿を読み上げるだけのプレゼンテーションは、いただけない。練り直し、書き直し、やり直すというプロセスを繰り返すことだ。最初からうまくいく人はいない。進めながら手直しをして、練り上げていこう。あなたのビジネスや仕事について知らない友人が、あなたの説明を理解できるかどうかが問題だ。

熱意は効果を持つ。元アメリカ国務長官のコリン・パウエルは、「熱意はパワーを増大させる」と語った。熱意は、プレゼンテーションを成功に導く。熱意は、あなたが信じるに足り、ついていくのに値するプロジェクトの「チャンピオン」であることの証だ。大げさにふるまう必要はない。プレゼンテーションでは、控えめでソフトな口調で語ればよい。それでも、プロジェクトの真意を伝えたいという、あなたの熱意と決意は伝わる。そして熱意は伝染する。アイデアが重要で価値のあるものだとわかれば、それは自然と広がる。人はこう考えるだろう。「あの人たちにとってそんなに重要なら、参加してもいいかもしれない」。

「伝染」のいいところは、自分に戻ってくることだ。気がつくと、チーム・メンバーの一人が会議でプロジェクトについて熱く語っているかもしれない。影響が、チームや組織に浸透して

オープニング：つかみは?			
核心：NABCは?			
顧客ニーズと市場ニーズを数値化すると、どの程度か?	そのニーズを満たすための具体的アプローチは?	そのアプローチが提供する費用対効果を数値化すると?	その費用対効果が競合／代替品（名前を挙げること）より優れている理由は?
結び：聞き手に求めることは何か?			

図表8−1: 説得力あるエレベーター・ピッチ開発のためのワークシート
推進していきたいアイデアについて、1分間のエレベーター・ピッチを作成する。

いくのだ。

初めてエレベーター・ピッチに取り組むなら、必要な要素をまとめた図表8−1を参考にしてほしい。空欄を埋めてから、反復プロセスをスタートさせるとよい。

指数関数的に進化する市場は動きが速い。そこには情報とアイデアがあふれており、騒々しくもある。そういう中でプロジェクトを目立たせるには、説得力あるエレベーター・ピッチを開発し、確信を持って簡潔にプレゼンテーションを行うしかない。プロジェクトの重要性を明快に説く、熱意あふれる「チャンピオン」に資金と人が集まるのだ。

第9章

イノベーション・プランで成功を引き寄せる
スキー場から消防署へ

YOUR INNOVATION PLAN: FROM THE SKI SLOPE TO THE FIREHOUSE

「単なるビタミン剤ではなく、鎮痛剤のような効き目のあるイノベーションを構築することだ」

メイフィールド・ファンドのベンチャー・パートナー、デビッド・ラッド

命綱

9・11同時多発テロ事件が発生し、消防や警察、救急隊員が現場のワールドトレードセンターに駆けつけたときは、携帯電話も電気も通じず、ビル内外で連絡がとれないという最悪の状況だった。このような緊急時の通信需要を満たしつつあるのが、SRIのスピンオフ企業、パケットホップである。同社は、ゴールデンゲートブリッジへのテロ攻撃を想定して実施した訓練で、一三の防災・緊急機関をシームレスにつないだ。つまり、9・11当時は不可能だった通信が可能になったわけだ。

パケットホップの市場探しの旅は、スキー場に始まり、緊急時の初期対応という終着点にたどり着いた。この旅路は、イノベーション・プランの特徴を示す好例だ。

事の発端は、SRIが、携帯電話会社を経由せずに通信を行う技術を開発しようと考えたことにあった。この技術が開発されれば、基地局を介さずに携帯電話同士が直接通信できるようになる。この方式なら、通信インフラを構築する費用がかからず、「常時接続」も可能になる。

SRIのウォータリング・ホールでは、初期のプレゼンテーションでもモバイル通信機器間の直接コミュニケーションは技術的に可能だと評価された。実用化には多大な投資が必要だが、この判断に基づき、パケットホップ開発チームは、参入市場の特定という次の段階に進んだ。

電話会社のワイヤレス通信にそっくりそのまま置き換われば、市場の規模は大きくなるが、そうなるためには、この携帯電話が多くの消費者に普及することが必要だった。

われわれは、市場の調査や技術の活用可能性の検討を始めた。そして、「橋頭堡」となる市場をみつけようとした。つまり、より大きな市場へ進出する足がかりになるような市場である。候補となる複数の市場について、ニーズを評価し、そのニーズを満たすアプローチを検討し、費用対効果を分析し、代替品や競合相手を調査した。検討の対象となった市場は、企業内ネットワークから、通信可能エリアを拡大する携帯電話ネットワーク、（大学内で複数の学生が同時に行うオンラインゲームのような）ゲーム・エンターテインメント、橋や高速道路の交通状況を伝えるセンサーまで、多岐にわたった。

ある段階で、スキー場が検討の対象になった。スキーをする人ならご存知だろうが、スキー場で連れとはぐれてしまうと、探し出すのはとても大変だ。パケットホップ技術を搭載した電話をチケットカウンターで貸し出せば、スキーヤー同士が直接通話したり、メールや動画を送信したりといったことが可能になる。

しかし、ウォータリング・ホールの会議では、これはビタミン剤にすぎないと判断された。便利ではあるものの、痛みを一掃する「鎮痛剤」ではない。実際に、スキーヤーの多くは、共用周波数を利用するトランシーバーをすでに使っていた。さらに、スキー場でも携帯電話の利用が急速に広まりつつあり、パケットホップの出る幕はなかった。

ディスカッションやウォータリング・ホールを何度も繰り返し、調査を進めた結果、緊急時の初期対応でのニーズが明らかになった。消防士や救急救命士（EMT）、警察官が、現場で互いに通信できなければ、リスクが高まるだけでなく、能力を十分に発揮できない状況が生まれる。ワールドトレードセンターのような現場に突入する消防士が、パケットホップを搭載したデバイスを携帯していれば、デバイスからデバイスへ、さらには現場の外へと、独自のモバイルネットワークによる通信が可能になる。トランシーバーには、これはできない。こうした状況下での通信不能こそ、鎮痛剤が不可欠な痛みである。ついにパケットホップは足がかりをつかんだ。

プランの必要性

イノベーション・プランが必要なのはなぜか？　時間と資金を投入するなら、誰もが絶対に成功したいからだ。

アメリカ連邦中小企業庁（SBA）によれば、新しいビジネスを始めるときに優れたプランがあれば、成功率が五〇％上昇するという。[1]非営利団体のために新しい医療ケアプロジェクトを推進するにせよ、大学の新入生向け教育プログラムを検討するにせよ、新製品の導入を計画するにせよ、誰もが完璧なプランを、成果を測る具体的な基準とともに提示したいはずだ。どのような市場機会が存在し、それに対応するためにリソースをどう使うのかを説明するのだ。

シリコンバレーでは、毎年八〇億ドルから一二〇億ドルが新規ベンチャーに投資されている。[2]外から見ると、シリコンバレーにはリスク・テイカーばかりがいるように思えるかもしれない。しかし、優れたベンチャー・キャピタルは、リスク抑制に驚くほど力を入れている。優れた起業家と同様、彼らは〝リスク・テイカー〟ではなく、〝リスク・レデューサー〟なのだ。大きなビジネスやプロジェクトに取り組むとき、誰もがリスクを抑えようとする。時間と資金を投入するぶん必ず成功したい、と考えるのは当然のことだ。

「イノベーション・プラン」と聞くと、図表やグラフがぎっしり並んだ、三〇〇ページにも及ぶ書類を思い浮かべることだろう。しかし、シリコンバレーで数百万ドルもの資金調達を目指す典型的なイノベーション・プランは、パワーポイントのスライドで一〇枚から五〇枚にすぎない。

優れたイノベーション・プランは、質であって量ではない。何キログラムもある書類などではなく、何度も練り上げられ、考え抜かれた成果が、パワーポイントのスライド数枚ほどに凝縮されるべきものだ。

資金調達を図るとき、自分のアプローチを過信して、それを正当化する話ばかりを並べた提案書を作る人が多い。そういうプランは間違いなく失敗する。そして、より現実的なプランに変更するために、大幅な練り直しが必要になる。イノベーションやプロジェクトや新規事業に着手する前に、成功に必要なファクターを検討しておくべきだ。

住宅用の断熱パネルを販売する新事業の話をしよう。この事業の損益計算はずさんで、根拠もなく初年度に得られる利益を一二万ドルと見込んでいた。しかし九カ月後にその見込みが甘かったことが判明し、利益どころか一万五〇〇〇ドルの損失を計上することになった。損益計算には、ライセンス料や保険、作業員の賃金などが織り込まれておらず、想定外のコストが膨らんだのである。このため、多くの時間を費やして事業計画を練り直すことになった。しっかりと調査を行ってイノベーション・プランを作成していれば、こうしたミスは防げたはずだ。

イノベーション・プランは、エレベーター・ピッチの拡大版である。イノベーション・プランに必要な要素は、すでにおわかりのはずだ。大変なのは、ページ数を増やすことではなく、重要な部分の詳細を詰めて、完成度を高めることだ。投資家のニーズはそれぞれ異なるが、三〇〇ページにも及ぶ文書を読む投資家はまずいない。

イノベーション・プランの基本

イノベーション・プランの核となるのは、数値化した価値提案に、リスク軽減策などの情報を加えたものだ。以下のようなイノベーション・プランであれば、投資家や企業も耳を傾けてくれるはずだ。提案するのが、新規プロジェクトか、新製品・サービス開発か、ベンチャーの立ち上げかによって盛り込む要素は若干変わる。異なるフォーマットを使う組織もあるが[3]、基本的な構成は以下のとおりだ。

オープニング

・ビジョンとミッションステートメント[4]
・事業目標（名刺に収まる程度に簡潔に）

ニーズ

・市場の全体像（規模、競合、ビジネスモデル、変動要因）
・具体的な市場セグメント（顧客、規模、成長率）
・重要なニーズ（どこに「痛み」があるか）

アプローチ

・製品／サービスの概要（効き目のある「鎮痛剤」）
・製品／サービスの開発プラン、生産プラン
・製品／サービスの差別性と優位性を高める「ゴールデン・ナゲット」（技術、人脈、パートナーシップなど）
・ビジネスモデル（いかに利益を上げるか）
・製品／サービスのポジショニング（販売方法とターゲット層）
・財務計画（投資、売上高、利益、タイムスケジュール）
・人員計画
・リスク軽減策

ベネフィット

・顧客にとっての費用対効果（価値因子分析など）

・投資家にとっての費用対効果（収益、ＲＯＩなど）

・社員のメリット（利益分配、株式）

競合・代替品

・現状と今後の競争状況（競合は具体的名前を明記）

・競合優位性と参入障壁（知的所有権、パートナーシップなど）

次のステップ

ほとんどはお馴染みの要素だが、説明が必要なものも幾つかある。

市場の全体像

「改善」「改良」レベルのイノベーションであれ、一気に時代を変えるイノベーションであれ、出発点となるのは「市場の全体像」を把握することだ。そこには、パートナー、競合、調達先、流通など、多数のプレーヤーが存在し、それぞれが異なるビジネスモデルを持っている。アメリカ食品医薬品局（ＦＤＡ）による治療薬規制のように、市場には特有の法規制や規則が存在する。加えて、技術や政治、労働運動など、プロジェクトの脅威となり得る動きも把握しなくてはならない。

市場は、いくつかの「セグメント」に分かれており、その中に、（パケットホップの事例にあったように）新規参入の手がかりとなる「橋頭堡」が含まれている。[5] そこには、製品やサービスのターゲットとなる顧客がいる。そして、対応可能な未開拓のニーズが存在し、競争も当初は限定的だ。言い換えれば、そこは「ホワイトスペース」なのだ。

パケットホップが参入を検討したモバイル通信市場には、従来型の電話会社、モバイル通信会社、インターネットプロバイダー、ソフトウエア・アプリケーション会社に加えて、携帯電話や携帯情報端末（ＰＤＡ）、特定用途向けデバイス（ＡＳＤ）などのポータブル・デバイスを扱う企業が含まれていた。その中のセグメントの一つが、従来型の通信インフラを必要としない新タイプのＰＤＡの市場だ。パケットホップの技術を使えば、ＰＤＡからＰＤＡへとリレー式に信号を送信することが可能になる。

パケットホップが選んだのは、緊急時の初期対応者のニーズが存在する市場だった。製品はＰＤＡによく似ており、特定用途向けのアプリケーションを搭載していた。初期対応者にとって、この製品は便利なだけのもの（ビタミン剤）ではなく、必須アイテム（鎮痛剤というよりむしろ命綱）といえるものであった。いずれは、より広い市場に向けたアプリケーションを開発することになる。

いかなる市場でも、市場参加者相互の関係が「エコシステム」を規定する。[6] これは、ジャングルの生態系と同じだ。こうした関係を理解するのは、外部の人間には難しいし、まったく理解できないことすらある。エコシステムを把握している人間、つまりジャングル・ガイドを早い段階で起用するように勧めたのはこのせいだ。

ジャングルに新種の肉食動物を解き放つように、イノベーションはエコシステムをかき乱す。一気に時代を変えるイノベーションは、既存のエコシステムを破壊することもあれば、再構築することもある。たとえば、ウォルマートはアメリカの労働者階級の年間消費額を平均二〇〇〇ドル以上引き下げることによって、莫大な顧客価値を創出したが、同時に家族経営の小売店にも多大な影響を与えた。[7] 大規模なイノベーションは大きな混乱を引き起こす。エコシステムを乱せば猛烈な反発に遭う。

エコシステムで起きている変化を見極めることが大切だ。あなたが関与しようがしまいが、エコシステムは変わっていく。現状だけでなく、将来を見通してイノベーション・プランを作成するべきだ。

「ゴールデン・ナゲット」

イノベーションには、競争優位性が求められる。それが、長期にわたって持続可能なものであれば理想的だ。競争優位は、新しい技術や人脈、生産プロセスやビジネスモデルによってもたらされる。SRIでは、成功のカギとなる要因のことを「ゴールデン・ナゲット」と呼んでいる。つまり、それがあれば顧客に強く訴える新たな価値を創出できるようなものだ。あなたも、顧客が欲していながら競合が提供できていない、価値あるものを常に探しているはずだ。

グーグルの「ゴールデン・ナゲット」の一つは、検索エンジンだ。同社の検索エンジンは、サイトへのアクセス数に応じて検索結果を表示する。サイトのアクセス数が多ければ多いほど、グーグルの検索結果上位に表示される可能性が高くなる。このアイデアによって高速なインターネット検索が可能になった。テクノロジーの世界では、特許などの権利を保有していると、競合の参入を阻止する障壁となる。特許は、イノベーションを実現するゴールデン・ナゲットに不可欠な要素の一つになり得るのだ。

ゴールデン・ナゲットは多岐にわたり、その一つに新しいビジネスモデルも含まれる。よく知られているものに、キング・ジレットが開発したビジネスモデルがある。

一九〇〇年以前、カミソリは絶えず研ぐ必要があって、不便極まりないものだった。ジレットは、長持ちする「安全なカミソリ本体」と安価で使い捨てできる替え刃を提供できるようになれば、大きな顧客価値を生むはずだと考えた。カミソリ本体は赤字かもしれないが、カミソリの替え刃で長期的に大きな利益が見込める。これが、ビジネスモデルのゴールデン・ナゲットだ。ジレットはまた、カミソリの刃を薄い鋼板片から製造するという技術上のゴールデン・ナゲットも開発している。こうしたジレットのビジネスモデルは「レーザー・アンド・ブレード（カミソリと替え刃）」戦略と呼ばれ、それ以降、適用する企業が後を絶たないビジネスモデルの定番となった。ジレットはカミソリに改良を加え、利便性を向上させ、さらにコストを引き下げたのである。

シリコンバレーでは、新しいアプリケーションや製品・サービスを実現する技術が、ゴールデン・ナゲットだ。たとえば、アーティフィシャル・マッスルの「人工筋肉」は、電圧をかけると膨張したり収縮したりするプラスチック状の素材で、ロボット、スピーカー、バルブなど、多種多様な活用方法がある。さらに小型モーターに活用すれば、従来型に比べて重量を一〇分の一に、コストを何分の一かに抑えられる。これは、数十億ドル規模の既存市場に進化をもたらすとともに、新たな巨大市場を切り拓く技術である。まさにゴールデン・ナゲットであり、アーティフィシャル・マッスルの基盤を作るものだ。

ここで、同僚のノーマン・ウィナースキーが考案したゴールデン・ナゲットの評価尺度を例示しよう。砂金と同様に大小様々なゴールデン・ナゲットを、以下のように評価している。

- **段階的なイノベーション**：ゴールデン・ナゲット〇個
  =ユニークな機能を持つ最新の製品やサービス
  例：ゴム製のすべり止めがついた歯ブラシ、持ち運びに便利なハンドルがついたフリップチャート用紙、インテリア専門雑誌、シンプルな住所検索機能付き携帯電話
- **目覚ましいイノベーション**：ゴールデン・ナゲット二分の一個
  =デザイン、技術、プロセス、ビジネスモデルのいずれかにおける目覚ましい進化
  例：超薄型携帯電話RAZR、使い捨て補聴器、最初の高級アイスクリーム、画期的なフランチャイズ式レストラン

●**画期的なイノベーション**：ゴールデン・ナゲット一個

＝デザイン、技術、プロセス、ビジネスモデルの組み合わせによる一つの画期的進化

例：ｉＰｏｄとｉＴｕｎｅｓ、電場応答性高分子モーター、有効な癌治療薬、サウスウエスト航空

●**一気に時代を変えるイノベーション**：ゴールデン・ナゲット二個

＝デザイン、技術、プロセス、ビジネスモデルの組み合わせによる二つの画期的進化

例：ジレットが開発した初の安全カミソリ、ウォルマート、グーグル、トヨタの生産方式、白熱電球と送電網、マイクロソフト・ウィンドウズ

この例では、後になるほどイノベーションの影響度が大きくなる。イノベーションのインパクトは、地震の規模を示す尺度であるリヒター・スケール（マグニチュード）のように対数的にとらえるべきだといわれている。[8]「改善」「改良」レベルのイノベーションの影響度が一だとすれば、目覚ましいイノベーションは一〇、画期的なイノベーションは一〇〇、一気に時代を変えるイノベーションは一〇〇〇となるわけだ。もちろん、あくまでイメージをつかんでもらうための例であり、実際には、それぞれのメリットをどう評価するかによって順序は変わる。

シンプルな住所検索機能がついた携帯電話を例にとると、今は他社よりも優れているかもしれないが、競合が簡単に追随できるレベルであり、最適なものとは言い難い。これは、既存製

品が市場で生き残るために常に必要とする「改善」「改良」レベルのイノベーションにすぎない。一方でiPodは、iTunesで音楽をダウンロードでき、その音楽を抜群のデザインの製品で楽しめる、という二つのイノベーションによって確固たるゴールデン・ナゲットを生み出している。とはいえ、リーダーであり続けるためには、アップルも次から次へとイノベーションを生み出さなければならない。

最後にもう一度、ジレットを例に挙げよう。ジレットの成功は、革新的な新技術（薄い鋼板片から製造したカミソリの刃）と革新的な新ビジネスモデル（レーザー・アンド・ブレード）という二つの要因によってもたらされた。この二つのゴールデン・ナゲットがカミソリ業界を根底から覆し、その過程で数十億ドルの売上げを誇る企業が生まれた。その後、ジレットは二〇〇五年にプロクター・アンド・ギャンブル（P&G）に買収されている。

新製品、顧客体験、顧客サービス、サプライチェーン、事業構造、業務システム、組織体制など、イノベーションのチャンスは多岐にわたる。[9] 紹介した事例からわかるとおり、新しい製品と新しいビジネスモデルのように、カギとなる複数のアイデアが組み合わさることによって、持続可能な最高のイノベーションが生まれる。ピーター・ドラッカーも、こう述べている。「ナレッジベースのイノベーションは、数種類のナレッジの集合によるところにその特徴がある。そして、そのすべてが科学的、技術的な要素だとは限らない」。[10]

製品・サービスのポジショニング

エコシステムの中に新製品・新サービスをポジショニングする際には、ターゲット顧客に提供するベネフィットを明確に伝えなければならない。ポジショニングは、製品の販売チャネルにもかかわる問題である。優れたポジショニングによって、企業とそのパートナーは有効なビジネスモデルを構築し、収益を確保する機会を得ることができる。

ビジネスモデル

ビジネスモデルとは、製品、サービス、もしくはベンチャーが、企業やパートナー、投資家に対してどのように利益をもたらすかを明らかにするものだ。

ＳＲＩの子会社サーノフがデジタルシネマを開発していたとき、われわれは、妥当なビジネスモデルを構築することの難しさを学ぶことになった。デジタルシネマの品質が三五ミリフィルムを大きく凌ぐことは明らかで、われわれはこのチャンスに興奮していた。これを実証するため、われわれは、ワーナー・ブラザーズに業界のリーダーを招いて、最高品質の三五ミリ映画とデジタル映画を比較上映した。業界関係者も驚くほど、その差は歴然だった。[11]

だが映画業界の悩みの種は画質ではなく、配給コストと、世界中に蔓延する違法コピーによる巨額の損失だった。三五ミリフィルムのコピーを各地の映画館に配給するという現行のシステムでは、違法業者がそのうちの一本を盗んで、闇市場で格安の違法コピーを売りさばくことも可能だ。業界の被害額は年間数十億ドルに達する。[12]

ヒントが見えてきた。これが本物の痛み、つまりビジネスの種だ。われわれは、衛星を使ってデジタル映画のコピーを安全確実に配給するという技術的なゴールデン・ナゲットをつかんでいた。年間何億ドルものコスト削減につながるため、関係者に魅力的な機会をもたらすものだと思われた。しかし、この場合は違った。実現可能なビジネスモデルが存在しなかったのである。映画製作会社と配給会社、映画館の契約はがんじがらめになっていて、変更は不可能だった。デジタル映画は将来に持ち越しとなった。

ビジネスモデルを開発する際に、留意すべきことがある。デジタルシネマのケースのように、実現可能なビジネスモデルが存在しない限り、チャンスはない。エコシステムと、当事者間の関係を十分理解することだ。繰り返しになるが、実現可能なビジネスモデルを見出せないうちは、人的・経済的リソースの投入を控えることだ。デジタルシネマの場合、製品やサービスは揃っていたのに、有効なビジネスモデルを見出せなかった。巨額の投資をする前に、この厳しい現実に気づいたのは、不幸中の幸いだった。

成功へのアドバイス

価値因子分析

競合を上回る優位を確立しない限り、あなたのプロジェクトや製品に価値は生まれない。人々には様々な選択肢があり、常に競争が存在する。選択肢には、他の企業や、他のプロジェクトや、他の組織があるし、ただ何もしないという選択もある。

第四章で論じたように、価値因子分析の手法を使えば、自社製品と他社製品の顧客価値を、数値的化して比較できる。自社製品が、競合とあまり変わらないのか、大きな影響をもたらすものなのかが明らかになる。ビジネスプランの開発に本気で取り組んでいるなら、実践してもらいたい。

イラスト、実寸大サンプル、プロトタイプ

エレベーター・ピッチを終え、イノベーション・プランを精緻化するフェーズに移ると、新製品や新サービスの価値を感覚的に伝える必要がある。イラストやサンプルを使って、何を作ろうとしているのかを顧客に提示しよう。コンピュータによるデザインが進んだ今日、新製品のイラストやサンプルを用意しないプレゼンなどあり得ない。

よくできたプロトタイプがあれば、なおいい。前述したデジタルシネマの場合、すでに開発されていたHDシステムを使ってデジタル映画の試写を行った。目指す画質が完璧に再現されたわけではないが、三五ミリフィルムを格段に上回ることを証明するには十分だった。

SRIのイノベーション・ワークショップでは、参加者に必ずモックアップを作ってもらっている。材料は手に入るものでかまわない。段ボールや子供用の組立式玩具を使ってもいい。イギリス放送協会（BBC）のワークショップ参加者は、放送業界を一変させるデジタルデバイスのサンプルを段ボールで作成してウォータリング・ホールで提示したところ、全員が「納

得した」。同様に、台湾有数の研究機関、工業技術研究院（ＩＴＲＩ）の参加者は、興味深い新型モバイル機器を着想し、点灯するライトまで作ってデモを行った。単なるモックアップにすぎないが、この発明が機能することを全員が実感できた。モックアップ自体が実際に機能しなくても、プレゼンテーションを聞いている人たちには機能するのだ。

新製品や新サービスを開発するとき、特に難しいのは未開拓の顧客ニーズを特定することだ。顧客は、自分たちのニーズをはっきりと認識しておらず、言葉で明確に説明できないことも多い。目に見えるニーズは日に日に満たされつつあり、現在では、スタイルや体験、アイデンティティといった目に見えないニーズへの対応に焦点が移りつつある。

したがってニーズの特定は、以前にも増して難しいものになっている。モックアップやプロトタイプ、シミュレーションなど、試作品の重要性も高まっている。当初の試作品は、イノベーション・チームの直感や経験に基づいて手早く製作したものでかまわないが、プロのデザイナーもチームに加えるべきだ。試作品は、隠れたニーズを顧客に語ってもらうための価値創出ツールとして機能する。顧客に実際に使ってもらったり、遊んでもらったり、誰かと共有したり、代替品と比較してもらったりすることで、何がよくて、何が足りないのかを説明できるようになるのだ。顧客が新製品や新サービスを一緒に開発してくれるわけだ。

グーグルは、新製品のベータ版をインターネット上に公開し、ユーザーから意見を収集している。試作品は、アイデアの増殖と製品の急速な改良を促し、あなたの価値提案やイノベーション・プランの成否を決定する要因になる。

プレゼンテーション

説得力あるイノベーション・プランは、二〇分もあれば十分に伝わる。ＳＲＩのイノベーション・ワークショップでは、「イノベーション・プランの基本」で挙げた項目すべてに、五分以内に答えてもらっている。短くすることで、誰もが聞きたい最も重要なポイントが明確になるのだ。

聞き手にとって価値のあることは何かをよく考え、それを反映してプレゼンテーションを手直ししよう。話し手が興味を持つことだけを長々と語り、聞き手に何の配慮もないプレゼンテーションを聞いたことが、誰しもあるはずだ。そんなプレゼンテーションを高く評価したり、一緒に仕事をしたいと思ったりする人がいるだろうか？

どのようにすればニーズに応えられるかを、事前にｅメールや電話で問い合わせておけば、聞き手も助かる。これは、効果を高めるチャンスであり、相手に対する配慮を忘れていないことも印象づけられる。あなたが自問すべき、聞き手に関する質問は以下のとおりだ。

聞き手は何を達成したいのか？

・ニーズは何か？
・頭を抱えている問題は何か？
・それに対してどう力になれるか？

聞き手のバックグラウンドは何か？

・彼らはどの程度知っているのか？
・彼らは何を欲するのか？
あなたは聞き手にどうしてほしいのか？
・どう助けてもらいたいか？
・どんなリアクションやフォローアップ求めているのか？

イノベーション・プランの先へ

イノベーション・プランができ、資金を調達できたとしても、製品やサービスを市場に導入するまでの道のりはまだ遠い。そのプロセスのいずれにおいても、価値提案が重要なツールであることに変わりはない。学べば学ぶほど顧客価値を創出する機会が増えるからだ。付加価値の高いサービスやその利用経験は、システムを設計し、プロトタイプを製作し、試用して、初めて理解してもらえる。イノベーションの機会は、絶え間なく存在する。

その中心となるのが顧客だ。パケットホップがスキー場から消防署にターゲット市場を移したように、革新的な製品やサービスは「革新的な方法で市場に導入し、革新的な方法でマーケティングを進め、革新的な方法でブランディングすべきである。だがそれは、企業と顧客との間に長期的な強い絆を築くことにつながらなければ意味がない」。[13]

第3部

原則3
イノベーションをリードするチャンピオン
INNOVATION CHAMPIONS

第 10 章

まずはチャンピオンが必要だ

ケリービルの町長

a CHAMPION :

THE MAYOR OF KELLYVILLE

チャンピオンなくして、プロジェクトの成功なし。例外はない。

強固な意思

世界的な大気科学の権威ジョン・ケリーは、ケリービルの非公式な町長である。

ケリービルはグリーンランドの小さな町で、町内人口は多いときで一〇人だ。この町名は、チームとともに何年も町内に大気科学研究所を構えているケリーにちなんでいる。ここでの研究を通して、ケリーは大気科学の研究に革命をもたらすイノベーションのコンセプトを作り上げた。新しいシステムの実現に至るまでの道のりは、「チャンピオン」がイノベーションに欠かせない存在であることを物語っている。

本書では第五章から第九章にかけて、価値創造で利用するツールについて論じてきた。こうした手法が効果を発揮するのは、ツールを積極的に活用してイノベーションを推進する人間がいてこその話だ。顧客の立場に立って先を見据え、イノベーションが直面する資金・官僚組織・政治・人材・技術などの課題に対応していく「チャンピオン」が必要なのだ。

最近会ったとき、ケリーは環境問題の予兆がまず大気に現れる理由を教えてくれた。黒点が大気の上層部にどのような影響を及ぼすのか。彼の話は、それが環境や無線通信にどのように作用しているかに発展し、地球温暖化やオゾンホールに関する諸問題にまで及んだ。こうした現象に対する理解は進んでおらず、将来的にどのような影響が出るかもわかっていないらしい。

夜空の話になると、ケリーは特に生き生きする。グリーンランドでオーロラを見上げると、空が炎に包まれたように美しいという。

ケリーは細身で、白髪交じりのひげをたくわえている。質問には慎重に答える穏やかな人柄だが、自身の研究に対する熱意と同僚に対する深い敬意をにじませている。「この人は信頼できる、一緒に仕事をしたい」と即座に思わせるような人物だ。

大気科学の研究には、はるか上空の微妙な変化を測定する難しい作業がつきものだ。航空機や風船からデータを取得しているものの、得られる情報は限定されている。ケリーはレーダーに期待していた。大気科学で利用されるレーダーは、高速道路や科学誌『サイエンティフィック・アメリカン』で見かける大きな皿型のものだ。上空のある地点に向かって電波を送信し、大気ではね返された電波を受信する。長年の研究により、戻ってきた電波の解析方法が確立されており、大気の状態の理解に役立つようになっている。

しかし、ここに大きな問題がある。大気は変化するのである。従来の大きな皿型のレーダーは、向きは変えられるものの、重すぎて大気の動きについていけない。迅速に方向転換できるレーダーの開発は不可能だと考えられてきた。しかし、ケリーにはこれを解決するアイデアがあった。実現できれば、大気科学の研究を一変させるものだ。

その画期的なアイデアとは、これまでの発想とはまったく逆で、レーダーは動かさず、電波の動きを感知できるようにレーダーを並べる、というものだった。まず、幅数フィートの小型レーダー一万個を、フットボール・グラウンド二面の広さに並べる。その一万個の小型レーダーが受信する電波を正確に計測することにより、大気に送信された電波の素早い動きを捕捉し、大気の動きを二次元動画に映し出すという仕組みである。これによって、急速な大気現象の変化を容易に追跡し、環境の理解に必要なデータを収集することが可能になる。

ケリーとSRIの社員がこのアイデアを思いついたのは、一九八八年だった。ケリーはチームとともに、レーダーのラフスケッチとその機能をまとめ上げた。当初は革新的なアイデアに興奮がわき起こったが、フットボール・グラウンド二つ分の大きさとなると建設費用は三〇〇〇万ドルを超え、実現へのハードルは高い。ケリーは、新型レーダーの顧客となるアメリカ国立科学財団（NSF）や世界中で環境や大気について研究している科学者たちと何度となくミーティングを重ねて顧客のニーズを探った。同時に、有効なデータの収集を可能にするシステムの設計方法を突き止めようとした。

ケリーは一九八九年に詳細なプランをまとめ、NSFに提出した。資金提供の準備はできていなかったものの、NSFは、実現の可能性を実証してプランを再提出するようにとケリーに要請した。チームはこれを実証し、ケリーはプランを再提出したが、ここでプロジェクトは長い足止め状態に入る。ケリーとチームは意欲的に研究を続けたが、資金を得られない状態が続いた。一九九六年にようやくNSFが資金供与に向けた検討を正式に開始し、ケリーは一九九七年にまたも詳細プランを提出した。プランは見事にこのプロセスをクリアしたが、政治的理由からアメリカ議会が介入し、資金供与は取り下げられた。ここでまたプロジェクトは休眠状態になり、NSFはレーダーシステムの全面見直しを迫った。これが決定的な打撃になるものと思われたが、ケリーは、一九九八年のこの見直しがシステムの大幅な改良につながった、と前向きにとらえている。ようやく、資金供与を受けてシステムの一部が完成したのは二〇〇三年のことだ。今では見事な成果を上げている。

ケリーは、あらゆる意味で「チャンピオン」だ。重要度の高いニーズを特定し、素晴らしいチームを編成し、何百回と反復プロセスを繰り返して価値提案を練り上げた。信じがたい紆余曲折にも一五年間耐え抜き、イノベーションを実現させたのである。

今振り返ると、ケリーがいなければこのプロジェクトは成功しなかっただろう。数カ月で実現する「改善」「改良」レベルのイノベーションであれ、このプロジェクトのように、一気に時代を変えるイノベーションであれ、チャンピオンは必要不可欠だ。

ケリーの経験に限らず、イノベーションのプロセスはいつだって山あり谷ありだ。革新的製品を軽々と世に送り出し続けているように見えたアップルのCEO、スティーブ・ジョブズも、成功するまでには数々の浮沈を経験している。二〇〇五年にスタンフォード大学の卒業式で述べた式辞の中で、ジョブズは、大学をドロップアウトしたことが人生で最も重要な決断であり、アップルをクビになったことが成長の糧となったと語り、癌と診断された当時のことも振り返っている。[1] これまでの成功を思い起こしながら、ジョブズはこう語った。

「私は確信しています。アップルをクビにならなければ、今日の成功はありませんでした。苦い薬でしたが、当時の私には必要だったのでしょう。時として、人生にはレンガで頭を叩かれるようなことが起きます。でも、投げやりにならないでください。私が前に進み続けられたのは、仕事が好きだったからにほかなりません。皆さんも、好きなことを見つけてください。それは仕事でも、恋愛でも同じです。仕事が皆さんのこれからの人生の大部分を占めるでしょう。本当に満足するには、自分が素晴らしいと思うことをやるべきです。素晴らしい仕事をするには、今やっていることを愛してください。まだ見つけていない人は、探し続けることです。一カ所で立ち止まらないでください。見つけたら、ハートが教えてくれます。そして素晴らしい関係が常にそうであるように、年月とともにますますよくなっていきます。ですから、探し続けてください。一カ所に留まらないでください」

チャンピオンとは、指数関数的に進化する市場で顧客価値を生み出すために必要な五つの原則を修得したイノベーターのことである。どんなプロジェクトにも、プロジェクトを成功に導くスキルと決意を併せ持ったチャンピオンが必要だ。

チャンピオンは何をすべきか?

経営陣、ケリーのような専門職、新入社員など、組織のどのレベルの人でも、「イノベーション・チャンピオン」になる可能性がある。[2] チャンピオンは、意欲と決意を持ってプロジェクトに取り組む。ビジョンを掲げ、チーム・メンバーやパートナーを触発し、全責任を負ってやり遂げる。ケリーたちのように悪路に差しかかれば、視点を変えて問題に取り組む。

チャンピオンとチームは、重要な顧客ニーズを特定することから始まる価値創出のプロセスに従って、成功に至る。チャンピオンは、チーム・メンバーを巻き込み、価値提案の改良を続け、思いがけない問題にも適切に対応する。継続的に見込み顧客に接触し、プロジェクトの進捗によって得られる新しい情報を、価値提案に盛り込む。チャンピオンには、目の前の問題に真っ正面から取り組むと同時に、長期的ビジョンをしっかり見据える二つの視点が必要だ。

アイデアを、その生み出す価値で評価せず、発案者の地位や役職で判断するような企業は、巨額の資金を浪費する。素晴らしいアイデアも、「名もない」人物が発案したために、日の目を見ない可能性がある。「自前主義」の組織では、外部の人間が持ち込むアイデアは、受け入れられるはずもない。指数関数的に進化する市場では危険なことだ。

サン・マイクロシステムズの元チーフ・サイエンティスト、ビル・ジョイもこう指摘している。「優れた人材は社内にも何人かはいるだろうが、最高の人材のほとんどは社外にいる」[3]。自分はチャンピオンになどなれないと社員があきらめているようだと、彼らも会社も、真価を発揮することはできない。

チャンピオンに不可欠なパートナー

成功するチャンピオンには、イノベーションの導入を手助けする人間が、少なくとも一人はいる。スティーブ・ジョブズには、スティーブ・ウォズニアックがいた。パートナーがいなければ、われわれの多くは熱意を失い、ビジョンを狭め、障害に屈し、試行錯誤を止めてしまう。チャンピオンはチーム・メンバーの成功をサポートするが、チャンピオン自身もステップアップし、チャンピオンにふさわしい行動をとるためのサポートが必要なのだ。

人にインスピレーションを与える人の周りには、助言したり、援助したり、教えたり、示唆を与えたりする人たちが集まる。パートナーがいると、実績が上がるだけでなく、仕事も楽しくなる。このため、いいパートナーを選ぶことが必要だ。

皮肉屋をパートナーにすれば、足を引っ張られる。必要なのは、プロジェクトに貢献できる高い能力を持っている人だ。新規ビジネスであれ、プライベートであれ、パートナーは、チャンピオンにとって決定的な意味を持つ。

組織としての責任

チャンピオンは、組織の責任を負う。彼らは、チームの規範と組織のルールや価値観に従って行動し、秩序を乱さない。組織のミッションにも忠実で、その実績は評価や助言の対象になる。チャンピオンは、フリーエージェント（FA。自由契約）でも、組織の目的を覆そうとする一匹狼でもない。プロジェクトを推進するエネルギーの源泉なのだ。

チャンピオンは、自らのアイデアと、勝ち得た信頼と、熱意を伝染させる力によって、組織から責任や支援を引き出す人物だ。チャンピオンへのアドバイスを、もう少し記しておこう。

- **耳を傾け、そして学ぶこと**：価値向上を目指すなら、どんな情報もプラスになる。
- **いち早く成功するには、何度となく失敗すること**：アイデアを早めに何度もテストしよう。
- **リソースを求める前に、アイデアを募ること**：コストは引き下げ、関心を引き上げよう。
- **熱意ある有志を集めること**：能力だけでなく、熱意と好奇心、価値観で人を選ぼう。
- **ビジネスモデルと財務モデルを早期に作成するとともに、懐疑的でいること**：数値化を忘れないように。まずは見当をつけるところから始めよう。
- **考える人に感謝し、参加者を賞賛すること**：功績は共有し、人の貢献に感謝しよう。
- **プロセスを信じること**：ウォータリング・ホールに参加し、何度もプランを練り直そう。

生まれついてのチャンピオンもいるが、たいていの人は、こうした特性やスキルを身につけようと思ったら懸命に努力しなければならない。どのスキルから始めようとかまわない。優れたチャンピオンになるために必要な深い知識を得るには、経験と練習が必要だ。

さまざまなチャンピオンの役割

プロジェクト全体のチャンピオン

成功するプロジェクトやベンチャーには、全体を率いるチャンピオンが少なくとも一人は存在する。チーム全体から集めた新しいアイデアをプロジェクトに活かしていくという、重要な役割を担う。イノベーションを順調に進めるため、システム全体の設計者として機能しなければならない。

チャンピオンは、イノベーション・チームの触媒や進行役として機能する。「イノベーション五つの原則」のすべてを一人で背負う必要はないが、すべてが実践されていることを確認すべきだ。どの企業でも、プロジェクトにチャンピオンを設けることが、絶対条件となる。リソースを求める声が上がったら、まず確認すべきは「あなたがチャンピオンですか？」だ。

ただし、われわれが強調したいのは、チャンピオンの概念であり、リーダーシップや経営、起業家精神ではない。従来の経営書は、ジャック・ウェルチのような優れたリーダーを例に挙げ、リーダーシップを極めて重要視してきた。リーダーシップはもちろん奨励され、賞賛されるべきであり、チャンピオンは紛れもなくリーダーである。しかしリーダーシップという言葉は、チーム内で混乱と不整合を生む場合がある。組織的な階層を示唆することが多々あるからだ。指数関数的に進化する経済においては、交代で皆がリーダーになる。私たち一人一人が、それぞれの役割で権限を持つチャンピオンを果たさなければならない。たとえCEOでも、チームではメンバーに従わなくてはならない。

リーダーを指名することについても、違和感を覚える人は多い。リーダーシップを考えるとき、チャーチルやガンジーといった人物が思い浮かぶ。こうした偉人にどうやって肩を並べようというのだろうか？

考えてみてほしい。誰もが人生において何かしらに対して意欲的なチャンピオンになったことがあるはずだ。サッカーを教えることかもしれないし、音楽かもしれない。チームでスポーツをすることや子供のころの趣味を追求することでもあるだろう。そうしたときの気持ちは、新しいビジネスチャンスやプロジェクトに結びつけ、積み上げ、発展させていける。こうした過去の経験が、チャンピオンになって自らが得るめぐみを物語ってくれる。人と一緒に仕事をすること、新しいスキルを学ぶこと、何かを達成すること、そして、楽しむことである。

マネジメントの場合はどうだろう？

あなたがマネジャーなら、外に向かって顧客価値の最大化を目指すより、社内に集中して仕事をやり遂げるように、と言われてきたかもしれない。従来型の「ボス」の役割を依然として務めているマネジャーは多いが、それは工業時代の考え方だ。それは階層的な感覚を喚起するものであり、「われわれ対彼ら」や「コントロール」といった概念は、指数関数的に進化する市場にはそぐわない。こうした考え方では、優れた人材を惹きつけ、動機を与えることはできない。

どんなプロジェクトでも、成功するには経営スキルが不可欠である。経営のカリスマ、ピーター・ドラッカーは、優れた経営者に求められる重要な役割や機能、スキルについて雄弁に語っている。指数関数的に進化する市場では、こうしたことがますます重要になっている。チャンピオンも、間違いなくマネジャーである。誰かが組織内で全体の責任を負わなくてはならないし、マネジメントの基本的な三つの機能（チームの編成、モニター、報奨）を果たさなければばならない。われわれの狙いは、こうした機能等をよりポジティブで先取的、包括的なフレームワークに盛り込むことである。

領域ごとのチャンピオン

それぞれのチーム・メンバーは、自分が担当する領域のチャンピオンになるべきだ。大企業では、経営陣の一人一人が、全組織のチャンピオンや、担当分野のチャンピオンや、個々のチーム・メンバーを支援するチャンピオンになる。たとえば、新しいプロジェクトを進めようとする場合、財務のチャンピオンが「このプロジェクトを支援するため、予算と財務については私が責任を引き受けます」と言い、人事のポーラも「公正原則については、遵守すべき国のガイドラインがあります。今夜のうちに皆さん全員にeメールで要約をお送りして、明日の朝、電話します。私のほうでこの問題に間違いなく対応して、プロジェクトが前進できるようにします」と言ってくれる。各分野のチャンピオンは、率先して進み出て、チームが適切な決定を下せるように手助けをする。

チャンピオンに求められる責任と能力は、特定の職業知識に依存するものではない。このため、社長、中間管理職、現場の担当者といった役職にかかわらずに、チャンピオンになれるわけだ。役職でチャンピオンになるわけでも、指名されるわけでもない。なるかどうかは、自分で決めるべきことだ。自分には無理だと思うのなら、下がっていればいい。誰か、適任者が見つかるだろう。

チャンピオンが大勢いる組織は、活力と楽観主義と高揚感にあふれている。次の二人の言葉の違いを感じ取ってほしい。「私は、チームの前進を後押しするチャンピオンです」。「私は、人事部の人間です」。チャンピオンの一人一人が、成功の可能性を高める「正のスパイラル」に貢献するのだ。

チャンピオンが得るもの

チャンピオンには、多くの恩恵がある。キャリア上は、重要度の高いニーズに取り組み、顧客やチーム、組織や自分自身にとっての価値を創り出すという実績を積める。個人レベルでは、新たなスキルを学んで、自らの能力を高めることができる。指数関数的に進化する市場において、イノベーションの五つの原則をマスターした人材は貴重な存在であり、様々な成功のチャンスに恵まれるだろう。仕事をしたいと思う限り、職に困ることはないはずだ。

大事なのは、チャンピオンとして人と一緒に仕事をし、人と喜びを分かち合う経験ができることだ。チャンピオンの熱意が、一緒に目覚ましい実績を上げたいと思う才能豊かな人材を引き寄せる。チャンピオンでいることは、楽しいものだ。

チャンピオンとしてのキャリアを振り返るとき、共に重要なプロジェクトに取り組み、高揚感を分かち合い、友情を育んだ素晴らしい同僚のことを、最も大切だと思うだろう。チャンピオンには、人が能力を発揮する手伝いをすることによって得られる恩恵もある。ある人が、チャンピオンになって最もよかったことは何なのかを尋ねられた。彼はしばらく考えた後で、こう答えた。

「人の夢をかなえる手伝いができることです」

チャンピオンになろう、今すぐに。

第 4 部

原則4

イノベーション・チームの構築

INNOVATION teams

第 11 章

チームの才能を引き出す

ダグラス・エンゲルバートとパソコンの誕生

GENIUS OF TEAMS :
DOUGLAS ENGELBART AND THE BIRTH OF THE PERSONAL COMPUTER

「思慮深く、真剣に取り組む人たちが集まれば、わずかな人数でも世界を変えられる。それをゆめゆめ疑うことがないように。そういう人たちだけが、世界を変えてきたのだから」
文化人類学者　マーガレット・ミード

スタンディング・オベーション

ダグラス・エンゲルバートには、時代を変える先見性があった。彼は、パソコンというイノベーションに、誰よりも大きな貢献をした人物だ。ただし、世界を変えるイノベーションの多くがそうであるように、彼の偉大な功績はチームワークの賜物だった。

科学者がプレゼンテーションをしても、スタンディング・オベーションなど、なかなか起きるものではない。しかし、一九六八年一二月九日、サンフランシスコで開催されたコンピュータ・カンファレンスは例外だった。研究者や開発者一〇〇〇人を前にして、SRIのエンゲルバートとチーム・メンバー一三人が、スタンディング・オベーションを受けたのだ。[1] 今日のパソコンにも使われているコンピュータの基本機能を提示したのだから、これは当然の話かもしれない。

このプレゼンテーションは、コンピュータ・サイエンスの歴史に残る画期的なものとなった。エンゲルバートは、コンピュータ・マウス、マルチウィンドウ、画面上での編集、ハイパーメディア、自動ヘルプ、コラボレーション機能、テレビ会議などについて説明した。データの入力や保存にパンチカードを使っていた時代に、エンゲルバートとそのチームは、人間とコンピュータの新しいインタラクティブな関係を提示したのだ。

エンゲルバートは、これらのアイデアを説明するとともに、開発した機能の実演を行った。そのコンセプトは極めて魅力的で、想定された可能性をはるかに超えるものだった。このため、プレゼンテーションが終わると一〇〇〇人の聴衆が立ち上がって喝さいを送り、会場はまるでロックコンサートのようになった。

エンゲルバートのプレゼンテーションは、まさに天啓であった。世界中のコンピュータ技術者に多大な影響を与え、現在のコンピュータ・インターフェースを生み出すことになった。このとき提示されたアイデアによって、アップルのマッキントッシュが誕生し、人とコンピュータの関係が革新的な変化を遂げた。現在のパソコンの原点がここにあった。

エンゲルバートと彼のチームは、最高峰のコンピュータ・サイエンスを生み出すという偉業を成し遂げた。チームの生産性は極めて高いものだったが、それは単なる偶然ではない。彼のチームは、メンバーの才能を活かしてイノベーションを生み出すプロセスに従ってプロジェクトを推進していた。メンバーがバラバラに動いていたら、ここまでの進歩はなかっただろう。

チームはまず、重要度の高い問題を特定した。彼らの目標は、「人間の知性を拡張させて、世界をよりよい場所にすること」だった。このプロジェクトは、生産性を高めたいという人間の本質的なニーズに応える、影響度の大きなものだった。彼らは、コンピュータに関する基礎研究を進めるだけでなく、潜在ユーザーのニーズの把握にも取り組んでいた。彼らのプロジェクトは、抽象的なコンピュータ・サイエンスの研究にとどまるものではなかった。

エンゲルバートと実際に話してみると、彼の穏やかな人柄と敬意あふれる態度に、まず驚かされる。しかし、彼が、アイデアの実現に情熱を燃やす「チャンピオン」だということも、すぐにわかる。極めて強い意思と責任感の持ち主だという印象が残る。エンゲルバートと彼のチームは、ひたむきにプロジェクトの実現に取り組む本物のチャンピオンだった。

チームは、ごく普通の小さな研究室で働き、夜遅くまで研究を続けることも珍しくなかった。考え方の違いをめぐって対立したこともあったが、お互いに尊敬し合い、基本的な価値観を共有していた。

このチームの画期的な貢献の一つは、価値創出プロセスを活用したことだ。彼らは、反復プロセスによって価値を大きく向上させられることを実証した。また、世界中から新しいアイデアを募り、優れたアイデアは大歓迎で採用した。ただし、アイデアだけでは不十分だとも考えており、実用化に取り組みながら改善を続けた。アイデアを形にして共有することによって、優れたアイデアが全員に伝わり、それを超えるいいアイデアを生み出そうという意欲をかき立てる結果となった。優秀なソフトウエア担当者が率いるチームは、アイデアを実現する能力が高く、エンゲルバートはこの点において恵まれていた。エンゲルバートが伝説的なプレゼンテーションで発表した技術は、それ自体が並外れた偉業だが、一緒に働いたチーム・メンバーの功績も忘れてはならない。

チームは毎日、全員でプロジェクト全体の進捗状況を確認したうえで、新しいアイデアを追加していった。それまでの実績を活かし、その上に積み上げていったわけだ。図表2－4で示したとおりに、前の日に作った製品を、新しい製品を作るためのツールとして活用したのである。メンバーは有効なアイデアを特定しながら、人間の知性を拡張させるコンピュータとのかかわり方を突き詰めていった。ツールがユーザーの能力を強化し、ユーザーがコンピュータの能力を拡張したのだ。エンゲルバートはこのプロセスを「ブートストラッピング（bootstrapping）」と呼び、それを何度も繰り返した。アイデアを練り直すたびに価値が生み出され、指数関数的な進化を生み出すプロセスが構築された。このチームは、パフォーマンスの高いイノベーション・チームだった。

グーグルは、エンゲルバートのアプローチを採用し、インターネット上で顧客からアイデアを募っている。未完成のベータ版を公表し、ユーザーに使ってもらって意見を収集するのだ。グーグルとユーザーが共同で製品開発を行っているわけで、エンゲルバートのブートストラッピング・コミュニティが実現した格好だ。そこでは、製品とユーザーの能力がともに向上する。

多くの人は、エンゲルバートの話を聞いて、彼は天才だったと結論づける。それは事実に違いないが、それだけですべては語れない。エンゲルバートと彼のチームが成功したのは、有効なプロセスを活用したからだ。本書が伝えたいのはこの点だ。そのプロセスは、天才にも凡人にも目覚ましい成果をもたらすのだ。

エンゲルバートの革新的な実績は高い評価を受け、アメリカで最も権威あるアメリカ国家技術賞をはじめとして、ＩＥＥＥフォン・ノイマンメダル、ＡＣＭチューリング賞、ベンジャミン・フランクリンメダルなど、名立たる賞を幾つも受賞している。

評価され、賞を贈られることは喜ばしいことだ。しかし、エンゲルバートによれば、プロジェクトの牽引役には困難と苛立ちと落胆がつきまとい、多大な努力と忍耐力が求められる、という。偉業を成し遂げるまでの道のりは険しく、技術的にも人間的にも大きな障害が立ちはだかる。今日になっても、「ネットワーク化された改善コミュニティ（NIC）」をはじめとしたエンゲルバートのアイデアの多くは、まだ広範囲に利用される段階に至っていない。

原則5で説明するように、組織全体がうまく方向づけされていれば、エンゲルバートと彼のチームは、より高い満足感を得られたはずだ。イノベーション・チームのポテンシャルをフルに活かし、経済的なリターンや世界的な評価を得たいのなら、組織として、イノベーションの市場導入に本気で取り組むべきだ。エンゲルバートと彼のチームは新しい産業を創造しつつあったが、当時のSRIの使命は、開発した技術をフルに実用化することではなかった。このため、コンピュータ・マウスは、アップルやゼロックスなどにライセンス供与された。SRIはエンゲルバートから多くの教訓を得て、イノベーションのライフサイクルのすべてに取り組むようになった。

目標：指数関数的な進化

指数関数的に進化する市場で他社に先んじるには、指数関数的に顧客価値を高めることが必要だ。すでに論じたように、指数関数的な進化は四つの条件を満たしたときに実現する。①重要度の高いニーズに対応すること、②新しいアイデアがあること、③複利的な価値創出プロセスがあること、④人材、資金など必要なリソースが入手可能であること、の四つだ。

ここからは、チームの集合知が天才レベルの能力を発揮する理由と、チーム内の協力関係を最適化する方法について詳しく論じる。さらに、広がるコミュニティにおける才能の活用方法を示す好例として、ＮＩＣの構造を説明する。そして最後に、読者が自分のチームを評価する際のチェックリストを紹介しよう。

集合知

生産性の高いチームは、なぜ力を発揮するのか？　エンゲルバートは、チームの「集合知」にその理由があると考える。そのポテンシャルを活用してアイデアを生み出す効果的な方法を見出し、チームに天才レベルの創造能力を発揮させることが、彼の目標の一つだった。

新しい技術やプロジェクト、ビジネスの開発に必要なのは、新しいビジョンとビジネスモデル、そして型にはまらない解決策だ。物事を様々な角度から見れば、何をすべきかが明らかになってくる。チームの才能は、メンバーそれぞれの考え方やスキル、視点から生まれる。ある状況に置かれたとき、われわれは過去の経験や教育、知識に基づいて解決方法を検討する。類似性を手がかりにする人もいれば、イメージに頼る人もいるし、文章の形で解決策を考える人もいる。一人一人の異なる視点が、問題の解決を可能にするのだ。

数学では、数式の形を転換する手法が、よく知られている。難題を解く場合には、二つ以上の数式が必要になる。ある数式で問題の一部を解き、別の数式で別の部分を解くわけだ。
極めて難解な問題を解くために、多くの数式が必要になることもある。その一例が、「フェルマーの最終定理」[2]だ。これは三〇〇年以上前にフェルマーが提示したものだ。一九九四年にアンドリュー・ワイルズが証明するまでは、立証不可能な数式として世界で最もよく知られていた。高名な数学者に加え、アインシュタインをはじめとした名立たる物理学者が立証しようとしたが、ことごとく失敗した。ワイルズは、数学の転換法を駆使して証明に成功した。転換するたびに数式の一部を解き、これを繰り返して数式全体を立証したのである。これは、チームが力を合わせる姿によく似ている。

ハイパフォーマンス・チームは、行き止まりから脱却する手助けをしてくれる。難題に取り組んでいると、袋小路に迷い込んでしまって、自力での脱出が難しくなってしまうことがある。
エンゲルバートは、すべてのアイデアが実践的であるべきだと考えており、アイデアを具体的に書き出すことを求めた。これによって、アイデアの精緻化を繰り返すことが可能になった。このプロセスを支援するツールがＮＡＢＣ価値提案（第五章参照）だ。これを使えば、現状を容易に確認でき、行き詰まっていれば手助けをして、新しいアイデアを加えていくことが可能となる。

ハイパフォーマンス・チームは、集合的な知識や知性、メンバーの多様な視点を有効に活用する。指数関数的に進化する市場では、問題を転換して、別の視点からアプローチする能力が極めて重要だ。そこでは、ビジネス、技術、医療、通信、社会、倫理など、幅広い領域で急速な変化が起き、複雑な問題が生まれている。様々な分野の境界線を越えて機能するチームだけが大きな貢献を果たす時代になりつつある。チャンピオンは、こうした問題を解決するスキルを持ったチームを、最適な規模で編成しなくてはならない。

バーチャル・ウォータリング・ホールの導入

イノベーション・チームは、最高のアイデアを得るにあたって、リアルもしくはバーチャルな場所で「指数関数的な相互作用の法則」の力を活用している。第七章で述べたように、リナックスやプロクター・アンド・ギャンブル（P&G）は、世界中のネットユーザーの協力を得ている。それぞれのネットワークが、一定の利用規約のもとに運営され、巨大なウォータリング・ホールのように機能して、ナレッジを集めている。

エンゲルバートは、NIC（ネットワーク化された改善コミュニティ）という、ネットワークのポテンシャルを活用するモデルについて論じている。NICは、問題を速やかに解決にするために、コミュニティの集合知を集積する構造を持つ。これは、リアルもしくはバーチャルのウォータリング・ホールの形態の一つであり、本書が紹介する手法を実践する舞台となる。

NICは、重要な問題に対して、複数の切り口から同時にアプローチする。NICの参加者が、人的ネットワークもしくはインターネット上のネットワークで相互に接続できることが前提だ。ネットワーク上の発言は、参加者全員が共有する。

義務教育レベルの数学教育を改善しようとするNICを例に挙げよう。ここには、子供の学習支援に共通の関心を持つ人々が集まる。参加者は、自分のスキルを意欲的に活用し、NICが機能するために必要なリソースを提供する。このNICには三つのレベルの活動が存在し、それぞれがアイデアや情報を他のレベルと共有している。第一レベルでは、数学を教えている教師たちが、NICで得られたアイデアを実際に活用し、うまくいった点や、対応が依然として必要な点についてフィードバックしている。第二レベルでは、教育方法を改善するため、コンピュータ・シミュレーションなどのツールの検討が行われている。第三レベルでは、認知学習をはじめとした基礎研究が進められている。

第一レベルのユーザーが第二レベルのツール開発者に意見やニーズをフィードバックし、第二レベルは第三レベルの研究者にフィードバックを伝え、逆方向にもフィードバックが流れる。ナレッジを膨らませるプロセスをコミュニティの参加者全員で繰り返して、改善を重ねる。エンゲルバートは、(ウィキペディアやノートブックのように) NICに知識リポジトリ (貯蔵庫) を設けて、誰が何をしたかという情報を保存しておけば、他の人のインプットをその上に積み上げていくことができる、と指摘している。(グーグルやファシリテーターのように) ネットワーク全体や知識リポジトリにある情報の検索や整理を担当する人やシステム (インタープリター) も必要だ。

この教育NICに、他のNICから新しいアイデアが流し込まれる場合もある。それはたとえば、政府施策、障害児、自宅学習などに関するNICだ。また、イノベーションのプロセスが進化したメタNICもあるはずだ。すでに論じたように、こうしたコラボレーションを続けることによって、指数関数的な進化が生まれる。最終的には、情報やパートナーの検索を支援するソフトウエア・エージェントが登場し、アイデアの収集プロセスは、さらにスピードアップするだろう。[3]

この単純なアイデアが、大きな力を発揮する。ＳＲＩは、この仕組みをベースに教育研究プログラム「タップト・イン」[4]を立ち上げ、素晴らしい成果を上げている。このコミュニティには一万六〇〇〇人以上の教育者が集まり、従来型のアプローチでは不可能だと思われることに取り組んでいる。タップト・インに参加した教育者が、どのような支援を受けるのかを、タップト・インのファシリテーター、ジュディ・ファスコに聞いてみた。すると彼女は、ペンシルベニア州中央部に位置する青少年矯正施設ロイスビル青少年育成センターの教師、Ｂ・Ｊ・バーキストを例に挙げてくれた。

この教師は、インターネット上のコンテンツを生徒と共有するなど、様々な教育スキルや教材をタップト・インから得ていた。いずれも画期的なものではなかったが、ファスコはこう指摘した。「得られるサポートがほんの些細なものに思える場合もありますが、バーキストと話しているうちに、そうした些細なアイデアが集積すれば大きな効果を発揮することに気づきました」。これは、改善を繰り返していったときに得られる成果を示している。

とはいえ、ＮＩＣの運営は簡単なことではない。組織に所属する人と人の間に生じる問題は、進化のスピードに比例して増える、とファスコは指摘する。絶え間なく起きる現実的な問題を解決するには、仲裁を行う人が必要だ。

NICには、ナレッジを基盤とする活動のフレームワークが存在する。たとえば、本書で説明している手法も、エンゲルバートのモデルに変換することが可能だ。第一レベルでは、チャンピオンやチームが、ある市場セグメントにおけるイノベーションの開発を進める。第二レベルでは、ウォータリング・ホール、NABC、価値因子分析といった、イノベーションをスピードアップさせるツールやプロセスが検討される。第三レベルでは、ベストプラクティスを実現するため、イノベーションの五原則に関する基礎研究が行われる。ウォータリング・ホールのミーティングにおけるまとめ役が説明者として機能し、ウォータリング・ホールのチームが利用する価値提案やイノベーション・プランなどの文書がコンテンツとして知識リポジトリに保存される。

ウォータリング・ホールの目的は、価値の高いイノベーションを速やかに生み出すことだが、イノベーションを生み出す手法の開発も重要だ。エンゲルバートはこう言っている。「進化すればするほど、進化することに長けてくる」。自分の所属する組織に生き残ってほしい人にとって、これは素晴らしいアドバイスだ。興味があれば、エンゲルバートやブートストラップ協会（現ダグ・エンゲルバート協会）について学んでみるといい。

チーム・ダイナミクス

新しいアイデアは、チームの才能が、活発なコミュニケーションに刺激されることによって生まれる。チーム・メンバーによるコミュニケーション方法のすべてを管理するのは大変だ。

一対一、サブグループ、全員参加型といったように、コミュニケーションにはいろいろな方法があるためだ。

「指数関数的な相互接続の法則」は、チームやインターネットでも成立する。たとえば五人のチームで、それぞれのメンバーが考えられる限りのサブグループに接触して、コラボレーションに貢献すれば、七五種類の接触が成立する。情報を共有する方法は七五種類あり、それぞれに価値が生じる可能性がある。そのうちの二〇は一対一のコミュニケーションであり、残りの五五はグループ全体もしくはサブグループとのコミュニケーションである。さらに、各メンバーはグループ外とも無数のコミュニケーションをとることができる。メンバーはチームの集合知にアクセスし、それがチームの能力を大きく高める。

コミュニティのメンバーは、アイデアを出すことによって指数関数的な進化に貢献する。しかし、メンバーがわずか五人であっても、チームにはジレンマが生じる可能性がある。チームの規模が大きくなればなるほど、メンバーのコミュニケーションも指数関数的に増えるからだ。メンバー間に何らかの問題が生じるのは不可避であり、実際に生じた際には、問題解決のスキルを持った誰かが責任を持って対処しなければならない。だからこそ、何らかの報告義務を有するグループは一〇人以下に限定される。任務をかなり絞り込んだ軍隊でも、最小単位となる分隊は七人から一二人だ。

メンバーが対立してグループから脱落したり、グループのビジョンに同調しなくなったりすれば、コミュニティの足を引っ張り、多くの価値を損なう可能性がある。一人でアイデアの増殖を妨げるだけでなく、他のメンバーを巻き込んで、マイナスの効果を指数関数的に膨らませることもある。指数関数的に進化する市場では、スキルだけでなく人間性も優れたメンバーを集めることが必要だ。

人間関係を築き、育むことによって価値が生まれる。メンバー間の接触は、混乱や誤解を招く可能性もある。チャンピオンは敬意を持ってコミュニケーションをとり続け、チームをまとめると同時に、メンバーをプロジェクトに集中させなければならない。新しくチャンピオンになる人は、予想した一〇倍のコミュニケーションが必要になる。[5]「盲人、象を触る」のことわざのように、メンバーは象のほんの一部分にしか触っていない。チャンピオンは象の全体像を伝え続けなくてはならない。

あなたのイノベーション・チーム

直接会うリアルな状況であれ、バーチャルな状況であれ、人を集めてチームにしたからといって、指数関数的な進化が自動的に生まれるわけではない。チームの才能を活用する体系的なプロセスを持っていないために、ミーティングを一日中続けてしまうような組織が多い。チャンピオンは、率先して体系的なプロセスを導入すべきだ。会議前の準備も、決められたプロセスもなく、結果として次のステップに進めないような会議に招集されることも多い。

あなたのチームは、指数関数的な進化を生む、以下の条件を満たしているだろうか?

- 重要度の高い顧客ニーズと市場ニーズにフォーカスしているか？
- チーム編成は組織横断的であり、メンバーはそれぞれ相互補完的な独自の役割を持っているか？
- 意欲的なチャンピオンがいるか？
- 言語やツール、プロセスを共有し、反復サイクルを活用して、アイデアを加速度的に増やしているか？
- 継続的なフィードバックによって、貢献度を向上させているか？
- 評価や報酬で成果を分かち合っているか？

組織に属する人は、チームは価値を構築するものではなく、重荷であるととらえがちだ。部屋の隅に座ってチームが働いているのを観察し、チームのダイナミクスが働いているかどうかをチェックすれば、改善点が明らかになるだろう。「1＋1≧3」ではなく、「1＋1＝0」になっていないだろうか？　その場合は、体系的な価値創出プロセスによって、チームの才能を呼び覚まさなければならない。

チームが犯しがちな最大のミスは、興味深いけれども重要度の低い問題に取り組むことだ。チームの構築には、時間やコストや手間を要する。プロジェクトから得られるリターンやベネフィットは、コストを大きく上回るものでなければならない。時間をムダにすると、メンバーは出席しなくなり、チームから外れるか、チームの邪魔をするようになるだろう。

ビジネスの世界では、世界中で「バーチャルなチーム」が仕事をするようになっている。ニューヨークの午後一〇時にも、オンラインでシンガポールやイギリス、インドとつながっている人がいるはずだ。メンバーとして会議に参加していても、その最中にeメールをしているようでは、生産的に時間を使っているとは言えない。チームの才能を活かすには、メンバー一人一人が積極的にかかわり、貢献し、体系的な方法でアイデアを積み上げていくべきだ。

最高のチームを目指そう。エンゲルバートと彼のチームは、様々な点でイノベーション・チームの手本となったが、エンゲルバートが言うように、それには多大な労力が必要だった。そうした取り組みがなければ、成功は訪れない。難しいプロジェクトには、長時間勤務と失望がつきものだ。山頂が見えたと思ったら、それはことごとく幻で、本当の山頂ははるか彼方だ。仲間がいれば、登山の道のりも楽しいものになるだろう。

山頂にたどり着けば、祝福し合い、成果を分かち合える仲間がいる。エンゲルバートの例で明らかなように、目標に到達したら、その成果と恩恵は想像以上のものになる。チームが不可能を可能にするのだ。

第 12 章

イノベーション・チームを構築する

HDTVチームがエミー賞を獲得した経緯

FORMING THE INNOVATION TEAM: HOW WE WON AN EMMY FOR HDTV

チームは最小限で構築すること。小さすぎてもいけない。目標達成の暁には、バラを贈ろう。

ミッション・インポッシブル

コンセプトからプロトタイプ、さらに製品へと、イノベーションは多くの段階を経る。SRI傘下のサーノフコーポレーションのプログラム・マネジャー、ノーム・ゴールドスミスは、高精細度テレビ（HDTV）のプロトタイプを開発するという難題に直面していた。

われわれ（共著者カーティス・R・カールソンもHDTV開発チームの一員だった）に課された課題は、HDTVシステムの実用モデルを一年少々で開発することだった。ワシントンDCにあるアメリカ連邦通信委員会（FCC）に期限までにシステムを提出し、入念なテストを受けなくてはならない。期限を過ぎれば失格となり、研究開発に投じた数千万ドルがムダになるばかりか、数十億ドルのビジネスチャンスもふいになる。HDTVのアメリカ規格をめぐって、企業と人間がプライドをかけて熾烈な争いを展開していた。

求められる水準のシステムを構築するには一年半が必要で、提出期限までの一年一カ月では無理があると、チームの誰もが考えていた。ノームは、チームの猛烈な反対に遭遇した。誰もが、期限内にプロトタイプを開発できると考えることなど、完全に常軌を逸していると論じた。HDTVシステムのフルデジタル化ができると思うことすらばかげている、と考える人も多かった。さらに、エンジニアリング・チームをパートナー企業の四社から招集すれば、予想できないような問題が生じるのも間違いない。[1] 現実を見極めて、断念すべき状況であった。
周囲には悲観論が蔓延していたが、ノームは詳細にわたるイノベーション・プランを策定した。システム全体を設計するグレン・ライトマイヤーとテリー・スミスとともに、全員と面談して、各自の業務内容や人材配置の見直しを進めた。その作業が終了すると、チーム・メンバーのエンジニア六〇人全員をニュージャージー州プリンストンにあるサーノフの講堂に集めた。部屋の正面には、詳細にわたるイノベーション・プランが掲げられた。膨大な作業量だ。プランの中の作業の一つ一つについて、他の作業との関係、完了予定日、責任者の名前が列記されている。表の真ん中に引かれた赤い線は「クリティカル・パス（最長経路）」だ。このライン上にある作業に遅れが生じると、プロジェクト全体も遅れ、チームに迷惑をかけることになる。クリティカル・パス上の作業を担当して、遅延を生じさせたくはないと誰もが思った。

講堂に入ってくるチームのメンバーには、あからさまな敵意はなくとも、悲壮感が漂っていた。ノームとグレンは立ち上がり、プレゼンテーションを始めた。グレンはそれまでの進捗状況を説明し、目標が達成可能であることを納得させようとした。それはコンピュータ上のシミュレーションでも立証されており、高い性能を要求しない部分についてはシステムを構築した実績があるため、物理的には無理な話ではなかった。見事なプレゼンテーションだったが、十分な時間がないことをチームの全員がわかっていた。

次にノームは、イノベーション・プランをどう作成したかを、穏やかな口調で説明した。グレンとともに全員と面談し、ほんの一部の例外を除き、各メンバーのプランをそのまま採用したという。チーム・メンバーが「例外」という言葉に敏感に反応したことがわかった。ノームは説明を続けた。「ブルース、君のプランには少し無理があったから一週間延長しておいた。チャーリー、君は数人分の仕事をまとめなくてはならない。これは簡単なことじゃないから、二週間延長しておいたよ」。

ノームとグレン、テリーは部屋を一周し、作業の一つ一つを確認していった。メンバーのプランは一つたりとも短縮されていなかった。さらに、フィリップスの優秀な社員がサブシステムの幾つかを開発する手はずになっていることも説明された。そのうえで、ノームがこのプランは期限をわずか二週間過ぎるだけだと指摘すると、会場は驚きの渦に巻き込まれた。あとほんの少しのところまできていたのだ。

続けてノームはこう尋ねた。「どう思う？　一緒に力を合わせれば、この二週間を短縮して、システムを期限までに構築する方法を見つけられると思わないか？」。驚いたことに、メンバーはゆっくりと首を縦に振ったのである。

ノームとグレンは、続いて、時間を短縮する方法を説明した。新しいプランは、重要な作業を特定し、その作業がクリティカル・パスにさしかかると、リソースを追加投入するというものだった。基本的に同じプランではあるが、必要に応じて戦略的な配置転換を行い、期限内に完了するというわけだ。グレンは各パートを連携させる能力に優れていた。システム設計者として、プラン全体を細部に至るまで把握していたのだ。

これが、信じ難い旅路の始まりだった。誰もが重要な役割を演じた。敷地の隅にあるビルに独立したラボを構え、食事を三度三度持ち込んだほか、折り畳み式の簡易ベッドも設置した。チームは一日中仕事をし、最終的には一日三シフトで週末もなく働いた。週あたりの勤務時間は七〇～八〇時間に達し、チームは不可能を可能にしようとしていた。『超マシン誕生』[2]に描かれた、「コンピュータ野郎たち」の生活を地でいったのである。

ノームが作成したプロジェクト・プランは、壁に貼ってあったため、誰もが進捗状況を確認できた。チームは驚くほどの実績を上げ、クリティカル・パスにも問題はなかった。しかし、期限のわずか数週間前になって完成が見え始めたとき、システムが動かなくなった。

プロトタイプ・システムは、冷蔵庫一二台分ほどの大きさの棚にデジタル回路や機器類を詰め込んだものだった。何マイルものワイヤと何千もの集積回路でできたモンスターだ。一見したところ、動くようには見えない。そして、実際に動かなくなった。

チームは故障の原因を特定しようとしたが、システムは異常をきたしたままだった。スケジュールは遅れたが、幸いなことに提出期限も延長された。ライバルチームと試験所にも問題が生じていたのだ。しかし、延長された期限までわずか数週間に迫った時点でも、システムは動いていなかった。チームは動揺した。最後に接続部分をチェックしてつなぎ直す[3]と、奇跡的にシステムが動き始めた。

しかし、完璧に機能するには至っておらず、残りの数週間は、干し草の山から針を見つけるような作業をチーム全体が続けた。数億のデジタルビットからたった一つのエラーを探し出すのである。グレンは事細かにデバッグをフォローし、大きなホワイトボードに書き出してチーム全員が見られるようにした。「状況はどうだ?」と聞かなくとも、ボードを見ればすべてがわかった。

問題に一つずつ対処し、最終的に「十分」な状態になったところで、システムをワシントンの試験所に送り出した。システムは、この後数カ月間続いたＦＣＣのテスト期間中稼働し続け、競合システムの中で最高の画像品質を実現した。チームは目覚ましい成果を上げたのだ。

ノーム、グレン、テリーの三人がいなければ、このプロジェクトは失敗に終わったかもしれない。三人が三人とも、自らの担当分野における「チャンピオン」だった。人員配置を適正化し、メンバー間のコミュニケーションに配慮し、誰もがわかるように明確なプランを掲げた。チームメイトに対しては、常に敬意を忘れなかった。ノームは、単独でプランを作成し、スケジュールを決めることもできたが、そうはしなかった。彼は、チームの才能を頼りにして、メンバーをフルに巻き込みながら[4]意思決定を行った。このシステムの主要部分がＨＤＴＶシステムのアメリカ規格に採用され、チームはアメリカ放送業界で最も権威あるエミー賞を受賞した。

チームは、いくつかの段階を経て、イノベーションを成功に導く。第一段階では、顧客と組織に対する価値提案や、詳細なイノベーション・プランを作成する。第二段階では、ＨＤＴＶの事例のように、実用的なプロトタイプを開発する。第三段階では、最終製品を開発し、市場に導入する。それぞれの段階で、異なるスキルを備えた異なるチームがかかわるが、求められる人間的な資質は常に変わらない。

コラボレーションの三脚椅子

イノベーションというエンジンの燃料は、コラボレーションだ。メンバーの歯車が「ぴったりかみ合え」ば、成功できる。HDTVの事例は、イノベーション・チームのあるべき姿を示している。メンバーの意欲をいかに引き出せるかが、システムの設計と同じくらい重要だ。HDTVチームのメンバーの意欲をかき立てることに成功したエピソードは、イノベーションが発明とイコールでないことを物語っている。彼らが抱えていた課題は、発明そのものではなく、実用的なプロトタイプを期限内に最初の顧客であるFCCに提出することであった。

誰しも、ハイパフォーマンスなチームを見たり、その一員になったりしたことがあるはずだ。たとえば、アメリカン・フットボールのニューイングランド・ペイトリオッツはスター選手を求めず、チームに合った選手を選んで、二〇〇一年から二〇〇四年にかけてスーパーボウルで三回優勝した。一方で、フィル・ジャクソン監督率いるプロバスケットボール・チーム、ロサンゼルス・レイカーズは、二〇〇〇年代半ばにNBAの個性的な花型選手を数人擁していたにもかかわらず、チームワークに問題があって優勝できなかった。

コラボレーションは大きな効果を持つ。人と協力し合えば、最も重要な問題を解いて、成果を上げるために必要なスキルと知識を集めることができる。協力的な同僚と一緒に、プロジェクトに取り組むのは楽しい。誰もが貢献を果たし、それを評価してほしいと考えている。これは、人間なら誰もが持っている強い欲求だ。

基本的な要素が揃えば、コラボレーションを実現できる。三脚のスツールを想像してほしい。その座面には「コラボレーション」と書いてあり、それぞれの脚が三つの基本的要素だ。

- 戦略ビジョンの共有
- スキルの相互補完
- 報酬の共有

人材育成ワークショップ「エクスピリエンス・コンパッション・ラボラトリー」[5]の生みの親であるジェローム・バーナムは、これを「三脚椅子」と呼んだ。脚が一本でもなくなれば椅子は倒れ、コラボレーションは成立しなくなる。この「椅子」は、相手に対して敬意を払いながらコミュニケーションを続けることで成り立っている。

この「コラボレーションの三脚椅子」は、チーム構築の基本である。この三つの要素がすべて揃ったときに初めて人は手を結び、協力する。第一に、プロジェクトのビジョンやゴールや目的が理解され、賛同されるべきだ。第二に、自分の貢献がプロジェクトの成功に必要不可欠だということが明らかでなければならない。自分のスキルが人と重なっていれば、プロジェクトにおける自分の役割について悩むことになる。第三に、チームのメンバーとして受けるべき報酬がはっきりしていることが必要だ。

さらに、「コラボレーションの三脚椅子」は、相手に対する敬意のあるコミュニケーションを続けることで成り立つ。敬意あふれるコミュニケーションが、三本の脚をしっかりつなぐ接着剤の役目を果たす。これがなければ、椅子は倒れてしまう。

ノーム、グレン、テリーをはじめとしたＨＤＴＶイノベーション・チームは、「コラボレーションの三脚椅子」の代表例だ。彼らが戦略ビジョンを共有せず、メンバーが相互補完的なスキルを持つように配慮せず、報酬を共有しなければ、プロジェクトは失敗しただろう。ＨＤＴＶチームの開発ストーリーは、プロトタイプの開発段階におけるイノベーションを、効果的に推進した最高の事例である。

戦略ビジョンの共有

明快で説得力のあるビジョンは、変化を牽引する。ビジョンは、プロジェクトが成功したときの状態を、目標としてイメージしたものだ。チャンピオンとしてチームを集めて目標の達成に向かうには、メンバーを一体化する明快なビジョンが必要だ。志は、高く掲げよう。旧約聖書第二九章一八節には、「ビジョンがなければ、民はほしいままにふるまう」とある。

ＨＤＴＶチームのビジョンは、「テレビの視聴体験に革新的な変化をもたらすデジタル時代のテレビを開発して、デジタルＨＤＴＶのアメリカ規格を定義するとともに、二一世紀のビデオ・コミュニケーションの基盤を構築する」ことだった。

チームのビジョンは、プロジェクトが成功した状態を説明するだけでは不十分だ。以下の四つの基準を満たして、組織をイノベーションの成功へと導かなければならない。

- 組織のミッションとゴールに整合していること
- 明快で説得力があること
- 容易に理解できること
- チーム・メンバー全員を巻き込むものであること

チームのビジョンが全社的なミッションやビジョンと整合しなければ、革新的なプロジェクトを進められない。また、チームのビジョンは明快で説得力のあるものでなければならない。心に響くビジョンは、聞く人の興味をかき立てる。一例を挙げよう。コンサルティング会社コラボレーション・インスティチュートのビジョンは、「コラボレーションによって職場環境を一変させ、イノベーション・チームを創り出す」ことだ。「このビジョンをどう実現するのですか?」という質問には、指針となるミッションが答えを提供してくれる。

- プロとして最高水準の能力
- 裏表のない誠実さ
- 変革へのフォーカス

●カスタム・サービス
●品質保証

この指針により、ビジョンを詳しく説明することが可能になる。たとえば、「品質保証」の意味を知りたがる顧客は多い。コンサルティングの結果が保証されることは滅多にないからだ。しかし、答えは実にシンプルだ。「顧客の皆さんに、サービスに満足したかどうかを決めていただきます。何らかの理由で満足いただけなかった場合、料金はお返しします」。これまでに返金を要求した顧客はいない。全社員がビジョンにコミットしているうえに、品質保証の原則が機能して、社員が顧客の満足度を高めようとするからだ。

お金は、ビジョンにならない。成功したイノベーターは、金銭についてほとんど口にしない。彼らは高い志を抱き、HDTVチームと同様に、世の中に大きな影響を与えるイノベーションを実現したいと考えている。ビジョンの好例には、「開口部の小さい、肉体的負担を抑えた手術法によって、患者の回復に要する時間を五分の一に短縮する」「癌と闘う子供のために、世界的なオンライン教育システムを構築する」「次世代型の音声認識インターフェースを開発する」といったものがある。

イノベーションより金銭が大切だと考える人は、本来のビジョンを見失う。強力なビジョンが経済的な報酬をもたらすのであって、経済的報酬がビジョンをもたらすのではない。

スキルの相互補完

ジム・コリンズはこう語っている。「優れた人材を集め、そぐわない人材は排除し、適材適所を確実に実現することだ」[6]。独自のスキルを持ち、それを互いに補い合いながらコラボレーションを進められる人だけが、ハイパフォーマンスのイノベーション・チームに参加することを許される。それぞれのメンバーに重要な役割を与えて、安心してもらうことだ。各メンバーの役割を曖昧にしておくと、成功に必要なコミットメントやコラボレーションを妨げる。

イノベーション・チームの原動力は、メンバーの集合知だ。メンバーが、価値を創出する反復プロセスをチームとして実践すれば、個人の数十倍、数百倍、数千倍の顧客価値を生み出すことができる。各メンバーは、プロジェクトの成功に求められるスキルをチームに持ち込むことを求められる。また、自分の役割を明確に理解し、それがプロジェクトの成功にどのような意味を持つのかを把握しなければならない。さらに、他のメンバーのスキルや判断や決定を信頼して、プロジェクトを進めることが必要だ。

第十一章で説明したように、相互補完的なスキルを持つメンバーが集まったチームの強みは、メンバーがそれぞれ異なる視点を提供してくれるということだ[7]。だからこそ、生産性の高いチームは、グループのIQが天才レベルに達するのである。

イノベーションの開発を進めるとき、アイデアは多くの人から積極的に集めるべきだが、チームは最小限のサイズにとどめておくべきだ。

チームが一〇人から二〇人の規模になると、メンバー間のコミュニケーションと調整は、チャンピオン一人をフルに拘束するほどの仕事になる。プロジェクトに大勢の人が必要であれば、唯一の打開策は、全体を複数の小グループに分けて、コミュニケーションのコストを最小限に抑えることだ。この原則はグループ全体だけでなく、それぞれの小グループにも適用すべきだ。チームの編成は時間と労力を要し、計画と管理が求められる大変な仕事だ。しかし、異なるスキルや視点を持った人と働けば、有益で興味深い経験が得られるはずだ。チームが新しい知的世界の扉を開き、あなたもそこで成長するのである。

報酬の共有

おいしい食事と同じように、報酬は共有すべきだ。イノベーション・チームのメンバーは皆、自らの貢献が報われるものと期待している。

報酬には、様々な形態がある。最大の報酬は、素晴らしい同僚とともに素晴らしいプロジェクトに取り組むチャンスが与えられることだ。企業では、報酬は記念の額、賞与、昇進などの形をとる。慈善団体は、年に一度開催するパーティーで各メンバーの自主的な活動を称える。新興企業には、ストックオプションがある。軍隊の場合は、重要な任務をやり遂げたという達成感と仲間とのつながりが、何物にも代え難い。自己犠牲や名誉の瞬間を象徴するシンプルなメダルは、隊員にとって大きな誇りだ。心からの「ありがとう」や「よくやった」という言葉が、最高の報酬になることも多い。様々な形で評価されることが重要なのだ。

報酬の形態は、組織の価値観を表している。SRIは、ミミ賞を贈って個人を表彰している。

賞の名称は、故マリアン・スターンズの愛称に由来する。彼女と一緒に仕事をする幸運を得た人たちの能力を、最大限引き出すことに彼女は長けていた。彼女は「あなたは最高よ」といった激励のメモを書き、それが現実となることに全力を注いだ。

報酬は、実績に基づくべきだ。個人の成果や評価よりも、プロジェクト全体の成功を優先させることが、チャンピオンの課題だ。プロジェクトが成功しなければ、メンバー全員が報酬を得られないこともある。「みんなは一人のために、一人はみんなのために」というわけだ。

成功を祝うより、失敗をはっきりと認めることが重要な場合もある。ビジネスや人生には、全員がベストを尽くしてもうまくいかないことがある。みんなが最も落ち込んでいるときにこそ、ありとあらゆる労力を賞賛すべきだ。そうすれば、翌朝もきちんと起きて、やり直すことができる。われわれは、重要な問題に取り組んでさえいれば「顧客ニーズが消えることはない」ことを、経験から知っている。こうした挫折を乗り越えることによって成功が導かれる。重要なのは、最終的なゴールを見据えておくことだ。

各メンバーが自分の貢献度をどうとらえているのかを理解し、正しい認識を持たせるのは、チャンピオンにとって容易なことではない。人間は、自分の貢献度を過大評価し、人の貢献を過小評価しがちだ。自分がやったことや、自分がどれだけの労力を払ったかは知っていても、人の貢献については間接的にしか知らないからである。

繰り返しになるが、興味深いだけでなく重要な問題に取り組む、というのが一つの手だ。各メンバーの貢献を足し上げた合計よりも大きな成果が出るような問題に取り組むことだ。大きな成果を上げられれば、二〇〇%以上の評価を与えることもできる。

メンバーが目標の達成に取り組んでいるときに、十分報いられたと感じさせる方法はほかにもある。たとえば、われわれはアメリカ政府のプログラム・マネジャー、サム・グラントと一緒に仕事をする機会に恵まれた。サムは、洞察力や決断力、勇気や桁外れのエネルギーを駆使しながら、官僚機構特有の困難な問題を克服し、国政に貢献する希有な人物である。エネルギーを吸収するのではなく、エネルギーを放出する人物だ。彼はよく「名誉は無限大だ。与えたいだけ与えられるところが、魅力的なところだ」と言って、実践していた。サムを見習おう。

変化するDNA

変わるのは難しい。「変化は起きるもの。何とか乗り切るしかない」と言い切ってしまう人もいる。それができるのも、ある時点までだ。HDTVのプロジェクトでは、意欲的で優れたチームでも、変化を起こすことがいかに難しいかが浮き彫りとなった。イノベーションには変化がつきものだが、人とチームが本当に変化するのは、次の三つの基本要素(変化のDNA)が揃ったときだけだ。

- 欲求(Desire):変化のニーズ

●新しいビジョン（New vision）：目指すべき場所
●アクション・プラン（Action plan）：新しいビジョンへ到達する方法

ＤＮＡが生命に欠かせない基本要素であるように、この三つの要素が変化の基本構造を決定づける。

現状がどれほど厳しいものであっても、変えたいという欲求がなければ、人も組織も変わらない。変わりたいと思っても、目指すべきビジョンが明確になっていなければ、変化することはできない。変化に対する確かなニーズと魅力的なビジョンがあって、現状から新しいビジョンへと向かうプランがあれば、変化は可能だ。

イノベーションを市場に導入したり、スポーツをしたり、楽器を演奏したりしたことがあるなら、変化のＤＮＡを実感したことがあるはずだ。初めてスキーに挑戦するスタンを例に挙げよう。スタンはターンをするたびに転び、雪の上に倒れ込んでばかりいるため、お尻は凍りつきそうなほど冷たい。そして、うまくなりたいという欲求（Ｄ）を持っている。山を見上げると、友人が歓声を上げながら楽しんでいる。その姿に新しいビジョン（Ｎ）を重ねてみる。自分もスキーができるようになって、スリルを楽しみたい。そこでインストラクターを雇って、アクション・プラン（Ａ）を手伝ってもらうことにする。ここで、彼は大きく変わり始める。「スタン、エッジを立てて。体重を移動して。斜面の下方向を見て」と指導を受け、スキーをコントロールできるようになると、自信を持つようになり、テクニックも向上する。数日後には、憧れて眺めていたその同じ斜面を滑っている。スタンは変化のＤＮＡを経験したのだ。

変化のＤＮＡは、イノベーションを生み出そうとする個人やチーム、組織全体に適用できる。いずれの場合も、変化に対する欲求と新しいビジョン、そしてアクション・プランに対する合意が必要だ。ＤＮＡのいずれか一つでも欠けていれば、個人やチーム、組織全体がマヒ状態に陥り、変化は失敗する。

あなたは会社で、合併、異動、昇進、チーム方針の変更といった大きな変化を経験したことがあるだろうか？　経験したことがあるなら、変化のＤＮＡに言及する社内の声を聞いただろう。初めは、「変化の必要性は感じられません」。だが、変化に対する欲求がわいてくると、「確かに変わらなければいけない。しかし、新しいビジョンは何なのだろう？」と変わり、最後には「ビジョンはわかった。だが、どうやって達成すればいいのだ？　プランはどうなっているのだろう？」となる。こうした声に耳を傾ければ、自分たちが変化のプロセスのどの段階にいるのかが確認でき、チームを巻き込む次の段階に進むべき時期もわかるはずだ。

敬意のこもったコミュニケーションの継続

コラボレーションには、時間も労力もかかる。共有するビジョンを策定し、優れたチームを編成し、チームとのコミュニケーションを繰り返し、メンバー間のやり取りをうまく管理しなければならない。こうした作業に時間や労力を要するため、プロジェクトには投資が正当化できるだけの意義が必要だ。

敬意のこもった継続的なコミュニケーションは、三脚椅子をまとめる接着剤の役割を果たし、強さと柔軟性をもたらす。接着剤がなければ、椅子は壊れてバラバラになる。そうしたコミュニケーションが成立していれば、椅子は頑丈になり、かなりの重みにも耐えられる。

チームの集合知のポテンシャルを最大限に発揮させるには、メンバー同士が丁寧なコミュニケーションを続けなければならない。各メンバーのスキルや視点が異なるため、アイデアと言語、期待と報酬に何らかの誤解が生じることが予想される。世界中で異なる文化的背景を持ったメンバーが、チームとして一緒に仕事をする今日では、特にその可能性が高い。チャンピオンは、責任を持ってコミュニケーションの問題を特定し、解決しなければならない。

チャンピオンはそれぞれのメンバーを尊重し、力を合わせて対立関係を解消し、メンバーと自分の関係を深めていけば、建設的な批判も受け入れられるようになる。問題から逃げたり、同僚を脅したり、強要したりといったことはすべきではない。メンバーと協調しよう。問題を解決し、前進し、チーム・メンバーのニーズに対応し、メンバーの成功のために手を貸すのだ。[8] 問題に気づいたら、できるだけ早く解決することが最高の結果につながる。

同僚の中で、部下のサポート、高パフォーマンス、継続的なチーム改善といった要素のバランスをうまくとっているのは、一〇代の子供を持つ母親たちだ。結果を客観的かつ現実的にフォローしながらも、「あなたのことを大切に思っているのよ」という愛情が感じられるのだろう。同じアプローチが、チームでも有効に機能する。

簡単なチェックリストを紹介しよう。メンバーにもコピーを渡し、次の重要なポイントについて、各メンバーがチームをどう評価するかを確認するのもいいだろう。「まったくしていない」の1から、「完全にそうしている」の10まで、一〇段階でチームを評価してほしい〔空欄にあなたの評価を書くこと〕。

- メンバーそれぞれが、ビジョンを共有しているか？〔　〕
- メンバーそれぞれが、相互補完的な固有の役割を担っているか？〔　〕
- 報酬は共有されているか？〔　〕
- メンバー全員が互いを尊重し、協調的にコミュニケーションしているか？〔　〕

次にメンバーに評価してもらおう。それぞれのスコアに大きな開きがあったり、スコアが低かったりする場合は、パフォーマンスの高いイノベーション・チームがまだ構築されていないことを意味する。

十分なサポート

価値あるプロジェクトや事業には、「簡単だ」と片づけられるものはない。難問に挑むには、かなりのサポートが必要だ。HDTVチームは、プロジェクトだけに専念するために独立したビルに移ったが、すべての関係企業からサポートが得られることをチーム・メンバーは知っていた。パートナー企業五社の誰かが役に立つことがわかれば、その社員は即時にプロジェクトに投入された。同僚も上司も、プロジェクト・メンバーが他の会議に出席したり、他の業務にかかわったりできないことを理解していた。全組織的なサポートが、成功には不可欠だった。

HDTVプロジェクトの極限状況にあって最も重要だったのは、チーム・メンバーが全力を注いでいるミッションとそのビジョンを、メンバーの家族全員に理解してもらうことだった。メンバーの家族が電話をかけてくると、われわれは、家族の犠牲とサポート、理解に対して感謝の言葉を伝えた。「囚われの身」のエンジニアの妻を飛行機で呼び寄せたこともある。その費用はチーム予算には計上されておらず、厳密には会社規定に違反していたが、当時の素晴らしいCEO、ジム・カーンズが承認してくれた。そして、エンジニアの夫が帰宅するよりも、ずっと大きな成果が得られた。この夫婦は今も幸せな結婚生活を送っている。HDTVシステムをようやく提出したとき、われわれは、メンバーの妻全員に六ダースの赤いバラを贈った。

第 13 章

イノベーションの壁を乗り越える

妙案を抹殺したジムの罪

OVERCOMING BLOCKAGES TO INNOVATION: JIM TORPEDOES A SPLENDID IDEA

チームの問題は、自ら敬意をもって直ちに対処すること。

ゼロから千を生む難しさ

イノベーションは、共同作業以外の何ものでもない。ある朝、「孤高の天才」が妙案をひらめいても、「改善」「改良」レベルのイノベーションですら、実現までには時間を要する。

ネット・バブルの時代にスティーブ・ジョブズは、こう疑問を呈していた。

「インターネット関連のベンチャー企業は、事業そのものに関心があるのか、ただ金のためにやっているのか、よくわからない。ただ一つ言えるのは、本気で事業に取り組まなければ、運は味方してくれないということだ。あまりにも苦労が多いため、熱意がなければ、あきらめるしかない。われわれも起業して二年間は、あきらめてアップルを売却しようと思うときがあった。アップルはこの世からなくなっていたかもしれない。人を解雇したり、見切りをつけたり、難局に直面したり、絶望と苦悩の連続だった。そういうときに、自分が何者で、どんな価値観を持っているのかがよくわかった[1]」

価値あるイノベーションを数カ月で実現できるという考えは、幻想にすぎない。日本のスティーブ・ジョブズと言われる西和彦は、発明とイノベーションとの違いを明確に説明している。「創造性には二種類ある。ゼロから一を創り出すものと、一から千を創り出すものだ[2]」。一から千を生み出すイノベーションは長い旅路となり、当初は、その成果が表に出ることもない。このため、発明家は自分のアイデアを過大評価し、チームが時間をかけて貢献していくプロセスを過小評価してしまいがちだ。

ここで事例として挙げるジムは、ゼロから一を生み出そうとする典型的なタイプだ。彼は、科学者として優れた力量を持ち、世界を変える可能性を秘めたアイデアを数多く生むという定評があった。彼は、糖尿病患者にインスリンを投与する新しい方法としてパッチ（当て布）を患者の腕に貼るという治療法を思いついた。パッチで必要なインスリンの量を計測するとともに、皮膚に貼付している特殊膜を通じて必要な量のインスリンを投与する仕組みだ。患者の負担を大幅に軽減する、素晴らしいイノベーションになる可能性を秘めていた。

プロジェクトが成功するには、ジムがこの技術を開発するチームの「チャンピオン」になることが求められた。しかし、チームプレーヤーとしてのジムの評判には賛否両論があり、当初は懸念がぬぐえなかった。そこでプロジェクトを始動する前に、上司数人がジムと話し合いの場を持った。チームメイトをサポートするチャンピオンとはどうあるべきか、何を求められるのかについて、話をしたのだ。ジムは、プロジェクトに意欲を感じていること、チームに全力を注ぐことを、全員の前で明言した。その気になれば、ジムは人を惹きつける魅力と説得力とを併せ持つ人物だ。ジムが確約したことに加え、未開拓の重要なニーズに革新的な手法でアプローチできるチャンスだったため、経営陣は、リスクを冒してでもジムの参加が必要だと判断した。まもなく新会社が設立され、六〇〇万ドルという巨額の資金が投入された。

会社発足とほぼ同時に問題が浮上した。ジムは、新会社設立時にかなりの持ち株を与えられていたにもかかわらず、持ち株比率が低すぎると文句を言い始めた。情報を抱え込み、チームメイトを仕事に巻き込まなかった。当然のことながらプロジェクトは遅々として進まず、技術面では失敗の連続だ。ジムは、チャンピオンを続けることと責任を取ることを拒んだばかりか、チームメイトの面前でCEOを嘲笑した。チームメイトを尊重していないことは誰の目にも明らかであり、プロジェクトに六〇〇万ドルを投入した経営陣に何の敬意も払っていなかった。

ジムは経営陣を避けるようになり、経営陣は、膨大な時間を費やしてジムとチームをつなぎとめようとしたが、うまくいかず、チームの反発は激しくなった。雲行きが怪しくなると、ジムは、メンバーや経営陣を非難し始めた。ジムの協調性不足と強欲が、プロジェクトを崩壊させつつあった。会社側は、苦渋の決断を下してジムを排除した。新しいチームを招聘し、プロジェクトは新しい方向に向かって動き始めた。

ジム退社後の混乱と新チームの投入により、数カ月の努力と五〇〇万ドルが水泡に帰した。ジムは、発明者としては優秀だったが、チームの貢献に敬意を払うイノベーターではなかった。会社を救ったのは、ビジョンにコミットし続けた、優れた経営陣と投資家だった。

ジムの例で明らかなように、画期的なイノベーションは協力関係からしか生まれない。プロジェクトの成否を決めるのは、チーム・メンバーの言動だ。ありふれた人間関係の問題でチームがつまずく可能性は、常に存在する。指数関数的に進化する市場では、イノベーションの成功にスピードが不可欠だが、信頼関係に欠けるチームには、成功を導くスピードは出せない。また、メンバーが、恐怖や不安や疑念を抱えていたり、批判的な態度をとったりすれば、生産性が損なわれる。

あなたがチャンピオンになる可能性があるなら、あなた自身が協調的でなければならない。そして、メンバーの非生産的な言動に対処することが必要だ。そうしなければ、プロジェクトがどんなに重要で、社会への影響や利益がどんなに大きくなる可能性があっても、失敗を招く。

信頼の掟

信頼関係が重要だということを、どんなに強調してもしすぎるということはない。信頼関係はチームワークの要だ。信頼は人を強く動機づける。破たんしたチームに原因を聞くと、こんな答えが返ってくる。「私はただ、彼のことが信用できないだけです」。信頼をなくすのは簡単だが、それを築くのは難しい。

イノベーション・チームが信頼を築くために必要不可欠な要素がある。それは、他者への敬意、誠実さ、寛容さといった姿勢や態度だ。こうした資質がなければ、信頼関係は生まれない。信頼関係があれば、チーム・メンバーは進んで力を合わせ、アイデアの上にアイデアを積み重ねていける。

われわれは、こうした人間的資質を「信頼の掟」と呼び、重視している。この掟は、社員やプロジェクト、組織や国を、崩壊したり傷ついたりすることから守る、堅固な枠組みだ。侵すことの許されない、従うべきルールであり、そこに議論の余地はない。ジムの場合、失敗してプロジェクトから外されたのは、信頼の掟を破ったからにほかならない。

他者への敬意

一〇人程度のワーキング・グループで、アメリカ政府への提案をまとめる仕事を手がけたことがあった。グループには、ノーベル賞受賞者をはじめとした著名人が顔を揃えており、それぞれが明確な意見を持っていた。そうそうたる面々が、朝から晩まで二週間も顔を突き合わせて、うまくやっていけるのかどうか不安を覚えたものだ。ところが、喜ばしいことに、プロジェクトは極めて楽しい、実り多いものとなった。

チームの議長を務めたのは、モトローラの元CEO、ロバート・ガルビンだった。二〇世紀で最も優れた経営者の一人だと言われる人物だ。われわれは、プロジェクトの最後にガルビンを賞賛し、感謝の気持ちを伝えようと話しかけた。そして、このような成功は偶然ではなく、何か秘訣があるはずだと思い、グループを運営しているときに何を考えていたかを聞いてみた。彼は、しばらく考えてから、気持ちを込めて静かに答えた。「私は、人に対する敬意が最も重要だと考えています」。みんなが互いに敬意を払い合うだけで、どれだけの問題が世界中で解決されるのか、考えてみてほしい。

人に対する敬意は、信頼関係と実り多い協力関係の出発点だ。敬意は、他者による貢献の価値を、あなたが認めていることを示している。それは単なる社会的マナーではなく、必需品だ。

あなたが敬意を払わなければ、メンバーはあなたと仕事をして、あなたの成功に貢献しようとは思わない。また敬意は、人の気持ちの表れでもある。人それぞれの価値を認めたり、人の貢献を理解して感謝したりする気持ちを表しているのだ。

敬意は、顧客との有意義な関係を、長期的に維持するのに必要不可欠だ。インド出身の同僚クマールは、いつも素晴らしいプレゼンテーションをする。プレゼンテーションが終わった後、プレゼンターを務めた彼にその理由を聞いてみた。「インドでは、顧客を、自宅に招いた客人のようにもてなすのです」というのが答えだった。

顧客を「自宅に招いた客人」だとする考え方は、顧客や同僚との敬意あふれる関係を、うまく表している。個性を捨てたり、人の意見に同調したりする必要はない。自宅に客人を招いたときのように、敬意を払い、尊重すればいいのだ。

裏表のない誠実さ

世間には、反道徳的なニュースがあふれている。残念な例外はあるものの、ビジネスの世界では正反対だ。ロバート・ガルビンをはじめ、大成功を収めている人は、いつもとても正直で誠実である。これは偶然ではない。ビジネスの世界が誠実さを求めているのだ。ビジネス界では、人との関係は強制されて成立するものではない。敬意を払うべき、信頼に足る人物でなければ、悪評が広まって誰からも相手にされなくなる。

かつてこう聞かれたことがある。「人が誠実なのかどうか、どうやって判断しますか?」。

どんな場合にも、答えはすぐにわかる。たとえば交渉相手が、合意事項に従っていないばかりか、職権を乱用していたり、だまそうとしたり、こちら側の正当なビジネス・ニーズを無視したり、誰かの功績を自分のものにしようとしていたりすれば、そういった人はパートナーにふさわしくない。あなたにひどい仕打ちをする人は、顧客や社員に対してどのような態度をとるだろうか？　人が本質を変えることは難しいのだ。

不誠実な人は、グループを疑惑と不安のスパイラルに追いやり、全員のやる気を疑わざるを得ないような状況を招く。ほんの少しでも不信感があれば、メンバーが協力してアイデアを膨らませるという、成功に不可欠な作業が妨げられてしまう。

一方で、誠実さは伝染する。敬意や誠実さが奨励されると、こうした価値観を規範とする強固なチーム環境が整う。

私たちは常に選択を迫られる。一緒に成長していくのか、それとも退行していくのか？　状況は常に不安定だ。グループの価値と誠実さを維持するには、継続的な「再投資」が必要だ。ビジネスチャンスは、激しい浮沈や、人の動機を疑うような機会であふれている。常に人間関係を築き、貯えよう。そうすれば、苦境に立たされたときに頼りになる「貯金」ができる。

しかし、ときにチーム内でお互いの価値と誠実さを疑問視するような事態が起こり、疑いと誤解を払しょくするプロセスが必要になることもある。チーム内の人間関係を管理するのは、チャンピオンの責務の一つだ。

苦手な相手と仕事をするときに取り得る選択肢は、次の三つのいずれかだ。

●チーム・メンバーと話し合い、問題を解決する。
●自らを納得させ、その相手に対する苦手意識を解消する。
●辞める。

派閥を作ったり、陰で批判したり、相手の上司に告げ口したり、力を頼りに相手をつぶそうとしたりしてはいけない。解決するか、受け入れるか、去るか、のいずれかだ。一人でできるのなら、そうするといい。必要であれば、誰かに助けを求めることだ。「辞める」という最後の選択肢は、得策ではない。ごくわずかの例外はあるものの、関係者全員に敬意をもって向き合えば、問題は必ず解決できる。

寛容の精神

強欲は命取りだ。指数関数的に進化する市場では、一人だけで仕事はできない。人を犠牲にして報酬を増やそうとすると、三脚椅子の原則（第十二章参照）を破ることになり、大惨事を招く。われわれはよくこう質問する。「価値のないもの一〇〇%と一〇〇万ドルの一%と、どちらを選びますか?」。

ふざけているように聞こえるかもしれないが、実のところ、成果を分かち合うことを拒んで失敗する人が多いのだ。このような人は、様々な理由から人と力を合わせて大きな目標に向かおうとせず、最高とは言えない小さな目標を選んでしまう。

残念ながら、人の価値を認めない人や、強欲であるがために一人きりになっている人は多い。強欲な人は、ほぼ例外なく失敗する。

チームで「信頼協定」を作ろう。まず、チーム・メンバーに質問を投げかける。「裏表のない誠実さと寛容さをもって人と接するには、どのように行動すればよいだろう?」。出てきた答えをフリップチャートに書き出せば、各メンバーがとるべき行動のリストができあがる。それは、全員が求めてやまない信頼関係を構築するための処方箋だ。そのリストを練り上げ、全員の合意を得たうえで、最終協定案を作成しよう。各メンバーに署名してもらって、この協定を守る約束をする。そうすれば、お互いがどのように接するべきかというコミュニケーションの手引きができあがる。

チームの生産性を損なう問題はほかにもある。ここから、抵抗の様々な形を論じたうえで、容認できない行動についても説明しよう。

変化に対する抵抗

変化は抵抗を生む。人が新しいビジョンに向かおうとすると、お馴染みの習性が顔を出す。懐疑的な態度とFUD[3]＝恐れ（Fear）、不安（Uncertainty）、疑い（Doubt）、そして誤解とレッドド・ヘリングだ。

懐疑的な態度

企業に勤める人なら、プロジェクトからプロジェクトへ異動したり、流行りの経営哲学を強要されたりしたことがあるはずだ。「チャンピオン」は、ある程度の懐疑論や反発を覚悟しておかなければならない。「これは試したことがありますが、うまくいきませんでした」とか「腑に落ちません。なぜこれを私や、私の顧客に当てはめるのですか？」といった類だ。こうした懐疑論は必要不可欠だ。あなたは、そのおかげで正直でいられるし、対処すべき課題を特定できる。

行動を決定づけるのは、一人一人の認識や期待である。新しいプロジェクトや新しいチームでは、経験や成功体験が不足しており、それが懐疑的な態度が発生する理由の一つになっている。懐疑的な人はこう言うだろう。「それはいいかもしれませんが、うまくいくって言い切れますか？」。こうした人たちは、証拠を見るまで信じない。だが、懐疑的な人の発言は、チャンピオンにとって見逃せない手がかりでもある。懸念材料に対する対処法のカギとなるからだ。チャンピオンは、チームの憂慮する声を積極的に聞き、人間関係を管理し、各メンバーの貢献を明確にし、結果として得られる恩恵を明らかにしなければならない。

ＦＵＤ（恐れ、不安、疑い）について論じる次のセクションでは、概念的ツール――発想の転換――を紹介する。懐疑論を理解して対応するためのツールである。

組織というものは、多くの点でスポーツ・チームに似ている。企業のトップが交代すると、懐疑論が浮上する。前任者が、社員の力を結集できなかったり、事業を成功させていなかったりすれば、特にそうだ。懐疑論者は、苦い経験を持っているため、えてして説得し難い。あなたは、チャンピオンとしてあきらめず、決して揺らがず、常に誠実にふるまい、協力を惜しまないことだ。

人は、あなたの発言だけでなく、行動をよく見ている。言葉と行動にギャップがあれば、それが大げさに伝わっていく。部下は、ほんの些細な差も見逃さない。皮肉なことに、歯に衣着せず率直に意見を述べる人がいたほうが、あなたも、信頼するに足る人物であり続けようと努力する。絶えず証拠を見せろと迫られれば、自分の立場がよくわかり、何が成功につながるのかが理解できるようになる。

3つのFUD因子

大きな変化に直面すると、チーム・メンバーの頭をFUD（恐れ、不安、疑い）がよぎる。変化が目の前に迫ると、FUDが全身を現す。そしてFUDに襲われると、こんなことを言うようになる。

- 「彼女とは仕事できません」
- 「これは、私たちの立場を否定していませんか？」
- 「これは、うまくいきっこありません」
- 「こんなの不公平です」

●「これは、もう試したじゃありませんか」
●「変化、変化、変化、もううんざりです」

ＦＵＤが現れると、われわれはそれを感じ、聞き、その存在に気づく。ＦＵＤは、人がおびえているサインだ。イノベーションの中に自分の居場所を見出すことができないからだ。成功を描くことができず、自分の貢献が評価されるかどうかもわからない。ビジョンとつながりを持ち、自分の居場所を見つけると問題は解消するが、最初はそれも不可能に思える。第十二章で説明したＨＤＴＶのエピソードは、チームがＦＵＤに直面しているところから始まった。

懐疑論やＦＵＤのような反発は、プレゼントだと思えばいい。懸念材料には真実の種が入っており、理解して対応することが求められる。その種は、誤解だったり、真っ当な懸念であったり、見当違いの懸念だという場合もある。ともかく懸念に対応していけば、前進することができる。

プロジェクトが、誰かにとってうまく進んでいなければ、どこかにＦＵＤがある。人は、プロジェクトの中に自分の居場所を見つけたときにしか、生産的になれない。反発がくすぶるのは、成功に至るプロセスの自然な成り行きであり、成功へのヒントがもたらされたのだと、チャンピオンは認識すべきだ。しかし、チャンピオンとして、表面的な言動の裏を見抜き、問題を解くカギに変えていくことだ。まずは、ＦＵＤに向き合って、発想を転換するところから始めよう。

ＦＵＤが絡んでいる愚痴の例の幾つかを列挙した。愚痴を解決策の手がかりだととらえられるチャンピオンは、それを解釈したり、「発想を転換」したりする。メンバーが愚痴をこぼすと、チャンピオンはそれを聞き、発想の転換を試みる。愚痴を読んで、それが示唆するＦＵＤを特定してほしい。そして、問題に対する理解と、それに対処する意欲が感じられるように、新しい解釈を提示してもらいたい。

- 「忙しすぎる」→力尽きた。助けてほしい
- 「彼女とは一緒に仕事ができない」→彼女は対処に困る。どう対応すればいいのか？
- 「これは、私たちの立場に反している」→どうかかわればいいのか？
- 「これはうまくいきっこない」→イメージがつかめない
- 「この点について、私は最後まで譲れない」→私はビジョンから排除されている
- 「なぜチームで仕事をしなくてはいけないのか？」→どうやって協力すればいいか教えてほしい
- 「公平にできるわけがない」→報われるのだろうか？
- 「変えろ、変えろ、変えろ、もううんざりだ」→どうすれば適応できるのかわからない

当の本人は気づかないかもしれないが、表面化したＦＵＤに埋め込まれたものの多くは、希望の種だ。ニーズを明確にする手伝いをしよう。障壁に前向きに焦点をあて、問題点の一つ一

つに向き合っていくことだ。つまり、eメールを送ることでも、意見書を出すことでもなく、本人と話し合うことだ。こうした問題は、突然解消されるものではない。だが、協力を惜しまず、自ら対応していけば、たいていの場合は問題が軽減され、最終的に解消されるはずだ。

NABC価値提案の開発と同様に、FUDへの対応は繰り返し行う必要がある。人の懸念に対応するときは、常に感覚を研ぎ澄まし、じっくり耳を傾け、その人の支えとなり、理解する気持ちを持つことだ。そして、人やグループがFUDを乗り越える手助けをするという、目標を持ち続けることである。チャンピオンは、感情の爆発、挑戦的な態度、消極的な抵抗に、常に敏感でいることが必要だ。そして、敬意を込めて率直に人と向き合うことこそが、成功に至る唯一の道だと肝に銘じてほしい。時には、外部の仲裁者が必要になることもあるだろう。その際は、行き詰まった人を助けるために人の手を借りよう。

誤解とレッド・ヘリング

誤解は、変化を妨げる障害になる。新しい方針を提示すると、グループごとに、その意味合いが変わってくる。たとえば、「チームワーク」について話すと、チームワーク自体を目的ととらえられがちだ。しかし、顧客のリアルなニーズに応えようとする企業において、チームワークは目的ではなく、重要度の高い問題を解決し、個人では構築することができない顧客価値を生み出すための手段にすぎない。この点を明確に区別するために、われわれはチームワークという言葉を使わず、生産的なチームもしくは「イノベーション・チーム」と呼んでいる。

誤解は、誤った「事実」によっても生まれる。こうした誤った「事実」を、われわれは「レッド・ヘリング」と呼ぶ。広く認識されてはいるが実際には間違いであり、プロジェクトの進行を妨げる情報のことである。

たとえば、コストが高すぎるという認識があるとしよう。事実確認をしたところ、それが間違いであることが判明した。これを指摘し、実証した場合、反応はたいていの場合、「あぁ、そうですか」といった感じだ。企業には、それぞれの「レッド・ヘリング」がある。価格が高すぎる、リソースが不足している、進出地域を間違った、人材難だ、社員が多すぎる（少なすぎる）。これらを見つけ出して、排除しなければならない。

同時に、どんな組織にも、変えていかなければならない問題がある。こうした問題を特定して、レッド・ヘリングと区別することも重要だ。いずれの場合にも大事なのは、問題を特定し、明確化し、周囲に知らしめたうえで、障害物として排除するか、戦略上の問題として認識し、解決へ導くことである。

許されざる行為

入念にプランを練り上げたイノベーションですら頓挫させてしまうような、容認できない行為が存在する。批判的態度、消極的抵抗、陰口、告げ口といったものを、あなたも経験したことがあるはずだ。

批判的な態度

組織に変革を起こそうとすると、懐疑論やＦＵＤが批判的な態度へと変わり、周囲を蝕んで、変革の足を引っ張るようになる。それは、このような言葉に表れる。「ずっと前に本社から言われましたが、こんなばかげたことはうまくいきっこないですよ」「事業開発部門のやつらは儲けられるでしょうが、私たちはどうなるのですか？」。こうした辛辣な批判は有害である。あたかもそれは、全員に悪意があることを疑っているかのようだ。

こうした批判的態度の原因を特定し、公にして、正面から対処することだ。無視すれば成長し、組織全体に浸透する。皮肉たっぷりの批判は、変革していこうという決意に水を差す。批判的な態度に対処するには、意欲的で思慮深く、妥協を許さないチャンピオンが必要だ。ビジョンが共有され、成功の兆しが現れると、批判は弱まり、チームは前向きに動き始める。メンバーが、人を非難することをやめ、チームへの貢献に目を向け始めると、批判的な態度は後退し、チームが繁栄へと向かう。

シニカルな批判は、容認できない行為だ。革新的なアイデアを、例外なくつぶしてしまう。シニカルな批判の問題は、あたかもそれが正しいかのように見えることだ。きちんと対応しなければ、最高のアイデアですら腐ってしまう。批判をばらまく個人を特定し、懸念を払しょくした後に、彼らがチームに加わりたくなければ降りてもらおう。

批判的態度は、対応し、是正することが可能だ。だが、決して無視したり、容認したりしてはならない。

消極的な抵抗

消極的な抵抗は、誰にでも一目瞭然だ。会議中に何も言わなければ、会議後にグループの結論に反対してもいいと思っている人がいる。消極的抵抗の典型は、腕組みをして、椅子の背にもたれかかり、「私はかかわっていない」という姿勢をあからさまにする態度だ。このほかに、電話を折り返さなかったり、eメールに返信しなかったりという例がある。誰かが発言しているときに、あからさまに肩をすくめる人もいる。

これはチームに対して失礼だし、知性を疑いたくなる行為だ。相手に対する敬意も感じられないし、信頼関係も損なわれる。メンバーは、堂々と自分の意見を述べるとともに、チームが決定を下せば、それを支持する義務を持つ。あいまいな態度を示すメンバーがいたら、すぐに足を運び、決定に対する義務を果たすよう求めるべきだ。

もちろん、グループの決定が常に正しいとは限らない。だが、妨害行為は必ず失敗につながる。メンバー全員に、準備を怠らず、議論を尽くし、グループが最高の決定を下せるよう貢献する責任がある。チームを妨害すれば、チームをつぶすことになる。本当にチームをつぶしたいと思ったり、イノベーション・チームの構築に取り組む気がなかったりするのであれば、立ち去るべきだ。

陰口

陰口は災いをもたらす。イノベーション・チームの団結力を損なうだけでなく、陰口をたたく本人が問題の解決に後ろ向きであることが周囲に知れ渡るため、害は大きい。悪意のある批判は癌のようなものだ。チームの組織基盤を蝕み、指数関数的な進化にブレーキをかける。同時に、自分自身の影響力や評価を台無しにすることになる。

外部の人に批判を漏らすのは、間違いだ。表面的には問題に取り組んでいるように見えるだろうが、本当にチームのことを思うなら、メンバーに懸念を示し、解決に取り組むべきだ。一人でできないのであれば、ファシリテーターに支援を仰げばよい。

人の批判は、グループの目的や活力を弱めるが、直接話し合うことによって問題が軽減されることもある。それも、一度やれば十分だ。

陰口を見逃しても、決していい結果を生まない。自分の無力をあからさまにしてしまうばかりか、不信と軽蔑を招くことになり、実り多い協力関係を損なってしまう。

告げ口

誰もが告げ口を経験したことがあるはずだ。小学校では、言いつけるのは最低だ、と習ったはずだ。告げ口をするのは子供だけではない。大人にも得意な人はいる。たとえば、チームの誰かがあなたとうまくいかず、一緒に解決策を話し合う代わりに、あなたを避けて、あなたの上司に会いにいったことはないだろうか？　そのやり方は、信頼関係を築くのに役立っただろうか？

チーム内に深刻な対立がある場合、誰かが仲裁者かファシリテーターになって、問題点を明確化して解決策を練り上げなければならない。仲裁者やまとめ役を務めるのは、信頼できる同僚でも、他部門の管理職や部外者でもいい。関係者を集めて、コミュニケーションについての協定を作ると効果的だ。つまり、どのような態度をとるべきかを定めた簡単な合意書を作成するわけだ。双方が、協定もしくは合意書に署名し、遵守状況を確認する追跡プランに合意することが必要だ。深刻な場合には、外部のプロに依頼することをお勧めしたい。プロジェクトやチーム・メンバーが追い込まれている場合には、有意義な投資になるだろう。[4]

告げ口に訴える人は、変化を実現する唯一の方法だといって、自分を正当化しようとする。これは、非常識な行い、対立に対する恐れ、人間関係のスキル不足の言い訳をしているにすぎない。告げ口は、間違いなく信頼関係の喪失につながり、修復には途方もない努力が必要になる。

信頼を裏切る行為や告げ口について、もうこれ以上説明する必要はないだろう。こういう行いに手を染めないこと。そして人にも、このような行いをさせないことだ。

第 14 章

イノベーションの動機は金ではない

ラリーの命を救え

INNOVATION motivators : saving LARRY'S LIFE

「未来は、自分の夢の素晴らしさを信じる人のためのものです」

エレノア・ルーズベルト

ビジョン

近しい人を襲った不幸が、イノベーションの強い動機になることがある。同僚のピーター・バートと彼のチームは、友人ラリーの病気を救いたい一心で、視覚制御の研究をより高いレベルに進化させた。

人間の視覚は、自然界でも極めて複雑で驚異的なものだ。ヒトが難なくこなしている視覚の最も単純な機能を、コンピュータ処理で実現しようとしても、世界最高のコンピュータの数百万倍の性能が必要になる。バートと彼の素晴らしいチームは、二〇年間、人間の視覚に匹敵するリアルタイムの視覚制御システムの研究を進めてきた。彼らは、自動交通モニタリング・システムから、生体認証システム、空港のセキュリティシステム、放送機器、医療診断システムまで、幅広い領域で意義のあるイノベーションを実現してきた。すべてのイノベーションの動機は、重要なニーズに対応することにあった。

ラリーには、脊柱のすぐ隣に手術できない腫瘍があるが、従来の放射線療法は選択できない。放射線の照射中にラリーがほんの少しでも動けば、脊髄神経を傷つけ、下半身不随になる可能性があるからだ。唯一の打開策は、スタンフォード大学の最新技術、サイバーナイフ治療だった。それは、ロボットアームを備えたシステムが、放射線照射の位置を自在に調節し、患者の動きに合わせた補正を可能にするというものだった。

このシステムでは、CT画像をベースとした視覚システムで患者の動きを追尾し、照射点を調整する。しかし、CT画像とMRI画像の両方を照合しなければ、ラリーの腫瘍を治療するための精度が得られないという判断が下された。この最新型の高精度視覚システムをもってして、さらに、脊椎の関節まで計算に入れなければならなかったのだ。

チームは、解決策を実現するために、数週間にわたって長時間働き、病巣の位置をピンポイントで特定することに成功した。その技術でスタンフォード大学のサイバーナイフ・チームが治療にあたり、ラリーは半身不随を免れた。

人はなぜ、ここまで熱心に働くのか? それは、お金のためではない。人は、自分の仕事を通じて、より重要なニーズに応えたいと願っている。そしてラリーは、やむにやまれぬ状況にあった。人の命を救う手伝いをするというのは、滅多にない特別な機会だ。優れた社員は誰しも、仕事を通じて何らかの形で社会に貢献したいと考えている。

モチベーション・マントラ

イノベーションは、根源的な欲求が動機として機能することによって生まれる。動機が正常に機能しなければ、問題が起きてイノベーションの実現は遠のく。われわれは、「達成・権限・関与」という人間の三つの根源的欲求を、「モチベーション・マントラ」と呼んでいる。チームが目覚ましいイノベーションを生み出し続けるには、この三つが不可欠だ。

達成したい目標

人は、仕事にポジティブな貢献をして価値を生み、有意義な目標を達成したいと考えている。重要度の高い顧客ニーズと市場ニーズに焦点をあてることにより、チームは貢献を果たし、成果を上げる。

友人のカーラを例に挙げよう。彼女は、重度障害児のための専門病院でボランティアとして働いている。聴覚と視覚に生まれつき障害のある子供たちが、彼女の担当だ。患者とは、モールス信号のような信号をお互いの手にトントンと押すことで、意思疎通を図っている。この信号を教えるのも一苦労だ。ごく簡単なメッセージを覚えるのに、数年かかることもある。カーラに、なぜこの仕事をしているのか尋ねると、彼女はこう答えた。

「この仕事が大好きなの。何年もかかって覚えた簡単なメッセージを初めて手に打ってくれる瞬間というのは、かけがえのないものよ」。確かにそれは、驚異的な成果に違いない。

お金、安定性、楽しい友人関係といった理由以外に、働く目的を求める人は多い。新しいスキルを身につけ、役に立つ人間になって認められ、感謝されたいと思う。有意義な仕事をして、社会に貢献したいと思う。こうした目的は、重要度の高いイノベーションに取り組んでいれば、自然と達成される。

自由と裁量

私たちには、仕事上の自由が必要だ。上司が邪魔立てしたり、障害を作り出したり、自由を制限したりすれば、仕事ができない。社員が抱く最大の不満は、「事細かに管理されている」ことであり、権限が委譲されていないことだ。

「三脚椅子」（ビジョンの共有、スキルの相互補完、報酬の共有）が満たされたら、次は社員に仕事上の裁量を認めよう。社員は尊重されたいし、事細かに指示されることなく仕事をして貢献したいと考えている。仕事上の自由がないと思っている社員は、助けを求めてこう言うはずだ。「私は会議に出席するだけ」「上司がいつも肩越しに監視している中で、仕事なんてできない」。市場が自由に動いているときに経済がうまく回るのと同じで、社員は自由と裁量が認められているときに、クリエイティビティを発揮する。

イノベーション・チームのチャンピオンは、「何を」すべきかを明確にしたら、あとはメンバーの裁量に任せ、「どうするか」を考えさせるといい。メンバーに責任を与え、サポートすることだ。仕事をどう進めるかについては、指示しないほうがいい。「どう」すべきかではなく、「何を」すべきかに焦点をあてることだ。

チャンピオンが敬意を払い、自由を認めるからといって、メンバーが皆フリーエージェントになるわけではない。メンバーそれぞれの仕事を、定期的にレビューすることが必要だ。これによって、個々のプロジェクトが予定通り進んでいるか、成功に必要な要素がすべて揃っているかを確認する。チャンピオンは、少なくとも①チームを編成し、②状況を確認し、③チームに報いることを求められる。経営学の巨人、ピーター・ドラッカーが指摘するように、プロジェクトを進めるには、最低でもこの三点についての権限が必要だ。[1]

レビューは、進捗状況を確認するだけの機会ではない。改善を試み、価値を高める絶好の機会でもある。定期的に前向きなレビューを行い、ビジョンとの整合性を確認するとともに新しいアイデアを収集し、メンバーをサポートしたり、その時点までの実績を評価したりすることが必要だ。プロジェクトが行き詰まり、どう進めばよいかわからないときには、定期的なレビューを通じて、権限を委譲したメンバーを支え、前進させるのだ。

意思決定に関与させる意味

イノベーションをリードするあなたは、様々な意思決定に責任を持つ改革推進者（チェンジ・エージェント）だ。人間は、自分に影響を及ぼす意思決定にかかわりたいという強い欲求を持つ。それだけに、メンバーにかかわる意思決定の場に彼らを関与させないのは、極めて危険な行為だ。新方針に対する抵抗は水面下に潜伏し、最終的には表面化してチームの生産性に影響を与える。関与させてもらえなければ、人は気分を害し、非常識な行動に走る。排除されると、「貢献する」という自分にとって重要度の高い欲求を脅かされるからだ。

深刻な対立が起きた組織[2]の仲裁を行った経験から言えることがある。どの仕事を進めるか、人の役割をどうするか、組織の方向性はどうあるべきか、といった重要な意思決定に関与していなかった人が騒動の引き金となることが、圧倒的に多いということだ。達成することと、権限を委譲されることは誰にとっても重要であり、関与できなければ、自分の存在意義が脅かされる。専門性の高い人は特にその傾向が強く、関与できないと、貢献を積み上げることをやめてしまったり、会社を辞めてしまったりする。

重要な意思決定にメンバーを関与させることは、メンバーに対して敬意を払い、メンバーの知見が解決策を導くのに有用だと考えていることを示す。われわれの経験では、メンバーを巻き込めば、ほぼ確実によい解決策が生まれ、結果を得ることができる。

当然のことながら、下された決定がメンバーの意に反する場合もある。しかし、意思決定に関与していれば、メンバーは、組織全体にとって最善の策だとして決定を受け入れる。メンバーが関与していなければ、下された決定が正しいものであったとしても、チームを機能させるために何らかの是正措置が必要になる。メンバーを巻き込めば、彼らの望み通りの決定が下されなかったとしても、支持を得る可能性が高い。

われわれが目にする最大の問題は、モチベーション・マントラを判断に活かす人間が一人もいないという状況だ。社員同士の非難合戦からマネジャーの解任を求める嘆願書に至るまで、組織内の対立関係の仲裁を依頼されるケースで圧倒的に多いのは、誰かが重要な意思決定で軽視されたり、排除されたりしたことをきっかけとするものだ。

とりわけ骨が折れるのは、買収・合併後の事業統合だ。このような場合、企業が別の企業と統合される一方で、部門によっては閉鎖されたり、売却されたりすることがある。こうした場合でも、全社員を公正かつ誠実に巻き込めば、結果は大きく変わる。

イノベーション・チームを率いるチャンピオンは、現状を評価しながらも、チーム・メンバーを束ねて変化に向かわせなければならない。変化を急ぐあまり、組織における社員の重要性を軽んじれば、つまずくだけだ。メンバーに何かを無理強いするのではなく、彼らを巻き込んで価値の創出に貢献させせよう。

ここに、改革推進者が犯してしまいがちな過ちを「失敗の法則」としてまとめた。惨事を起こしかねない行為のチェックリストとして参考にしてほしい。

失敗の法則

- 誰にも相談せずに、壮大なビジョンを持ち込む。
- 影響を受ける人に話をせずに、何を変革するのかをいきなり発表する。
- 上役とばかり話をして、一般社員をないがしろにする。
- 「変革」でもたらされるメリットしか見ようとせず、デメリットには触れない。
- 象徴的で大きな変更だけ行う。例：人員整理、組織再編、企業ロゴの変更
- 抵抗する社員を異端者と決めつけ、動機を疑う。
- プランの各要素について、個々の社員と協議・修正・検討する機会を持とうとしない。
- 「支持者」とだけ話をして、「敵対陣営」は避ける。
- 抵抗が生じたら、ミーティングを開かなくなる。

チャンピオンとして成功するには、チームの全員を巻き込み、メンバーからアイデアを集め、彼らからサポートを得ることだ。イノベーションを実現する、これほど確実な原則はない。

協力的なコミュニティを構築してもいい。指数関数的に進化する市場で事業を展開するには、多大な努力が求められる。メンバーに手を差し伸べてもらうこと、励ましてもらうこと、一緒にプロジェクトを前に進めることが必要だ。

どんな職業でも、人は、同僚をはじめ様々な人たちと仕事をする。一緒に働く人がいるからこそ、よりよい成果を求めて互いに競い合い、刺激し合う。

イノベーターたちが集う職場のコミュニティに参加することは大切だ。定例会議やパーティーや表彰式は、コミュニティへの所属や、そこにおける自分の認知や価値を確認させてくれる。健全なコミュニティでは、メンバーが積極的に交流する。SRIには社会科学者もいるが、彼らはこの点で非常に優れている。朝食を持ち寄って分け合い、特別な日にはユーモアたっぷりの賞を贈り、チリビーンズの料理コンテストなど、誰もが参加できるイベントを催す。ソフトボールやサイクリングなど、就業時間外のクラブ活動も有益だ。

お金は、モチベーション・マントラには入っていない。報酬が公正で妥当なものであれば、経営者にいざこざが降りかかるのは、モチベーション・マントラを満たしていないことが原因だ。おもしろいことに、調査をすると、管理職の八割が給与を社員の退社理由に挙げる。ところが社員の八割は、モチベーション・マントラが満たされていないことが原因だと答えている。[3]われわれの経験も、調査結果を裏づけるものだ。

本章では、達成・権限・関与という、人間が持つ三つの根源的な動機を説明した。この点について、あなたのチームはどうなっているだろうか？

個人とチームが変革に至るステップ

変化は人を当惑させる。古いビジョンと新しいビジョンの間には、深い亀裂が横たわっているのが見える。新しいビジョンや役割のもとで、成功できるか、評価されるかがわからないため、足がすくんでしまうのだ。

亀裂を越える秘訣は、あっけないほど簡単だ。今持っている強みを新しいビジョンの実現に活かす方法を発見すればよい。自分でこうした変革のできる人もいるだろうが、たいていは家族や同僚やチャンピオンたちの手助けが必要だ。チームのメンバー全員が亀裂を飛び越えられるように手助けするのが、チャンピオンの責務であり、最優先事項の一つである。メンバーの手助けをするということは、変革のDNAに取り組み、三脚椅子とモチベーション・マントラを満たし、自己変革によってメンバーを新しいビジョンに集中させるということだ。

各メンバーが新しいビジョンへ移行する手助けをする際には、以下の手順を踏むとよい。

- 活用できる強みを特定する。

- 特定した強みを拡充し、新しいビジョンに組み込む。
- 少しずつ試す。
- 他のメンバーを巻き込み、手助けしてもらう。
- 古いビジョンでそぐわなくなった要素を放棄する。
- 成果を祝う。

自分と新しいビジョンとを隔てている亀裂を越えるのが難しいのは、アイデンティティの切り替えを迫られるからでもある。イノベーションが進むにつれ、異なる仕事を担当することが求められる。基礎研究に携わる研究者から、イノベーション・チームを率いるチャンピオンに、そして事業開発業務の担当者へと転身を図らなければならない。アイデンティティを変えるのは、容易なことではない。個人やチームや組織の大幅な変革が伴う場合には、数年を要することになる。大きなプロジェクトになることを、覚悟しておこう。

職に就いている人に直接関係する一般的な例を挙げよう。

初めてプロジェクト・チャンピオンへの就任を打診されるケースだ。この新人チャンピオンのアイデンティティは、以前のチーム・メンバーのアイデンティティとは、また違う。求められるスキルも異なるため、不安も生じる。人を成功に導いて得られる恩恵も、最初のうちは定かではないのだ。

新しいプログラムを率いるリーダーへの就任要請を初めて受けたときのことを、覚えている人もいるだろう。受諾するかどうか決めかねて、バイス・プレジデントのオフィスの前を何度も行ったり来たりしたかもしれない。だがいったんそれを成し遂げれば、なぜそんなに決めかねたのかを思い出せなくなる。

亀裂を越えて新しいビジョンに飛び移れば、プロジェクトに参加したばかりのメンバーのサポートや、コーチができるようになる。そしてチーム全体がすぐに、新しいビジョンに焦点を合わせるようになる。メンバーは口々に「世界レベルのチーム」や「全国で一、二を争うコミュニケーション部門」や「業界随一のカスタムボート・メーカー」の一員であると、自慢げに語るようになるのだ。

優れた教師は、自己変革の歩みを直感的に理解している。小学校時代に、誰もがこうした変容を経験しているが、おそらくそのプロセスには気づいていないだろう。小学校で綴りをきちんと覚えると、先生は、それを踏まえて文章の構造を教える。足し算を使って、掛け算を理解させる。物語を楽しめるようになると、それが文章を書くためのジャンプ台になる。

自分の置かれている状況を確認しよう。まずチームは、達成・権限・関与というモチベーション・マントラを満たしているだろうか。[4] 次に、チームと新しいビジョンとの間に乖離があるようなら、メンバーが自分の強みを活かしていけるように、自己変革のステップを実践しよう。

第5部

原則5

組織の方向づけ

ORGANIZATIONAL ALIGNMENT

第 15 章

あなたのイノベーション・チームだ

今すぐに始めよう

YOUR INNOVATION team :

YOU CAN START NOW

「人が決然とコミットする瞬間、神の意志が働く。できること、夢見ることが何であれ、始めよう、今すぐに」[1]

ウィリアム・H・マレイ

危機

一九八六年、私（本章では、共著者カーティス・R・カールソンを指す）は同僚のノーマン・ウィナースキーとともに、ニュージャージー州プリンストンのRCA研究所で、研究員七〇人を束ねる中間管理職に就いていた。だが、この年にRCAはゼネラル・エレクトリック（GE）に買収され、その後まもなくSRIの一部となって、子会社サーノフ・コーポレーションとして船出した。

RCA時代には研究予算が毎年配分されたものだが、SRIの子会社になってからは、自動的に予算が与えられることはなくなった。われわれの立場は、企業の社内研究部門から、顧客から研究を受託することを生業とする研究機関へと様変わりした。社員を養っていくためにビジネスを開拓しなければならなくなったのだ。

これまでとは一八〇度の転換だ。大企業の管理職にありがちな話だが、当時のわれわれは、顧客ニーズ、事業開発、ビジネスモデルといったことに精通していなかった。まして、意味のある顧客価値を創るなど望むべくもなかった。どうすればうまくいくか見当がつかない危機的状況であった。このピンチがキャリア上の絶好の機会となることに気づいたのは、ずいぶん後になってからのことだ。

必要に迫られ、われわれのチームは、隔週月曜日の午後五時から九時までミーティングを開くようになった。ピザを片手に各自が学んだことを披露し始めた。ノーマンと私を含めた全員が、各自のビジネス・アイデアについて短いプレゼンテーションを行い、それからチームでアイデアを批評し合った。最初の数年の進歩は亀の歩みであったが、皆が進歩を示し、互いに学び合っていった。徐々に成功の兆しが見えてきた。

われわれは新しい業務に使えるベストプラクティスを理解し、開発する必要があることに気づいた。ベストプラクティスを収集し、書きとめ、共有するようにした。場当たり的だったプレゼンテーションは、NABC（第五章参照）を踏まえた価値提案へと発展していった。反復プロセスや重要度の高い顧客価値といった言葉が共通言語となっていった。そして数年後には、目覚ましい成果が出始めた。われわれは重要なプロジェクトを次々に受注できるようになり、急成長し始めた。

周囲もその変化に気づき始めた。われわれのチームが開発したイノベーション手法は、サーノフ社内の他の部署へも広がっていった。ノーマンと私は、価値を生み出す新たな手法の探求を続け、ついにサーノフから最初の会社をスピンオフするに至った。月曜日の定例会議は、チーム・メンバーの強い要望もあって、帰宅後にフットボールの試合中継が見られるよう、八時で終わるように短縮された。会議の時間短縮は、われわれが正しい方向に向かっていることを象徴する勝利であった。

あなたのイノベーション・チーム

イノベーションのベストプラクティスが、あなたの現場のチームでも活用可能なものであることは、われわれの経験が実証している。経営陣の許可など必要ない。ピザを片手に開催したミーティングの話が示すように、イノベーションのアイデアは、大組織の中間層のグループから始まっている。当時は経営陣のサポートも承認も得ていなかった。要請もしなかったし、その必要も感じていなかった。

イノベーション・チームを始めるにあたって、チームが遵守すべきコンセプトはたったの二つだ。一つは、最短の時間で最高の顧客価値を創造し、提供することを目標とすること。もう一つは、その目標の達成のためにイノベーションのベストプラクティス、つまり「イノベーション五つの原則」を活用すること。チーム・メンバーを議論に参画させ、彼らのコミットメントを獲得しよう。

あなたの部署が社内のどこであってもかまわない。広報、マーケティング、財務、エンジニアリング、ＣＥＯであっても大丈夫だ。あなたもチームとともに、今すぐに始められる。会社全体に「イノベーション五つの原則」を展開していく方法については、次章で説明する。

イノベーション・チーム全体に導入・展開されるべき「五つの原則」を、改めて確認しよう。

第一に、重要な顧客ニーズと市場ニーズにフォーカスすること。第九章で説明したように、顧客が組織外部にいるならば、顧客と市場の生態系を深く理解しなければならない。顧客が組織内部にいるならば、その顧客のニーズと、そのニーズを満たすためにどうやって顧客価値を創造すべきなのかを理解しなければならない。簡単にレベルをチェックする方法がある。自分たちの顧客は誰で、顧客のニーズは何であるかを、チーム・メンバーに書き出してもらう。次に、顧客にも同じことをやってもらう。両者の食い違いの大きさに驚くはずだ。リストを比較することで貴重な議論に火がつくこと請け合いだ。

第二に、価値創出ツールを使って顧客価値を創造すること。「NABC価値提案」「エレベーター・ピッチ」「ウォータリング・ホール」「イノベーション・プラン」などのツールだ。重要な顧客ニーズと市場ニーズを特定するための基準も、いずれかの時点で決めるべきだ。また、価値因子分析などの評価ツールで顧客価値を定量化することも忘れてはならない。ウォータリング・ホールは、チーム・メンバーが価値提案を継続的に改善し、ビジネスのコンセプトについて学び合い、スキル向上を図るのに役立つはずだ。

第三に、それぞれのイノベーション・プロジェクトに、チームを動機づけ、前進させ続ける「チャンピオン」を確保すること。問題が生じたときに軌道修正を図ることができるよう、チャンピオンはプロジェクト全体に責任を負うことが大切だ。チームのモチベーションやビジョンの明確化、解決策の一体化、資金の確保、プロジェクトの一部を監督するチャンピオンの確保など、是正措置を必要とする課題がいかなるものであっても、チャンピオンが明確になっていれば対処しやすい。

第四に、適切なメンバーを選び、全面的にプロジェクトに関与してもらい、噴出する懸念を解決し、前進させていくこと。メンバーの発言から、プロジェクトの進捗状況や対処すべき課題が見えてくる。「ニーズが理解できない」「一般論としてはよいが、私たちに当てはまらない」といった声が聞こえてくるだろう。こうした声は、プロジェクトを急ピッチで進めるために克服しなければならない課題を明らかにしてくれる。意欲的で献身的なチームの存在が、何よりも大切だ。

第五に、成功に向けてチームを結束させること。そして成果が出始めたら、顧客価値を中心にすべての業務が回っていくように、この考え方をチームの外にも少しずつ広めることだ。

チームの方向づけ

チームがイノベーションの目標と合致し、イノベーションが組織の目標と合致していなければ、チームは、持っている力のすべてを出し切れない。成功を阻害する要因が取り除かれ、成功に必要な組織的サポートが得られている状態であれば、チームの方向づけは明らかになる。チームとイノベーションの方向性を一致させるために、まずは、イノベーションの原則1～4を実践しよう。プロジェクトやチームや組織全体の足並みが揃っていないと、遅れや大失敗につながりかねない。阻害要因を見つけたら、対応策をイノベーション・プランに盛り込むことだ。

障壁の排除

様々な障壁が成功を妨げる。たとえば、部署内の既存製品と競合する新規プロジェクトは頓挫しかねない。組織内の利害対立はプロジェクトの足を引っ張り、プロジェクトをつぶしてしまうことさえある。新規プロジェクトのために、あえて別組織を作ることが成功につながることもある。たとえば、ゼネラル・モーターズ（GM）は、エンジンに取って代わる自動車用燃料電池を開発しているが、エンジン部門とは別の新組織を設置して、利害対立を回避している。

新会社を設立することが最善な場合もある。SRIでは、大規模なプロジェクトを当初は組織内で育成するが、イノベーション・プランが完成し、必要なリソースを確保できた時点で、新会社としてスピンアウトする。SRIは、イノベーションの初期段階を手がける研究機関として最適化された組織であり、大量生産や販売に適しているわけではないからだ。大規模なイノベーションにおいては、製品やサービスを作り出していくために、それに特化したチームやインフラが必要になることが多い。

ほかにも、組織には様々なものが障壁として存在する。たとえば、社員は資金をはじめとしたリソースに効率的にアクセスできるだろうか？　資金確保、人員採用、コンサルタント起用、設備設置などの手続きは、手間のかからないものだろうか？　もしそうでなければ、余計な時間と労力がかかり、プロジェクトのスピードを損なうことになってしまう。

当然のことながら、チームの方向づけを阻害する要因は無数にある。大事なのは、それらを速やかに見つけ、必要に応じて組織的に取り除くことだ。われわれの経験では、チームや組織の足を引っ張る自己防衛的な「障壁」だと人々が思い込んでいるものの大半は、誤解に基づくもの、つまり「レッド・ヘリング」だ。会社の手続きやプロセスが、迅速な人材採用や新しい組織の設立といった施策の障害になっているという誤解は、典型的なレッド・ヘリングだ。他の部署から情報を入手できないという認識も、たいていは誤解だ。

このような情報収集を行う際、心理障壁を取り除くには時間がかかるが、コツを一つ紹介しておこう。NABC価値提案を書き出して上司に見せるのだ。その中で、他部署の幹部から入手しなければならない情報と、協力してもらう内容を明確にする。こうすれば、自分の仕事をしっかりやっていることと、人の時間を浪費するつもりがないことがはっきりする。さらに、他の部署に話しにいくのはさぼるためではなく、ビジネス上の正当な理由があることを、上司にわかってもらえる。

お勧めしたいのは、気がついた障壁を残らず書き出し、プロジェクトの一環としてウォータリング・ホールで提示することだ。障壁が明らかになれば、ほとんどの関係者は、それを取り除くことに協力してくれるはずだ。何かを不可能だと決めつけてはいけない。やるべきことをしてから、聞いてみることだ。次に、組織の方向づけに役立つ他の要因について議論する。

目覚ましい成果

多くの企業は、新しいアイデアを導入する際に、組織カルチャーを変えなければならないと話す。われわれは何百人もの人たちと仕事をしてきたが、カルチャーを変えてほしいと志願する人にはお目にかかったことがない。経営者がカルチャーを変えるべきだと言い始めると、社内に屈辱感や抵抗が生まれる。カルチャーの変化は、新しいスキルを開発したり、成果を上げたりしたときに生じる副産物であり、「イノベーション五つの原則」によって最初に目指すべき目標ではない。

目指すべきは、目覚ましい成果を上げることだ。サーノフの例が示唆するとおり、「イノベーション五つの原則」を実践するのに、大がかりな組織体制も、地位や縄張りをめぐる政治闘争も、多大な資金や人材も必要ない。必要なのは、多少の時間的コミットメントだけだ。ところが組織は、むやみに会議ばかりしているものだ。多くの会議は、議題設定が中途半端で、顧客価値の創造に的を絞り切れておらず、顧客価値を定量化するための共通言語やツールがなく、出席者が準備不足で会議に臨んでいたりする。人々が「イノベーション五つの原則」を学めば、会議の生産性は徐々に向上し、効率は改善していくはずだ。顧客価値の創造のために定期的なウォータリング・ホールを開催するのに、大量のリソースはいらない。ピザと飲み物を買う若干の資金と、意欲的なメンバーが数人いれば、始められる。

顧客価値の構築は、顧客ニーズを理解することから始まる。顧客を訪問する出張予算がなくても、電話やメールで時間をかけず、効率的に必要な情報を得ることができる。手元にあるリソースは、往々にして十分には活用されていない。

「イノベーション五つの原則」の実践に向けて、着実に実績を残しながら進んでいこう。行動を起こすのに必要なリソースは、あなたのチームにすべて揃っている。

準備の重要性

始めるにあたっては、第一に、パートナーを見つけることが重要だ。「イノベーション五つの原則」をチームが置かれた状況に合わせて活用するには、相談できる相手が必要だ。

第二に、顧客と仕事を進めながら、あなたが顧客に提供している価値を評価する方法を見つけることだ。価値因子分析ツールを利用するという方法もある。顧客のために素晴らしい仕事ができるようになるまでにどんな道のりがあるかを把握することは有意義な一方、結構気がめいるものだ。たとえば社員は、SRIのCEOである私の重要な顧客であり、彼らのニーズが満たされているかどうかを常に把握する必要がある。社員調査の結果から、改善を続けなければならないことがわかっている。改善が必要な問題は、ビジョンや戦略や目標を伝える努力を徹底すること、社員一人一人が組織に何を求められ、どう評価されるのかを示すこと、重要な意思決定に社員を関与させることなど、相変わらずの内容だ。改善運動に終わりはない。「イノベーション五つの原則」を実践するには、チーム・メンバーを十分に巻き込むことだ。

まずは、成果を得やすいことから着手して、初期段階の賛同者（アーリー・アダプター）を巻き込んでいこう。いかに素晴らしいアイデアであっても、早々と採用するのは全体のわずか二〇％で、七〇～七五％はそのアイデアの実効性が証明されるまで様子見し、残りの五～一〇％はいつまでも採用しない。二〇％のアーリー・アダプターを速やかに巻き込んで、彼らの成功を支援し、その成功をテコにして組織の幅広い層を巻き込んでいくべきだ。

「イノベーション五つの原則」に取り組んでいると、状況に合わせて言葉や概念を微調整しなければならなくなることがある。前述したイギリス放送協会（BBC）のケースでは、BBCはNABCの考え方は気に入ったが、頭文字に視聴者（audience）を表す小文字のaをつけて「aNABC」とした。BBCの社員にとってのaNABCは、「視聴者ニーズ（aN）に基づいた独自の番組制作のアプローチ（A）によって、最大の費用対効果（B）を実現し、現在や将来における競合（C）や他の選択肢を凌駕する」ということになる。

さらに、本書で紹介した事例を、あなたの組織にふさわしい形に読み替える必要がある。自動車業界の事例は、本質的な部分は同じであっても、財務部門や非営利団体や政府機関では、あまり参考にならないかもしれない。あなたと同僚は、チームが共感できる事例を作るべきだ。

ムダの排除

日本語には素晴らしい言葉がある。付加価値を生み出さない活動を指す「ムダ」という言葉だ。[2] ムダは、顧客価値の対極にあたる。浪費を生み、顧客価値の創造を妨げる。効果を最大化するには、顧客価値を最大化するだけでは足りない。不必要な業務やコストを取り除くことも求められる。行動につながらない延々と続く会議を、誰もが経験しているはずだ。これこそムダだ。

ムダという言葉が素晴らしいのは、意味通りの音に聞こえるからだ。チーム・メンバーが互いに顔を見合わせ、「ムダだったな」と笑えるようになれば、進歩している証だ。ムダを省く際の判断基準となるのは、その業務が重要でおもしろいかどうかだ。時折、おもしろくもない業務を見かけるが、そのような業務は、組織にとっても価値がない。

犯しがちな過ち

人々の働き方に影響を与える取り組みにありがちな話だが、「イノベーション五つの原則」の実践にあたっても、進捗を妨げるような、犯しやすい過ちがある。

まず、チームの成功のために新しいプロセスを導入しているのだから、何も問題はないと考えるのは間違いだ。社員は、導入されるプロセスが自分の仕事にマイナスに作用することを危惧する。あなたは、あらゆるステップで疑問視され、誤解すら受ける。このような人たちを巻き込み、意見をしっかり聞いてあげることだ。あなたが理解していることがわかるように、彼らの言葉を変換し続け、彼らを巻き込んでいけば、前に進むことができる。

二つめの過ちは、成果が出始める前から、イノベーションのベストプラクティスについて大袈裟に騒ぎ立てることだ。「私はチャンピオン」「優れた顧客価値を創造する」といった言葉を印刷したTシャツを配ることから始めるような真似はすべきでない。不必要に大袈裟な行為は怒りを買うだけだ。あなたがどれだけ有能で、プロジェクトがどれだけうまく運営されていたとしても、成果が上がるには一定の時間がかかる。実現できないうちから約束をしてしまうと、仕事を余計に大変にしてしまう。

三つめの過ちは、「イノベーション五つの原則」を不適切に適用したり、いい加減に適用したりすることだ。これでは成果が上がらない。そして成果が出ないと、一連の価値創造手法が役に立たないことが証明されたと思う人すら出てくる。チャンピオンなら、チームが新しいスキルを習得して成功するように手助けしよう。組織の中で最も重要なチームになれるよう、粘り強く顧客価値の創造に励むことだ。

進歩を示す——周囲が気づく

あなたは、組織の誰の許可を得ることなく、顧客価値の創造に向けてチームをスタートさせることができる。イノベーションのベストプラクティスを構築すれば、組織の同僚たちに影響を与えるチャンスはいくらでもやってくる。あなたのプレゼンテーションが、数字に裏打ちされた説得力のある価値提案になっていれば、周囲はすぐに気づくはずだ。定量化された顧客ニーズで始まり、競合や代替品の分析で終わるようなプレゼンテーションは少ないため、同僚たちを感心させるのも簡単だ。

周囲があなたたちの進歩に気づき始めたら、追加のリソースを求めるチャンスだ。「イノベーション五つの原則」のプロセスは、大規模な投資を必要としないが、ちょっとした資金があると重宝する。ピザを買ったり、顧客を訪問したり、市場調査レポートを買ったり、競合状況を把握するためにカンファレンスに出たり、外部のジャングル・ガイドを雇ったりできる。信じ難いことに、大企業の多くは業績が悪化すると、真っ先に出張費を削ってしまう。仕方がない面もあるが、顧客訪問のための出張費は、決して削るべきではない。

あなたの持つ最も価値あるリソースは、同僚だ。組織全体の才能をフルに活かすことで、指数関数的に進化する市場に、迅速に対応できるようになる。あなたが本気であることがわかれば、同僚はイノベーションの取り組みに手助けをしてくれる。

人は、意義のある仕事にかかわりたいと思うものだ。評価され、感謝されたいと思うからこそ、よい仕事をする。どのような役職であっても、新しいスキルを身につけて存在価値を高めたいと思う。そして、仕事の生産性も楽しさも増すからこそ、人と良好な関係を築きたいと考える。人を動機づけるために最も重要なのは、こうした人の根源的な欲求に働きかけることだ。よい仕事をして、人の役に立ちたいという欲求だ。

まずはあなたが、それを信じているかどうかが試される。チーム・メンバーは、心の奥底ではあなたが信じていることを願っている。なぜなら、それは彼ら自身が進みたいと考えている方向だからだ。よい仕事ができるよう、彼らを手伝ってあげてほしい。

第 16 章

イノベーションの精神を根づかせる

継続的な価値創出（CVC）の徹底

THE INNOVATION ENTERPRISE: CONTINUOUS VALUE CREATION (CVC) THROUGHOUT

「モノを作る時、それが何であれ、体系的な方法で生産すべきである」
トヨタ従業員ハンドブック[1]

「どのCEOも、世界の動きが加速しているからイノベーションの腕を上げなければならないと、口では言う。しかし、自社のイノベーションの方法について説明を求めると、社員の誰もが困って顔を見合わせる。方法と呼べるようなものが何もないのだ」[2]
ハーバード大学　ゲイリー・ハメル

最低条件としての品質

顧客の立場になれば、お金を払うなら品質のよい製品を欲しいと思うのが当然だ。われわれは、車を購入するときに、消費者レポートやウェブサイトのレビューを参考にするが、最も重視するのは品質だろう。このため、われわれは新聞記事を見たり、車を買った友達に話を聞いたり、J・D・パワーの評価やコンシューマーレポートの修理記録を見たり、自動車の品質にかかわる様々な指標を確認したりする。

誰もが品質を期待する。もし、車のエンジンがかからなかったり、ペンが使えなかったり、テレビが映らなかったりすれば、少なからずショックを受ける。だが、昔から品質がよいことが当たり前だったわけではない。メーカーが総合的な品質管理（TQM）を導入する以前は、品質検査を通らない製品が少なからずあった。世界的にTQMの考え方が普及した結果、コンピュータから自動車に至るまで、あらゆる製品の品質水準が飛躍的に向上したのだ。

製造業においては品質が王様だ。製造品質は、競争に参加するための最低条件である。しかし、ナレッジワーカーの世界では、顧客は品質以上のものを要求してくる。第四章で述べたように、顧客価値には、物理的な製品特性から、アイデンティティや意味のような深層的なニーズまでもが含まれる。顧客は、製品やサービスが普通に機能するだけでなく、優れた体験やステータスなど、様々なニーズを満たすことを求めている。ＴＱＭを発展させるため、製造業における品質改善運動の見直しが必要になっている。

素晴らしいアイデア

ＳＲＩの幹部会で、私（本章では、共著者カーティス・Ｒ・カールソンを指す）が自動車工場見学に行こうと言い出したとき、幹部たちはその言葉が信じられなかったようだ。「なぜそんなことをする必要があるのか？」という質問が飛んだ。「われわれは自動車メーカーではない。研究を通じて技術イノベーションやソリューションを生み出すことが仕事だ」と言うのだ。そのことに異論はなかったが、イノベーションを生み出すプロセスを持つことの重要性を、製造業の例で実感してほしかったのだ。

一九八二年当時、サンフランシスコ湾を挟んでシリコンバレーの対岸にあるゼネラル・モーターズ（ＧＭ）のフリーモント工場は、アメリカで最も生産性の低い工場の一つだった。品質問題が多発しており、労使関係は冷え込んでいた。閉鎖直前には、組合の苦情が八〇〇件近くも未解決のままで、欠勤率は二〇％に及んでいた。[3]

一九八七年に、ＧＭはトヨタと折半出資の合弁会社を設立し、フリーモント工場をトヨタの管理下で再開することに合意した。豊田達郎が工場の初代社長に就任し、合弁事業はニュー・

ユナイテッド・モーター・マニュファクチャリング（NUMMI）と名づけられた。NUMMIの経営陣は組合と交渉し、トヨタの幅広い職務分類と柔軟な就業規程に対応できるように組合協約を改定した。GM時代の従業員の半数は再雇用された。[4]

NUMMIが発足した当時、トヨタ生産方式は、ほとんど知られていなかった。GMの上級マネジャーは当時を振り返ってこう言う。

「当初は、パートナーから学ぶべきことは何もないと思っていた。だが実際には、われわれをはるかに凌駕していたのだ。GMの生産技術は取るに足らないと、認識を改めざるを得なかった。GMにできないことを、トヨタはいくつもやってのけていた」[5]

工場が再開してから数年後、NUMMIはアメリカのGMで最高の品質と生産性を誇るようになった。NUMMIの一台あたりの組立総労働時間は、同じ工場で一九七八年に平均四三時間かかっていたものが、二一時間に短縮された。ちなみに、トヨタの高岡工場の平均が一八時間であるの対し、比較可能なマサチューセッツ州フレーミングハムのGM工場の平均は四一時間だった。NUMMIの欠勤率は三％まで低下し、組合の苦情件数も一五件程度に減った。

トヨタの作業標準化

トヨタとGMは、どうやってここまで見事に工場を再生させることができたのか？　この規模の成功は、偶然起きるものではない。後にトヨタの成功要因について学ぶ機会があった。トヨタの思想は、社員ハンドブックに載っている格言に凝縮されている。

「モノを作る時、それが何であれ、体系的な方法で生産すべきである。製造現場で働く人たちが、その意味を十分に理解しているかどうかにかかわらず、システムは、製品の品質、コスト、安全性など、製品の成否を左右する重要な要因に甚大な影響を及ぼす」

すべての言葉が重要だが、特筆すべきは「それが何であれ」という部分だ。ここにはイノベーションも含まれている。トヨタの社員に対する言葉はこう続く。

「トヨタの社会に対する使命は、
- 最高品質の車を
- 可能な限り低価格で
- 最短のリードタイムでタイムリーに
- 労働者の人間性に最大の敬意を払いつつ
- トヨタの作業標準を活用して
- ムダを徹底的に排除して、提供すること」

私の知る限り、最高のミッション・ステートメントだ。最初の三項目で品質と生産スピードに基づく顧客価値を定義し、残りの三項目でそれをどう実現するかを規定している。

トヨタの作業標準化は、TQMの考え方を核とするものだ。このようなしっかりとした土台なしには、戦略的に重要度の高い取り組みも失敗しかねない。

フォードとデミングと大野

過去一〇〇年の間に、製造プロセスの革新につながる革命は二度起きている。一度めは、一九〇八年にフォードがT型フォードの低コスト組立ラインを開発したとき。[6] 二度めは、一九五〇年代にデミングや大野耐一らがTQMを製造業に導入したときだ。[7] 大野のリーン生産方式はデミングの手法を超え、トヨタ生産方式の基盤となった。

デミングと大野によるこれらの革新は、低コストで生産される製品の高品質化を可能にした。製品価値の最も重要な要素は品質であり、メーカーは品質にフォーカスすべきだ。いかに豪華な車であっても、故障を繰り返したら顧客は不満を感じる。今日のメーカーは、TQMを何らかの形で活用し、継続的な品質向上とコスト削減に取り組んでいる。

NUMMIは、しっかりとした品質管理プロセスの威力と効率を立証した。NUMMIの成功は、生産設備が提供すべき中核的な価値である品質に重点を置くベストプラクティスの上に成り立っている。ただし、指数関数的に進化する市場では、品質はゲームに参加するために必要な賭け金にすぎない。多くの分野で、製造活動自体がコモディティ化しつつある。企業が成功するには、品質以上のものを追求する必要がある。新しい顧客価値を、最短の時間と最小の投資で生み出し続けることを、組織の最も重要な指針としなくてはならない。

われわれは、グローバルに知識本位で動く時代、つまり指数関数的に進化する市場の中にいる。とはいえ、現状ではナレッジワーカーに対して、TQMに相当するような基準を持たない。TQMになぞらえるならば、継続的な価値創出（CVC）こそが、ナレッジ型組織にふさわしい基盤になる。そうした組織では、すべての機能が、最高の顧客価値を最短時間で創出することに注力している。

CVCの重要性

継続的な価値創出（CVC）は、顧客価値を迅速に創出するために、たゆまぬ努力を惜しまない組織文化を育む。CVCは、継続的な改善と転換的なイノベーションのどちらにも適している。顧客価値の創出が、企業にとっての最重要課題になっているため、CVCは重要なベストプラクティスのすべてを包含する。シックスシグマ（DFSS）やISO9001など、TQMに関連するベストプラクティスは、より具体的で、組織の特定の部門に適用される。一方でCVCは、組織全体のイノベーション・ベストプラクティスの中核となる。

ボトムアップとトップダウン

CVCは、ボトムアップ型の取り組みにもトップダウン型の取り組みにも適している。組織には、どちらの取り組みも必要だ。顧客ニーズ、ビジネスモデルの変化、技術革新を最も理解しているのは社員であり、ボトムアップは不可欠だ。一方で、新規の大規模な取り組みも必要であり、トップダウンも欠かせない。GMは、トップダウンによって、エンジンに代わる燃料

	TQM（総合的な品質管理）	CVC（継続的な価値創出）
目的	漸進的な品質改善を着実に果たすこと	漸進的イノベーションと転換的イノベーションの双方を通じ、継続的に顧客価値を高めること
測定基準	品質に関する統計的指標（価値の一側面を定量化）	時間あたり、投資金額あたりに創出される顧客価値（価値を構成するすべての要素）
重点	品質、効率性、コスト	顧客価値の増大（費用対効果）、効率性、イノベーションのスピード
手法	迅速な反復サイクルと集積による継続的なプロセス改善	迅速な反復サイクルと指数関数的な集積による、新たな顧客価値を創出するための継続的なプロセス改善

図表16−1：相互補完的な特性を持つTQMとCVC

電池の開発に着手した。

組織全体を貫くトップダウン戦略は、アメリカにおける初期の経営管理に貢献した。その端的な例は、執拗にトップダウンを貫いたヘンリー・フォードだ。

低コストと大量生産を実現したフォードの組立ラインでは、社員は歯車にすぎなかった。フォードは、コスト低減を実現することに執着しており、その実現にはこのやり方が最適だと考えた。フォードは、車体の色を作業効率のよい黒一色に絞って、生産を簡素化した。フォードは革命的なT型で大成功したものの、当時の月間離職率は四〇%に達した。[8] 社員は飽き飽きとしており、疲れ切っていた。

ロボットのように扱われることにうんざりしていたのだ。社員は集中力を欠いており、品質面にも支障をきたしていた。

トップダウン型組織は、反応が速いという利点はあるが、成果を出すのにたくさんの具体的なルールを必要とする。外界のイノベーションのスピードについていくには、組織の集合知の総量が不足し、最終的に立ち行かなくなる。GMがカラーバリエーションなどのイノベーションを打ち出すと、フォードは破たん寸前まで追い込まれた。

これに対して、TQMは、製品の品質に焦点をあてるところから始まる。組織全体で継続的な改善を追求するため、全社員の関与が必要となる。TQMを導入している日本企業の経営トップは、ミッション・ステートメントを明文化し、業務の基盤となるTQMにコミットしている姿勢を示すことで、リーダーシップを発揮する。責任は組織全体で担保するが、新しい施策が受け入れられるには、広範囲にわたっての合意形成が必要となる。

問題は、市場の指数関数的な進化に十分なスピードで対応し、ビジネスチャンスをつかんでいけるかどうかだ。

CVCを基盤とする組織は、トップダウンとボトムアップの両方の力を活用する。こうした組織では、顧客価値の創出があらゆる活動の核となっており、TQMのような他のベストプラクティスは、必要に応じて導入される。

CVCでは、トップの指示による戦略的な取り組みと、ボトムアップによって浸透する新しいアイデアの両方を活かす余地がある。ウォータリング・ホールは、両方の取り組みを支える共通の組織基盤となる。既存の製品やサービスの改善のために、現場に近いメンバーで設けてもよいし、技術やビジネスモデルの革新にかかわるような新しい戦略的な取り組みを進めるために、幹部クラスでチームを編成し設置してもよいだろう。いずれの場合も目指すべきは、イノベーション・ベストプラクティスを活用して、最短の時間と最小のリソースで最高の顧客価値を実現することだ。発案者がトップであれ、ミドル層であれ、一般社員であれ、新しい取り組みはすべてこのリトマス試験を通過する必要がある。

SRIにおけるCVCの推進

私が、シリコンバレーにあるSRIの本社に移り、世界有数の技術開発機関のCEOに就任したのは夢の実現であったが、一つだけ問題があった。過去半世紀にわたってSRIを成功に導いてきたビジネスモデルが通用しなくなってきたのだ。指数関数的に進化する市場の活力とスピードは、SRIとそのパートナーに、もっと生産的な方法で協働することを迫っていた。

足を踏み入れたばかりの企業を、理解していると思い込むのは間違いだ。私はSRIの社員が何を重視しているのかを知らなかったので、それを把握するために、社員を対象としたアンケート調査を準備した。その質問項目は以下のとおりであった。

●ＳＲＩのビジョン、戦略、基本的な価値とは何か？
●ＳＲＩと、ＳＲＩが手がけている事業にとって何が重要なのか？
●ＳＲＩの強みと弱みは何か？

提出された数百ページに及ぶ回答は、印象的なものだった。社員がＳＲＩを深く気にかけていたことは明らかだった。しかし、ビジョンと戦略については共通見解がほとんどなかった。幸いにも、基本的な価値については全社的な合意がなされていた。「顧客中心」「重要な仕事をして世界をよくする」「優れたプロフェッショナルの同僚と仕事をする」「何をするにも敬意と誠実さが基本」といった具合だ。私は回答を要約して全社員に配布し、私が彼らの意見を正しく理解しているか確認した。

上級スタッフとワーキング・グループは、ＳＲＩを取り巻く外部環境を調べるとともに、どう対応すべきかを検討し始めた。まずは、顧客のニーズ、事業の環境とエコシステム、具体的なビジネスチャンスについての理解を深めようとした。「われわれは適切な市場にいるのか？」「チャンスをつかめる組織構造になっているか？」「成功するために必要な人材は揃っているか？」「成功を支えるインフラは整備できているか？」といったことを問いかけた。こうした作業を通じて、目指すべき新しいビジョンを構築し、ビジョンの実現に必要な仕事を特定していった。上級スタッフは、新しいビジョンの実現に向けた活動を推進するという新しい役割を担うことになった。さらに、新たな支援チームが編成され、必要な施策、組織、インフラを整備するとともに、妥当性を欠いた取り組みを見直した。

スピードは不可欠だが、同時に全社を置き去りにしてしまわないことも重要だった。社員の意見と賛同が必要だったのだ。社員を巻き込み、フィードバックを得るために、全社的な話し合いだけでなく、フォーカス・グループ、チーム・ミーティング、eメールを駆使した。

変革のDNA（Desire：欲求、New vision：新しいビジョン、Action plan：アクション・プラン）は、個人のみならず、組織にも当てはまる。SRIでは、変化する必要性についての合意が、当初はほとんど形成されていなかった。社員は口々に「われわれのチームは大丈夫です。ただ他のチームがちゃんとしてくれないと困ります」と言っていた。しかし、指数関数的に進化する市場で直面する課題や、SRIが変わらなくてはならない理由について、徐々に理解が進んでいった。しばらくすると、社員が必要性を議論することはなくなり、SRIの新しいビジョンや目指すべき方向について論じるようになった。最終的には、議論の対象は、ビジョンから具体的な行動計画へと移っていった。この経過を次に説明しよう。

われわれは、二つの基本原則を実践しようとした。第一に、最高の顧客価値を最短で創出するという目標に対する社員のコミットメントを得ること。第二に、この目標を実現するためにイノベーションのベストプラクティスを活用すること。われわれは、この取り組みによって組織が正しい方向に向かっているか確認しながら、試行錯誤を繰り返した。それは、発見と創造、実践と測定、学習と反復を伴う、イノベーション・ベストプラクティスの継続的な改善プロセスだった。この二つの基本原則こそ、CVCの実現に向けたコミットメントとして最も重要だ。

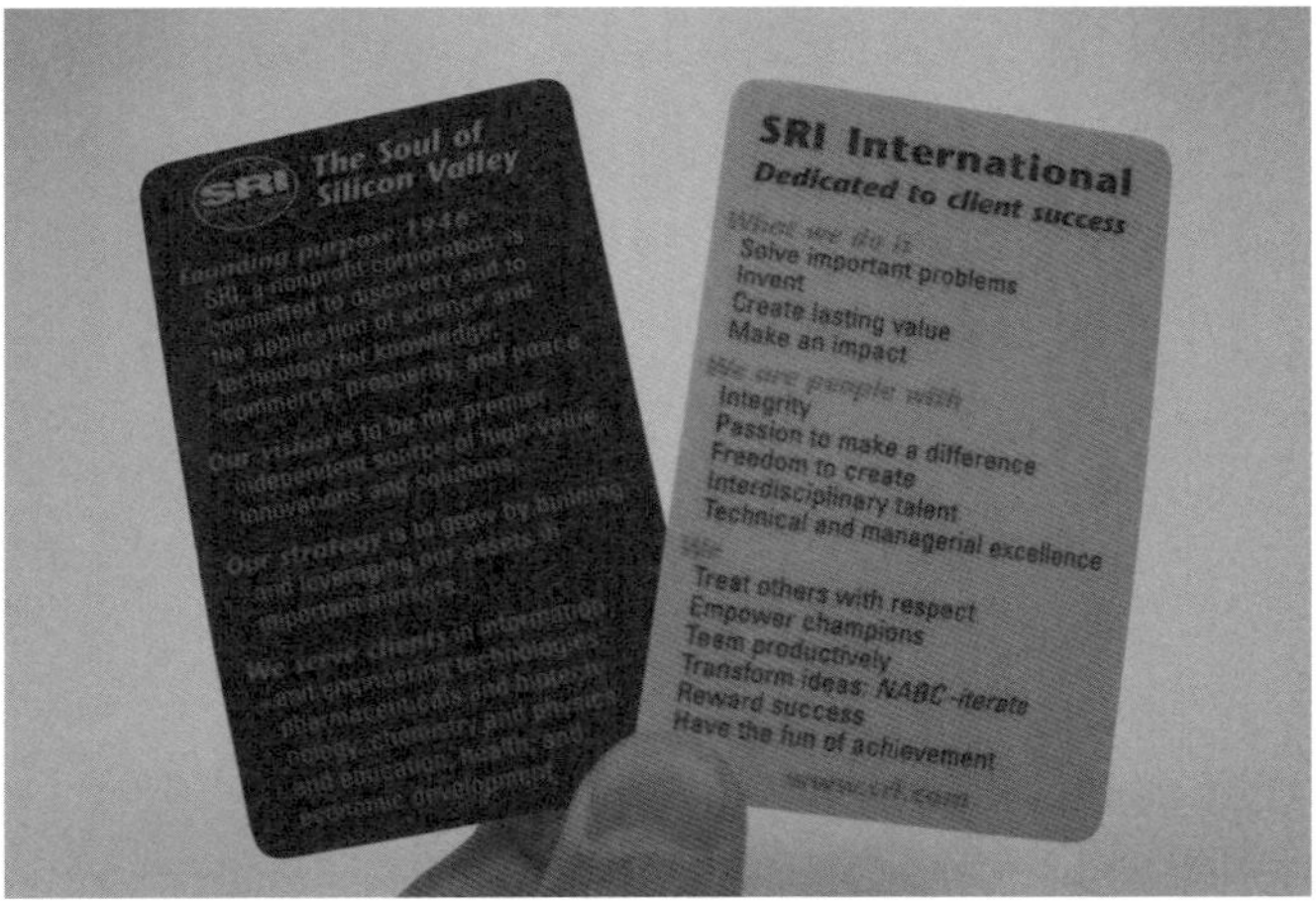

図表16－2: 全社員に配布されたSRIカード
「イノベーション５つの原則」のポイントが記載されている。「Soul of Silicon Valley（シリコンバレーの真髄）」は、60年にわたるＳＲＩの先駆者的役割を評した『ビジネスウィーク』誌から贈られた言葉。

ＳＲＩカード

顧客価値とイノベーション・ベストプラクティスのもとに組織を結束させる取り組みの最初の成果物は、社員とともに作った「ＳＲＩカード」（図表16－2）だ。ＳＲＩのビジョン、戦略、基本価値、イノベーション手法を記述したカードを作るために、ワーキング・グループを編成した。カードの文案をＳＲＩの社内ウェブサイトに載せ、定期的に全社に意見を求めた。最初のうちは、メールで寄せられる意見は、議論をふっかけるものだったり、懐疑的だったり、敵意むき出しだったりした。だが、どのような意見も参考になった。こうした意見によって、メッセージの精度が不十分で、練り直しが必要なことがわかったからだ。
反復プロセスは続いた。その目的は、記録的な速さでカードを作ることではなく、実効性のある共通のビジョンの作成に全社員を巻き込むことにあった。SRIカードは、会話を生むきっかけとなり、ビジョンを明確にした。そしてようやく、「これこそ、SRIのあるべき姿だ」「ぴったりだ」といった反応が返ってくるようになった。この時点で、図表16－2に示したカードを製作した。

SRIカードが完成した後もワーキング・グループは維持され、チャンピオンの役割、SRIにふさわしい数値目標など、イノベーションにかかわる課題を検討していった。その過程で、ウォータリング・ホールやベンチャー・インキュベーション・グループのような新しい組織も作られた。そして、一連のイノベーション手法を、社員、パートナー、クライアントと広く共有するため、SRIイノベーション・ワークショップが開発された。

SRIカードは、われわれのコミットメントを目に見える形で示した初期の試みだ。イノベーションのベストプラクティスを活用し、最高の顧客価値を創出することに全社で取り組むという決意の表れである。それは、顧客価値とイノベーション・ベストプラクティスが意味するところを誰もが理解し、それに沿って行動できるように組織の足並みが揃うまでには時間のかかる、長期的なプロジェクトだ。[9]まず、組織全体が「イノベーション五つの原則」に深くコミットし、その実践に取り組まなければならない。そして、最大の顧客価値を創出して提供できるように組織設計をする必要がある。よく言われるように、「組織の業績は、組織設計で決まる」ものだ。[10] あなたの組織も、カギとなる要素のすべてに足並みを揃えることが必要だ。

組織アライメントのカギとなる要素

・共有されたビジョン、戦略、価値観、目標
・最高の顧客価値を提供することに対するコミットメント
・イノベーションのベストプラクティスを活用した継続的なプロセス改善へのコミットメント
・イノベーションを生む組織構造とプロセスの構築
・社員間コミュニケーション、ナレッジ、知財などに関する組織の透明性の担保
・評価と報酬の共有
・CEO、社長、経営層のコミットメント

われわれの目標は、SRI全社でCVCを実現することにあった。CVCを推進する組織では、全社員が顧客価値の創出と提供に関与する。このため、一人一人の業務の重要性が尊重される。また、顧客価値、企業価値、株主価値、パートナー価値、従業員価値、社会価値など、あらゆるステークホルダーの価値のバランスが考慮される。

CVCを推進する組織の成功を図る指標

・新たな顧客価値の創造とイノベーションのスピード
・顧客満足度とリピート率
・成長、利益率、投資収益率（ROI）
・社員の能力開発、忠誠心、定着率
・地域社会に対する責任

組織全体の足並みが揃うことにより、最高の顧客価値を提供することが可能になる。もし組織に問題があるのなら、排除しなければならない。CVCを推進する組織の目指すところは、イノベーションの成功事例を活用して、最高の顧客価値の創出を「必然」とすることだ。

初期段階の賛同者

CVCを組織全体に展開するまでの道のりは他のプロジェクトと同じで、全員が最初から同意してかかわってくれるわけではない。まずは、新たなビジョンに共感してくれる人を見つけることから始めよう。ちょうど市場で「橋頭堡」を築くのによく似ている。彼らが変化してパフォーマンスを上げられるように手助けし、成功を祝福してあげよう。組織において尊敬されているメンバーが、新たなビジョンを受け入れ、スキルを習得し、成功すること以上に、信用を勝ち得るための良策はない。懐疑派を説得するのは難しいが、こうした初期段階の賛同者

（アーリー・アダプター）は、ＣＶＣが機能するということを立証してくれる。

顧客価値の原則とイノベーションのベストプラクティスを定着させたいなら、強化を続けなければならない。自分が考える一〇倍の頻度でメッセージを発し続ける必要がある。みんなが聞いてくれるわけではなく、耳慣れない言葉も多いうえに、最初は懐疑論もあるからだ。新しい考え方を理解し、自分のものにするには時間がかかる。全社会議、ワーキング・グループ、研修、トレーニングなどに加え、成果を社内ウェブサイトに掲載するなど、多種多様な方法で全員を巻き込もう。

ＣＶＣ実現までの道筋

よく聞かれるのは、「どうやって始めればよいのですか？」ということだ。次のロードマップを参考に、ＣＶＣ実現に向けた道のりを確認するのも一つの手だ。ここでは、ＣＶＣに注力するための具体的な手順が明らかになっている。自分の組織に合わせてその手順を修正することは必要だが、ロードマップがあることでＣＶＣへの道筋がつかめるはずだ。

1．指数関数的に進化する市場と、自社に対する影響をよく理解する。

▼重要度の高い顧客ニーズと市場ニーズを選び出す。

▼成功するためのビジョンを策定する。

2. 新しいビジョンの実現に向け、支援グループを組成する。

▼準備

・現状を確認する。

・チームを巻き込み、賛同を得る。

▼新しいビジョンの説明と誘引

・有効な手段を駆使して、新しいビジョンと価値を創出する戦略を説明する。

・チームと組織のためにエレベーター・ピッチを作成する。

▼ウォータリング・ホールの始動

・テーマを決め、チャンピオンを定めて、主な協力者を集める。

・ウォータリング・ホールを開催し、コラボレーションや価値創出にとっての阻外要因を取り除きながら、価値創出について参加者を教育する。

・他の人にも価値提案の作成とウォータリング・ホールの開催を勧める。

▼短期間での成果をテコにした勢いづくり

・新しい価値を創造し、ビジョンの実現に貢献した人を評価して報酬を与える。

・他のチャンピオンを見つけてコーチし、進捗状況を適宜、情報提供する。

3. 新しいビジョンに組織を整合させ、イノベーション・ベストプラクティスを組織に浸透させる。

▼成果をまとめ、さらなる変革を生み出す。
・信頼をテコに、システム、組織構造、方針を、ビジョンに合うように変更する。
・価値創出の原則と方法を、チャンピオンとスタッフに教え、トレーニングする。
▼サポート組織の組成
・顧客価値と継続的な改善の重要性を訴え続ける。
・学んだことやイノベーションのベストプラクティスを文書化し、共有する。
・評価制度や報酬システムをビジョンに整合させる。

CVCは、他の組織改革手法と同様に、強化し続けることが肝心だ。時間がかかる道のりだが、前進するチャンスを見出し、何度も挑戦し続けよう。人は誰しも実際に要する時間よりも早く実現することを期待しがちだが、組織全体に浸透させるには時間がかかるのだ。

頑丈な壁を作ろうと思ったら、レンガを一つずつ積み上げるしかない。毎週、毎月、毎年、レンガを一つ一つ地道に積み上げているかどうか、自分に問いかけよう。最初は大きな進歩が感じられないだろうが、次第に誰の目にも進歩が明らかになる。そして進み続ければ、大きなレンガを積めるようになる。

「SRI社員の何パーセントくらいが、『イノベーション五つの原則』を完全に理解しているのですか?」と聞かれることは多い。

この質問に対して、こう答えている。「非常によく理解できているのは一〇%、仕事をするのに十分な理解をしている人が二〇%、考え方を理解しているといえるのは三〇%。残りの四〇%は、NABCのような考え方の一部はわかっています」。

この点ではTQMも同じだ。トヨタはその手法を確立するのに五〇年を要した。しかし、大きな影響を与え、組織としての成果を上げるのに、一〇〇%の理解は必要としない。決して一〇〇%には到達できないが、幾つかの部分が増幅し合うことによって、与える影響は大きくなる。着実に前進していけば、成果も徐々に大きくなる。

リーダーシップへのコミットメント

CVCを推進するリーダーになると、あなたのコミットメントが試される。イノベーションの創出プロセス、優れた顧客価値の創出、その提供方法について話し始めると、あなたのリーダーシップが問われるようになる。

あなたが揺らいでいないか、新しいアプローチを主導する本物のチャンピオンなのかを、社員は鷹のような目で見ている。あなたに熱意はあるだろうか？「イノベーション五つの原則」をわかりやすく説明できるだろうか？社員を会話に引き入れて、仕事の役に立つものだと納得してもらえるだろうか？個人とチームの懸念を理解し、熱意をもって明快な対応をすれば、CVCによる強力なイノベーションの実現に関心のある社員を巻き込んでいける。

周囲の人は、一般的な取り組みの半減期を過ぎても、あなたが方針を変えないかどうか、取り組みに参加する前に知りたいと思うはずだ。毎年のように方向性が変わるようであれば、人は様子見を決め込むはずだ。近年、現れては消えていった経営手法を思い出してほしい。

- 目標による管理（MBO）
- 戦略計画
- 歩き回る経営（MBWA）
- 一分間マネジャー
- ゼロベース予算　等々

これらの経営手法には、当を得たポイントが幾つもある。しかし、いずれも「イノベーション五つの原則」を構成するパズルの一部にすぎない。必要なのは、聞いている人を納得させられる包括的なアプローチだ。その枠組みを提供するのは、顧客価値の創出と提供、継続的な改善、イノベーションのベストプラクティス、そしてCVCだ。どんな取り組みに対しても、われわれは単刀直入に、以下の三つの質問をすることにしている。

- この活動は顧客価値を迅速に高める方向に向かっているだろうか？
- もっとよい選択肢はないか？　あるならば、それを利用しよう。
- 価値を生み出していない業務があるか？　排除すべきムダがあるか？

社員は矛盾を探してあなたのコミットメントを試そうとする。ＣＶＣの実践に問題がないかどうか確認しよう。不協和音が起こりやすいのは、生産的なチームワークを支えるべき報酬システムと、ＣＶＣの重要性を示すべき上級管理層だ。

着実に進むことが成功のカギ

あなたには、できるだろうか？　答えはイエスだ。そのカギは、着実に前進することに尽きる。組織全体が結束するにつれ、目に見える形で改善が加速する。ＮＵＭＭＩがどん底から再起できたのなら、あなたにもできるはずだ。あなたの顧客が待っているのだから。

第17章

イノベーション5つの原則が成功をもたらす

国際競争に勝つための基盤

INNOVATION'S five DISCIPLINES: a FOUNDATION FOR NATIONAL competitiveness IN a WORLD of ABUNDANCE

「われわれアメリカには、もはや競争力がない」[1]
ジョン・チェンバース　シスコ・システムズCEO

シリコンバレー・モデル

全長わずか数マイルしかないシリコンバレーのサンド・ヒル通りだが、ここにはアメリカ有数のベンチャー・キャピタルが軒を連ねている。この通りと周辺地域に拠点を置くベンチャー・キャピタルが投じる資金は、年間八〇億〜一二〇億ドルで、全米の三〇％超を占める。[2] その投資額の大きさは、ボストンとニューイングランドの一一％、テキサス州の三・五％と比べても明らかだろう。[3]

シリコンバレーで目を引くのは、申し分のない天候や見事な田園風景、新鮮でとびきりの各国料理が豊富に揃うことだ。しかし、真に着目すべきは、その実力主義である。家系や人脈、学歴は、大きな問題ではない。人種や性別、宗教や性的志向をめぐる差別は、ほとんど気にならない。最終的にモノを言うのは、スキルや価値観、職務に対するコミットメントだ。シリコンバレーでCEOを務める人物の三〇％以上は、中国とインドからの移住者である。

シリコンバレーは、顧客価値を創り出し、市場に導入することに心血を注いでいる。影響度の大きい製品とサービスを生み出し、市場で成功させることこそが成功の証となる。シリコンバレーは、人を解放し、力を与える。豊饒の世界が、そこにはある。

イノベーションの結果として生じる競争力と生産性が、繁栄をもたらす。天然資源が生み出す巨万の富は、一国の隅々まで繁栄を浸透させるには不十分だ。指数関数的に進化する市場で富を得るには、価値の高い製品やサービスを顧客に提供することが必要だ。このため、自国のイノベーション能力を高めることが、各国政府の重要課題になっている。加速度的に成長する市場では、誰もがイノベーションの力と無縁ではいられない。

それはアメリカも例外ではない。残念なことに、アメリカの競争力は低下傾向にあり、早急に是正措置を講じる必要がある。

イノベーション改善の必要性

インターネットの屋台骨となるハードウエアとソフトウエアを手がけるシスコシステムズは、売上高が一五〇億ドルを超える典型的なグローバル企業だ。世界中の優れたパートナーと提携し、才能と意欲にあふれる優秀な人材を集めている。ＣＥＯのジョン・チェンバースが「われわれアメリカには、もはや競争力がない」と口にしたとあれば、これを無視するわけにはいかない。チェンバースは、目の当たりにしたインドや中国などの国々に比べ、アメリカが見劣りしていると感じたのだ。

アメリカ企業の幹部を対象とした調査では、アメリカ国内のイノベーションの見通しが「やや楽観的」にとどまったのに対し、世界全体のイノベーションの可能性については、はるかに強気な見方が示された。[4] 諸外国がペースを上げて成長している実態が反映されたのだ。

二〇〇五年時点の状況は、以下のとおりだ。

- アメリカの特許は、外国企業と外国出身者の取得件数が約半数を占める。
- スウェーデン、フィンランド、イスラエル、日本、韓国は、研究開発（R&D）費の対GDP比率がアメリカを上回る。
- 世界で最も競争力の高いIT企業二五社のうちアメリカ企業はわずか六社。アジア企業は一四社にのぼる。
- 二〇〇三年にアメリカは、直接投資の対象国ナンバーワンの座を中国に明け渡した。
- アジアが、ナノテクノロジーの研究費用の額で、アメリカと肩を並べた。[5]

チェンバースも、これらの点を指摘したのだ。アメリカ経済の全体像を表すものではないが、イノベーションによって繁栄や機会、生活の質、そして安心を謳歌してきたアメリカ経済のある一面を象徴している。

イノベーションを支える労働力

競争力低下の要因の一つに、アメリカの教育制度がある。

著名なベンチャー・キャピタリスト、ジョン・ドーアは、教育を「アメリカ経済の中で最大かつ最悪の部分」[6]だと述べている。確かに、アメリカの教育は後退しつつある。経済協力開発機構（ＯＥＣＤ）の実施する生徒の学習到達度調査（ＰＩＳＡ）[7]で一五歳児の数学能力を二九カ国で比較したところ、アメリカは二四位だった。小学四年生（貧困家庭を除く）で十分な読解力を持っている生徒はわずか四一％だ。[8]

一方、進化する市場で通用する教育を受けた人材は、世界の国々から輩出されている。二〇〇五年の大学卒業生は、中国で約三三〇万人、インドは（英語のできる）約三一〇万人、アメリカでは約一三〇万人だ。科学・技術系では、中国が六〇万人超（大学卒業生の一八％）、インドが三五万人（一一％）、アメリカはわずか七万人（五％）である。科学、数学、エンジニアリングといった分野のスキルが、指数関数的に進化する市場で必要不可欠であるにもかかわらず、だ。

さらに残念なことに、アメリカには教育熱心な土壌がない。アメリカの学生が中国の学生のように、週六日、一日九時間勉強する姿を想像できるだろうか？　中国の小中学生は、平日はテレビも見ないで勉強している。

アメリカの強みは、世界中から逸材を集められることにあった。アメリカの技術系博士号取得課程で学ぶ学生の五九％は、外国出身者だ。[9]母国の生活水準が向上し、成功の機会も広がることから、帰国する学生はますます増える。９・11の同時多発テロ事件以降、安全上の理由から、優秀な学生がアメリカに留学するのも難しくなった。外国籍の特殊技能者に最長六年間のアメリカ滞在を許可する就労ビザ「Ｈ１－Ｂ」の年間発給枠は、一九万五〇〇〇件から六万五〇〇〇件に引き下げられた。[10] ジェフリー・コルヴァンは、『フォーチュン』誌でこう述べている。「アルバート・アインシュタインが今日のアメリカに移住しようと思っても、身寄りがなければ、教育水準の低い肉体労働者の長い列に並ばざるを得ないだろう」。[11] この状況を喜ぶ人などいないはずだ。

イノベーションを支える施策とは？

指数関数的に進化する市場で勝ち続けるために、アメリカが対処すべき課題はほかにもある。たとえば、アメリカの大学が優れた研究成果を残してきた背景には、政府による基礎研究、応用研究への多大な支援があった。ところが、自然科学分野への政府助成金の対GDP比率は、この三〇年間、縮小傾向にある。[12] アメリカ国立科学財団（NSF）をはじめとする研究支援機関の助成金供与は増えるどころか、逆に減っているのだ。[13]

アメリカ政府は、自国のイノベーション能力や競争力を強化するのではなく、弱めようとしているかのようにみえる。ルールや規制が、イノベーションや競争力、雇用にどのような影響を与えるのかに気づいていないようだ。

確かに、イノベーションと競争力に目を輝かせている国は、それほど多くない。シンガポール、台湾、インド、中国といったところだ。インドは、インフラ整備が立ち遅れているものの、情報サービスのプロバイダーとして世界屈指の国になりつつある。ウィプロ、タタ、インフォシス、サティヤム・コンピュータ・サービスといった知識型のサービス企業は、数十億ドルの売上げを誇り、年間二〇〜四〇%のペースで成長している。バンガロールのエレクトロニクス・シティには、インド企業だけでなく、ヒューレット・パッカード、モトローラ、スリーエム、インテル、ゼネラル・エレクトリック、シーメンスといったグローバル企業が軒を連ねる。

世界の動きと比較すると、アメリカは依然としてイノベーションや競争力の強化に本気で取り組んでいない印象を受ける。これまで比較的うまくやってきたために、学校教育の不備をはじめとする危険の兆候や弱点の多くが見逃されてきた。とはいえ、一九八〇年代の日本の挑戦に立ち向かったように、アメリカもいずれ立ち上がるものと、われわれは楽観視している。ただし、それは楽な戦いではない。その過程で損失が生じるだろうし、成功するための具体的な施策が求められる。

政府によるイノベーション・プラクティスの活用

先進国では、イノベーションが成長や繁栄、生活水準のカギを握る。イノベーションがあるからこそ、アメリカは質の高い職や、先進的な医療ケアなどの社会サービスを提供できる。イノベーションのベストプラクティスを理解し、民間企業や政府機関で幅広く活用すれば、アメリカが次の世紀にわたって繁栄するために必要な能力を向上することができる。

イノベーションや生産性、競争力や雇用拡大は、国にとって極めて重要な課題であり、これらを促進する条件について多くの知識が蓄積されている。本書では、これらをイノベーションのベストプラクティスと位置づけている。こうしたベストプラクティスの多くは、企業のみならず、国や政府機関にも直接適用することができる。

国のイノベーション・ベストプラクティスには、どのようなものがあるのだろうか？

ハーバード・ビジネス・スクールのマイケル・ポーターの研究は、この二〇年で最も重要な成果の一つだと言えるだろう。ポーターは経済成長を実現する環境としての「クラスター」の重要性を説いた。ポーターはクラスターを次のように定義している。「ある特定の分野において、相互に関連する企業や機関が地理的に集中している状態。政府機関、大学、基準設定機関、シンクタンク、職業訓練機関、業界団体などが、クラスターの構成要素であることが多い」[14]。

シリコンバレーは、コンピュータ、ソフトウエア、医療機器、通信業界が集まるハイテク産業のクラスターだ。ハリウッドは、映画製作とエンターテインメントのクラスターである。ウォール街は金融サービスのクラスターであり、ワシントンは政治のクラスターだ。ポーターは、近接性、アイデアの流れ、労働力の流動性、サービスの供給量などがもたらす効率や競争優位の重要性を説いている。

また、クラスターの競争優位性が地域に根差したものであることを立証した点でも、ポーターの研究は重要だ。つまり地方政府は、大学への研究開発支援、交通機関の整備、世界規模での企業誘致といった政策に注力することで、地域の競争力強化に貢献できる。ただし、グローバリゼーションや高速通信技術の発展によって、機能の海外移転やアウトソーシングが容易になってきたため、クラスターの定義は見直されつつある。ローカルなクラスターのイノベーション能力を高めることが、ますます重要になっている。

政府がイノベーション能力を高める手法

SRIのマティ・マシソンが率いるチームは、世界中の国や地域のために経済プランを作成してきた。彼らは、経済成長と繁栄につながるベストプラクティスの普及に努めており、一〇〇カ国以上で仕事をした。基本となるのは、以下のポイントだ。

1. 経済基盤の強さ

- 人的資源、技術・イノベーション、資金力、ハード・ソフト両面のインフラ、法規制などの経済基盤が、競争力のある産業クラスターを支え、駆動させる。

2. 産業クラスターの活力

- 国が比較優位や競争優位を有する分野において、クリティカル・マスを形成するのに十分な企業群。ハイテクであっても、ミディアムテク、ローテクであっても構わない。

3. 生活水準の高さ（もしくは向上）

- 生活水準は、国の経済基盤と産業クラスターの競争力の双方に寄与する。

税制、規制、労働法といった政府の政策は、これらの条件にとってプラスにもマイナスにも働き、ひいてはイノベーションや生産性に影響を与える。どのような場合でも、イノベーション・ベストプラクティスで成長を促すことは可能である。

教育のイノベーション

教育の分野でも、「イノベーション五つの原則」をK－16（アメリカでは、幼稚園から四年制大学を卒業するまでの教育期間を一般的にK－16と呼ぶ）の基盤として活用し、イノベーションが繁栄と生活水準の根本を支えるという認識を教育課程に組み込んでいくべきだ。イノベーションと起業家精神については、K－12（アメリカでは、幼稚園から高等学校を卒業するまでの教育期間を一般的にK－12と呼ぶ）の歴史、科学、社会などの授業で基礎を教えればよい。イノベーションと起業家精神についての特別授業に刺激を受ける生徒もいるだろう。

アメリカにおいて、教育制度に関する「国家イノベーション計画」の構築が求められているのは明らかだ。[15] 教育制度で修正が必要な面を切り出し、イノベーションの土壌育成に向けて前進すべきである。あらゆるレベルの科学者とエンジニアを巻き込み、価値創出やイノベーションなどを含む、学問分野の垣根を越えたカリキュラムを提供することが必要となるだろう。

ここまで、政府や民間企業がイノベーション・ベストプラクティスを活用する方法を幾つか例示してきた。「ベストプラクティス」という言葉は、現時点における最良のプラクティスを指すことが多い。新しいベストプラクティスを評価するには、そのための確固たる基盤が必要だ。まずは、個々のステークホルダー（顧客や企業、投資家、社員、一般社会）にとって何が価値となるのかを明確に理解することだ。また、現時点で最良のプラクティスを実践している業界や組織の手法を真似る必要もある。ベストプラクティスとして模範になるのは、ジョンソン・エンド・ジョンソン、インテル、デル、トヨタ、国防総省国防高等研究事業局（DARPA）、W・L・ゴア、ゲイツ財団などの組織かもしれないし、アイルランド、シンガポール、中国といった国が手本になる場合もあるだろう。しかし、国や組織にとって、真似ること以上に重要なのは、自身の状況に合わせて、ほかよりも優れたプラクティスを生み出すことだ。

われわれの経験から、イノベーション・ベストプラクティスの導入が社員によい刺激となることは間違いないことだ。イノベーション・ベストプラクティスを通じて最高の顧客価値を提供することを組織として決断すれば、それは皆が一丸となる目標になる。それは国でも同じだ。政府や教育分野における事例をいくつか紹介してきたが、どんな活動であっても、イノベーション・ベストプラクティスを活用すれば成果に結びつくはずだ。

豊饒の時代を生きる

本書冒頭で述べたとおり、今この時代を「欠乏の世界」と悲観的にとらえる人もいるが、わわれわれは「豊饒の世界」だと前向きに考えている。そこにどのくらいの雇用機会があり、それがどこまで増えるのか、われわれにも答える術はない。しかし、まだまだ多くの雇用を創り出していけると、われわれは強く信じている。

大学院で学んでいたころ、社会主義を信奉する友人たちと成長の余地について話し合ったことがある。彼らは、雇用の数が限られているためにアメリカ経済にブレーキがかかると主張した。当時は、こうした予測が当たるなどとは考えなかった。われわれの生活に必要なものが、何一つとして実現していなかったからだ。たとえば、有効な癌治療法は開発されていなかったし、世界中で何百万もの人たちが感染症によって命を落としていた。通信はアナログ機器に限られていたし、車は環境を汚染し、公的サービスもお粗末なものだった。

あれから数十年が経ち、アメリカのGDPは二兆ドルから一二兆ドルに拡大した[16]。しかし、あらゆる癌の治療法が確立されたわけではない。インターネットはまだまだ発展途上で、セキュリティの強化が必要だ。環境に優しい車が必要とされ、公的サービスの改善も大きく進んではいない。

スタンフォード大学のポール・ローマーはこう指摘している。

「土地や設備、資本などには限りがあるが、アイデアや知識は無限であり、互いの上に積み上げていけば、低コストあるいは無コストで再生できる。言い換えれば、労力や設備、資本を追加投入しても産出量の増加幅が減ってくるという『収穫逓減の法則』は、アイデアには当てはまらない」[17]。

マズローやマーコウィッツの欲求段階説でも明らかなように、[18]ニーズは広がり続ける。顧客は、新しくて優れたサービスを求めている。また、スターバックスやアップル、レクサスが具現化しているような、個人のアイデンティティを強化する顧客体験に対するニーズも強い。この傾向は、大きな広がりをみせている。ウォルト・ディズニーは、五〇年以上前にディズニーランドを創り出したとき、最高の顧客体験が大きな価値を生むことを理解していた。[19]「製品」から「サービス」、そして「体験」や「アイデンティティ」へ、という深い意味を求める流れは、新しい雇用機会を大量に創り出す。そこには、素晴らしい機会があふれ、インドや中国とアメリカが成長を誘発し合う、共存共栄の豊かな世界が待っているはずだ。

終わりに

最終章では、われわれはアメリカの問題点を指摘した。アメリカには、指数関数的に進化する市場を勝ち抜けるだけの大きな強みもある。テロ対策に巨額の費用を費やし、数千万人もの貧しい移民を受け入れる一方で、経済成長率は四%と堅調な伸びを示している。ヨーロッパや日本の二〜三倍の成長率だ。アメリカ国民は、現実的で楽観的、柔軟かつ前向きであり、指数関数的な進化にも素早く適応しつつある。ここには、世界最高の資本市場があり、ハードワークを重んじる文化がある。まだ人種差別や性差別の問題はあるものの、平等主義と実力主義が社会の基本となっている。さらに重要なのは、アメリカが自由主義国家であるということだ。克服すべき問題を抱えてはいるが、強みを活かして変化を遂げ、経済力を誇る大国であり続けるだろう。

国家も、そして企業も、今こそイノベーション規範を通じて活力を取り戻すべきだ。

イノベーション規範

・われわれが生きているのは「豊饒の世界」であり、「欠乏の世界」ではない。
・イノベーションのみが、豊かさを成長や繁栄や生活の質に転換する。
・チームや組織、国家の責務は、顧客をはじめとしたステークホルダーに、最高の価値をもたらすことである。
・最高の価値は、イノベーションのベストプラクティス、つまり「イノベーション五つの原則」によって創出される。

あなたが、そしてあなたのチームや組織や国が、指数関数的に進化する市場で直面する問題を解決し、世界に貢献することを願ってやまない。今ほど重要でエキサイティングな時代はない。チャンピオンになり、「イノベーション五つの原則」を導入して始めよう。さあ、今すぐに。

れたい。

3. 継続中のレポートについては、プライスウォーターハウスクーパース（http://www.pwcmoneytree.com）を参照されたい。
4. "2005 National Innovation Survey, Executive Summary," Council on Competitiveness, Washington, D.C., 2005
5. "National Innovation Initiative Summit and Report," Council on Competitiveness, Washington, D.C., 2005, p. 38. 本文中に列挙した統計の出所については、上記報告書の脚注を参照されたい。
6. Jeff Colvin, *America : The 97 Lb. Weakling, Fortune*, July 25, 2005.
7. この調査については、Program for International Assessment（http://nces.ed.gov/surveys/pisa）を参照。
8. Robert E. Slavin, "Evidence-Based Reform: Advancing the Education of Students at Risk," Center for American Progress（http://www.americanprogress.org）、Robert E. Slavin, "Renewing Our Schools, Securing Our Future," Center for American Progress（http://www.ourfuture.org）を参照。
9. "National Innovation Initiative Summit and Report," Council on Competitiveness, Washington, D.C., 2005, p. 38. データの引用元は、上記レポートの脚注を参照のこと。
10. Patrick Thibodeau, "Update: H-1B Visa Cap Reached; IT Groups May Press for More," Computerworld, August 12, 2005
11. Colvin
12. アメリカ国立科学財団（NSF）ウェブサイトの"National Patterns of R&D Resources"を参照。
13. "NSF Budget Falls in 2005," AAAS
14. Michael Porter, "Clusters and the New Economy," *Harvard Business Review*, November/December, 1998
15. 競争力評議会が2005年に発行した「National Innovation Initiative Summit and Report」の11ページ「National Innovation Agenda」に記載されている提案を参照されたい。
16. GDPの国別順位については、"Country Ranks 2005," Countries of the World（http://www.photius.com/rankings/）を参照。
17. Bernard Wysocki, Jr., "For Economist Paul Romer, Prosperity Depends on Ideas," *Wall Street Journal*, January 21, 1997
18. マズローの欲求5段階説は各所に引用されているが、最初に発表されたのはA. H. Maslow, "A Theory of Human Motivation," *Psychological Review* 50(4), 1943, pp. 370-396である。
19. ディズニーランドは1955年7月17日にオープンした。

January 4, 2002（http://www.bizjournals.com）
4. モチベーションに関して幅広く引用されている学術論文は、Frederick Hertzberg, "One More Time: How Do You Motivate Employees," *Harvard Business Review*, January and February 1968, pp. 87-96（邦訳：「モチベーションとは何か――二要因理論：人間には二種類の欲求がある――」『DIAMONDハーバード・ビジネス・レビュー』ダイヤモンド社、2003年）

第15章

1. William Hutchinson Murray, *The Scottish Himalayan Expedition*, London: J. M. Dent & Sons, 1951
2. Taiichi Ohno, *Toyota Production System: Beyond Large-Scale Production*, New York: Productivity Press, 1988（原書：『トヨタ生産方式―脱規模の経営をめざして』ダイヤモンド社、1978年）

第16章

1. トヨタの社員向けハンドブック "Benchmark, Toyota Production System"（発行年月日なし）。"Benchmark Toyota Basic Management Philosophy"（発行年月日なし）も参照。
2. Gary Hamel, *Leading the Revolution*, New York: Penguin Group, 2002（邦訳：『リーディング・ザ・レボリューション』鈴木主税、福嶋俊造訳、日本経済新聞社、2001年）
3. Andrew C. Inkpen, "Learning Through Alliances: General Motors and NUMMI," 24pp. August 01, 2005, Harvard Business Online
4. Paul S. Adler, "The Learning Bureaucracy: New United Manufacturing, Inc.," in Barry M. Staw and Larry L. Cummings（eds.）, *Research in Organizational Behavior*, Vol. 15, Greenwich, CT: JAI Press, 1993, pp. 111-194. NUMMIの成功と問題に関する優れたレビュー。
5. Andrew C. Inkpen, "Creating Knowledge Through Collaboration,"（オンライン注文番号：CM R070）, 20 pp., October 1, 1996, Harvard Business Online
6. フォードは最盛期に、T型フォードを24秒に1台のペースで生産した。
7. 大野耐一の貢献については、以下が詳しい：http://econpapers.repec.org/paper/tkyjseres/97j04.htm、http://curiouscat.com/guides/ohnobio.cfm.
8. フォードの年間離職率は1913年までに400％に迫った。Robert Pollin and Stephanie Luce, *The Living Wage: Building a Fair Economy*, New York: New Press, 2000
9. 組織アライメントを論じるうえで、Lisa Friedman and Herman Gyr, *The Dynamic Enterprise*（San Francisco: Jossey-Bass, 1997）で紹介されている「STEP」モデルが参考になる。
10. この言葉は、デビッド・ハンナやスティーブン・コヴィー、A・ジョーンズ、J・ボッカーステット、T・カイトのものとされている。

第17章

1. チェンバースは現在、会長兼CEO。彼のほかの意見については、Randy Barrett, "Technology CEOs Cite Top Threats To U.S. Competitiveness," Technology Daily PM, March 8, 2005（http://www.technet.org/tnd_news/techdaily_030805/）参照。
2. ベンチャー・キャピタルの最新の投資統計については、米ベンチャー・キャピタル協会（NVCA、http://www.nvca.org/）やダウ・ジョーンズ（http://www.dowjones.com）、リサーチ・アンド・マーケッツ（http://www.researchandmarkets.com/info/full.asp）などの報告書で確認さがある。エンコーダーとデコーダーをつなぐ接続法が間違っていたことが不具合の原因だった。最終的にメンバーの1人がコネクターを確認し、間違いに気づいた。

4. 主だったところではジム・カーンズ、マイク・イズナルディ、チャーリー・ワインのほか、パートナー企業のトムソンからはエリック・ガイガーとジャック・サバティエなどの面々、さらにフィリップス、NBC、CLIのチームが参加した。本書が触れた部分で開発が終わったわけではない。1993年、FCCは競合システムを統合し、「究極」のシステムを構築するよう要請。競合していた企業が再び手を組んだ「グランド・アライアンス」がアメリカ規格を確立した。ここには、サーノフが当初開発したプロトタイプ・システムの主要部分が数多く採用されている。"The Path of United States HDTV World: A Brief on United States HDTV," Ecoustics.com, November 11, 2004を参照。
5. Barnum Associates Internationalのウェブサイトを参照。
6. Jim Collins, *Good to Great: Why Some Companies Make the Leap and Others Don't*, New York: HarperCollins, 2001（邦訳：『ビジョナリー・カンパニー 2―飛躍の法則』山岡洋一訳、日経BP社、2001年）
7. William W. Wilmot, *Relational Communication*, New York: McGraw-Hill, 1995
8. 対立関係のマネージメントは極めて重要なスキルである。対立関係のマネージメントの入門書としては、William W. Wilmot and Joyce L. Hocker, *Interpersonal Conflict*, 7th edition, New York: McGraw-Hill, 2007を、仲介スキルに関してはElaine Yarbrough and William Wilmot, *Artful Mediation: Constructive Conflict at Work*, Boulder, CO: Cairns Publishing, 1995を参照。

第13章

1. Brent Schlender and Christene Y. Chen, "Jobs' Apple Gets Way Cooler," *Fortune*, January 2000
2. Yvon Chouinard, *Let My People Go Surfing: The Education of a Reluctant Businessman*, New York: Penguin Books, 2005, p.97（邦訳：『社員をサーフィンに行かせよう―パタゴニア創業者の経営論』森摂訳、東洋経済新報社、2007年）
3. FUDは、ジーン・アムダールが起業してアムダール社を立ち上げた後に定義したもの。アムダールはこう言う。「FUDは、アムダール社の製品導入を検討していた顧客にIBMの営業マンが植えつけた恐れ、不安、疑いだ」。
4. Elaine Yarbrough and William Wilmot, *Artful Mediation: Constructive Conflict at Work*, Boulder, CO: Cairns Publishing, 1995

第14章

1. Peter Drucker, *The Practice of Management*, New York: Collins, 1993（邦訳：『ドラッカー名著集2 現代の経営（上下巻）』上田惇生訳、ダイヤモンド社、2006年）、Peter Drucker, *Management: Tasks, Responsibilities, and Practices*, New York: Harper Business, 1993（邦訳：『マネジメント―基本と原則』上田惇生編訳、ダイヤモンド社、2001年）. 著作については、ドラッカーが設立した非営利団体、フランセス・ヘッセルバイン・リーダーシップ協会（旧ドラッカー財団、http://www.hesselbeininstitute.org）を参照。
2. 関与の問題がどうのようにアイデンティティと人間関係の問題に発展し、どういった対立関係を生むかについては、次の著作の第3章を参照されたい。William W. Wilmot and Joyce L. Hocker, *Interpersonal Conflict*, 7th edition, New York: McGraw-Hill, 2007
3. Jennifer Pittman, "Why Do Employees Leave? Study Says It's Not for Money," *Business Journal*,

12. "Film Studios Hunt Down Web Pirates," CBS News, November If, 2004（http://www.cbsnews.com）はこう報じている。「アメリカ映画協会（MPAA）は、DVDや映画の海賊行為や偽造コピーによって世界で年間30億ドル以上の損失が生じていると述べる」。
13. Longdon Morris, *Business Model Walfare*, Innovation Labs White Paper, Ackoff Center for the Advancement of Systems Approaches, the University of Pennsylvania, 2003

第10章

1. "You've Got to Find What You Love/ Jobs Says," Stanford Report, June 14, 2005
2. チャンピオンは以下の特性を有する。
 ・何かを構築する
 ・意欲的でコミットしており、好奇心旺盛
 ・専門分野は不問、役職も不問
 ・1つのものをまとめあげる――ビジョンにフォーカスする
 ・チームやパートナーシップを構築する
 ・人をサポートしつつ、常に支援を仰ぐ
 ・組織的に責任を負う
3. この言葉は様々な場面で引用されている。"Why Social Software Makes for Poor Recommendations" Usernomics, May 08, 2005などを参照。ビル・ジョイは2003年にサン・マイクロシステムズを離れている。

第11章

1. エンゲルバートは当時のことをこう振り返っている。「私が顔を上げると皆総立ちで、異常なほどに喝采を送っていた」（出典："The Click Heard Around the World," *Wired* magazine, January 2004）
2. Amir D. Aczel, *Fermat's Last Theorem: Unlocking the Secret of an Ancient Mathematical Problem*, New York: Delta, 1997（邦訳：『天才数学者たちが挑んだ最大の難問―フェルマーの最終定理が解けるまで』吉永良正訳、早川書房、2003年）
3. 究極的には、こうした「エージェント」が人間より知能で勝ることになるかもしれない。Ray Kurzweil, *The Singularity Is Near: When Human Transcend Biology*, New York: Viking, 2005, p. 136（邦訳：『ポスト・ヒューマン誕生―コンピュータが人類の知性を超えるとき』井上健監訳、日本放送出版協会、2007年）
4. タップト・インについては、http://tappedin.org/tappedin/を参照。
5. 音楽では、新しい曲を習うときは数十回練習することが必要と認識されている。悪い習慣を改めるには、2〜10倍の努力を要する。新しいアイデアを学ぶチームも、同じだ。

第12章

1. サーノフに加え、トムソン、フィリップス、NBC、CLIの4社が先端テレビ研究コンソーシアム（ATRC）に参加していた。
2. Tracy Kidder, *The Soul of a New Machine*, New York: Back Bay Books, 2000（邦訳：『超マシン誕生―コンピュータ野郎たちの540日』風間禎三郎訳、ダイヤモンド社、1982年）
3. HDTVシステムには主に3つのパーツ（エンコーダー、トランスミッター、デコーダー）

2. MUSEとは、「Multiple Sub-Nyquist Sampling and Encoding」の略。NHKのウェブサイト（http://www.nhk.or.jp/）を参照。
3. William Strunk and E. B. White, *The Elements of Style*, New York: Pearson Education, 1999
4. ソングバード・メディカル・システムズは、2003年にP&Gに買収された。
5. Steven J. Spear, "The Health Factory," *New York Times*, August 29, 2005
6. Andrew Hargadon, *How Breakthroughs Happen: The Surprising Truth About How Companies Innovate*, Boston: Harvard Business School Press, 2003

第9章

1. アメリカ連邦中小企業庁（SBA）のA・ガルシアの言葉として、Betsy Seanard and Lloyd J. Taylor, "Goldratt's Thinking Process Applied to the Problem of Business Failures," ASBE, Albuquerque, NM, 2004.で引用されている。
2. 最新の数値については、アーンスト・アンド・ヤングの「Quarterly Venture Capital Report」（http://www.ey.com/global/content.nsf/International/Home）を参照。シリコンバレーに限る場合、シリコン・ビート（http://www.siliconbeat.com）が参考になる。
3. セコイア・キャピタルの推奨フォーマットはhttp://www.sequoiacap.comを参照。
4. ビジョンステートメントは、将来のあるべき姿を明文化したものである。成功した場合に何を達成しているかをまとめたもので、全プロジェクトに適用される。ミッションステートメントは、事業を展開する目的と基盤を指し示すものである。新規ビジネスには必要であり、事業を展開している組織はすでに策定しているはずだ。各活動の方向性を示したり、行動指針として役立ったりするものである。
5. 軍事用語の「beachhead（橋頭堡）」は軍隊が海上から上陸し、その上陸地点を守るために設置する防衛線のこと。海上から大規模な軍隊が上陸して前進するまで、援軍の援護を受けながらその地点を防衛する。ビジネス上では、まず小さい市場に足がかりを得たうえで、より大きな市場へと事業を広げていくことを指す。
6. サーノフ・コーポレーションの社長兼CEO、サティアム・チェルクリがビジネス機会において重要視しているのはスペース、ポジショニング、モデル、投資（SPMI）の明確化である。説得力あるビジネスプランは包括的なアプローチであり、そこではエコシステムにおける機会が明確化され（スペース）、競合とどのように戦うかが示され（ポジショニング）、そこからどのように売上げを確保し（モデル）、経済的リスクを最小限に抑えるか（投資）が明確に描かれる。
7. 調査によれば、平均的な労働者世帯はウォルマートを利用することによって年間2300ドル節約している。
8. Richard Foster and Sarah Kaplan, *Creative Destruction: Why Companies That Are Built to Last Under Perform the Market-And How to Successfully Transform Them*, New York: Currency Publishers, 2001（邦訳：『創造的破壊―断絶の時代を乗り越える』柏木亮二訳、翔泳社、2002年）
9. Langdon Morris, "Business Model Warfare," Innovation Labs White Paper, Ackoff Center for the Advancement of Systems Approaches（A-CASA）, the University of Pennsylvania, 2003
10. Peter Drucker, *Innovation and Entrepreneurship*, New York: Harper Business, 1985, p. 111（邦訳：『イノベーションと企業家精神』上田惇生訳、ダイヤモンド社、2007年）
11. デジタルHDTVの画像が35ミリフィルムより優れている理由は、幾つもある。たとえば、35ミリフィルムを映写する際は、フィルムゲートでフィルムが引っ張られて小刻みな揺れを起こし、解像度が著しく落ちることがある。デジタル映像には、この問題がない。

第7章

1. ダグラス・エンゲルバートは、コンピュータ歴史博物館（カリフォルニア州マウンテンビュー）からフェロー賞を贈られている。
2. 初代リナックスが搭載しているソフトウエアは、その大半が既存のもの。Cコンパイラをはじめとする主な基本ソフトウエアは、フリーソフトウエア財団のGNUプロジェクトのものである。GNUプロジェクトは、UNIX系のフリーなオペレーティング・システムの開発を目指して1984年に発足した。
3. Kenneth Klee, "Rewriting the Rules in R&D," *Corporate Dealmaker*, December 13, 2004, pp. 14-21. プロクター・アンド・ギャンブルのパンフレット「Connect + Develop」（2003）も参照のこと。
4. Larry Huston, "Rewriting the Rules in Innovation," Business Innovation Factory, 2005,（http://www.businessinnovationfactory.com）
5. George Gilder, *Telecosm: How Infinite Bandwidth Will Revolutionize Our World*, New York: Free Press, 2000（邦訳：『テレコズム—ブロードバンド革命のビジョン』葛西重夫訳、ソフトバンクパブリッシング、2001年）
6. David P. Reed, "That Sneaky Exponential: Beyond Metcalfe's Law to the Power of Community Building"
7. 指数関数的な相互接続の法則とユーザーN人の相互接続件数の計算式は、「$N \times (2^{(N-1)} - 1)$」となる。
8. IDEOがこの手法を利用している。"The Deep Dive," *Nightline: ABC News*. Tom Kelley, *The Art of Innovation*, New York: Currency, 2001（邦訳：『発想する会社！—世界最高のデザイン・ファームIDEOに学ぶイノベーションの技法』鈴木主税・秀岡尚子訳、早川書房、2002年）参照。
9. このことわざはギリシャの哲学者エピクテトスの言葉「神は人間に耳を2つ与えたが、口は1つしか与えなかった。話す倍は聞くようにとの思し召しだ」を言い換えたもの。
10. Yvon Chouinard, *My People Go Surfing: The Education of a Reluctant Businessman*, New York: Penguin, 2005, p 42（邦訳：『社員をサーフィンに行かせよう—パタゴニア創業者の経営論』森摂訳、東洋経済新報社、2007年）
11. 成功率は、業界によって3分の1から20分の1まで様々である。失敗率がどの程度であれ、その要因分析については以下を参照のこと。Gary Diffendaffer, "Tips for Small-Business Owners and the Self Employed," *Denver Business Journal*, July 23, 2004（http://www.bizjournals.com/denver/stories/2004/07/26/smallb5.html）
12. Louise Robbins, *Louis Pasteur: And the Hidden World of Microbes*, Oxford: Oxford University Press, 2001（邦訳：『ルイ・パスツール—無限に小さい生命の秘境へ』西田 美緒子訳、大月書店、2010年）
13. George Sands Bryan, *Edison: The Man and His Works* (New York: A.A. Knopf, 1926)

第8章

1. この言葉は様々な形で引用され、ウィンストン・チャーチルやマーク・トウェインの言葉ともされている。http://www.brainyquote.comを参照。また、メイソン・クーリーは「短い名言は人を虜にするが、1時間分の話には意識が遠のく」という言葉を残している。Mason Cooley, *City Aphorisms*, New York, 1985を参照。

第4章

1. サラ・ナウリンの父親は、ボブ・ジニングス（ヘキミアン研究所元所長）。
2. Bill Bree, "The Hard Life and Restless Mind of America's Education Billionaire," *Fast Company*, March 2003
3. Donald B. Irwin and Beverly A. Drinnien, *Psychology —The Search for Understanding*, New York: West Publishing Company, 1987
4. われわれがこの図表について初めて耳にしたのは20年以上前のことであり、出所はわかっていない。ここでの「品質」は精度や鮮明さを意味し、「利便性」は電気製品に対する操作性と解釈できる。
5. Jonathan Mahler, *The Lexus Story*, New York: Melcher Media, 2004
6. ビジネス・コンサルタントのマイケル・マーコウィッツが2004年にカーティス・R・カールソンに宛てた私信より。
7. 優れた製品は通常、いくつかの階層における価値を有している。われわれのパートナーは、「3つのサプライズ・ルール」を利用して優れた製品を見極めている。たとえば、「3つのサプライズ」に該当する携帯電話は以下のようなものになる。その携帯電話を見て、触れてみると、まずその素晴らしいデザイン性に驚く。次に一般的な使い方をしてみると、その使いやすさに驚く。最後にさらに動画録画など、先進の機能を使ってみると、直感的に使用できることに驚く、といった具合だ。
8. 「顧客価値＝ベネフィット－コスト」は、「価値係数＝ベネフィット÷コスト」ほど「知覚価値」の指標に適さないと考えられる。人間は数を対数的に認識する。たとえば、人間の視覚は、星明かりから直射日光まで6ケタの光度を識別するほか、光度に対して対数的に反応する。「価値」もセントから何百万、何千万ドルまで何ケタにもわたって存在する。健康や安全は、「値段がつけられない」ほど、貴重なものだ。こうした非常に単純な概念を考慮し、品質や利便性、コストが知覚上は独立した対数的な数値であると仮定すると、認識される価値は「log(品質上のメリット)＋log(利便性のメリット)－log(品質のコスト)－log(利便性のコスト)＝log［(品質上のメリット)×(利便性のメリット)］÷［(品質のコスト)×(利便性のコスト)］」に比例する。
9. Harry E. Cook, *Design for Six Sigma as Strategic Experimentation: Planning, Designing, and Building World-Class Products and Services*, Milwaukee, WI: ASQ Quality Press, 2004／Harry E. Cook, *Product Management: Value, Quality, Cost, Price, Profit and Organization*, New York: Kluwer Academic Publishers, 1997

第6章

1. まったく同じやり方ではないが、次の文献からヒントを得た。Edward Bono, *Six Thinking Hats*, Boston: Back Bay Books, 1999（邦訳：『会議が変わる6つの帽子』川本英明訳、翔泳社、2003年）
2. Alex F. Osborn, *Applied Imagination: Principles and Procedures of Creative Thinking*, New York: Scribner, 1953（邦訳：『独創力を伸ばせ 新装版』上野一郎訳、ダイヤモンド社、1982年）
3. Adrian F Furnham, "The Brainstorming Myth," *Business Strategy Review*, No. 4, 11, 2000
4. アーティフィシャル・マッスルの技術応用事例については、同社ウェブサイト（http://www.artificialmuscle.com/applications/）を参照。

Capitalism, Socialism, and Democracy, New York: Harper Perennial, 1962（邦訳：『資本主義・社会主義・民主主義』中山伊知郎・東畑精一訳、東洋経済新報社、1995年）では、革新的企業がいかに既存企業を追い落としていくかを詳しく論じている。
23. Charles Darwin, *The Origin of Species*, New York: Gramercy, Random House, 1979（邦訳：『種の起原』八杉龍一訳、岩波書店、1990年）. 初版は1859年。
24. ジェームズ・コリンズは著書*Good to Great*, New York: HarperCollins, 2001（邦訳：『ビジョナリー・カンパニー 2—飛躍の法則』山岡洋一訳、日経BP社、2001年）の中で、15年以上にわたって市場を上回る成長を示した少数の企業を特定し、これらの企業に共通する特徴を割り出した。
25. Jack Welch and Suzy Welch, *Winning, New* York: Collins, 2005（邦訳:『ウィニング 勝利の経営』斎藤聖美訳、日本経済新聞社、2005年）、Jack Welch and John A. Byrne, *Jack: Straight from the Gut*, New York: Warner Business Books, 2001（邦訳：『ジャック・ウェルチ わが経営』宮本喜一訳、日本経済新聞社、2005年）
26. Andrew S. Grove, *Only the Paranoid Survive: How to Exploit the Crisis Points That Challenge Every Company*, New York: Currency, 1999（邦訳:『インテル戦略転換』佐々木かをり訳、七賢出版、1997年）
27. サーノフ・コーポレーションは、このイノベーションを実現したデジタル放送技術を開発したプロジェクトのサイレント・パートナー（事業経営に参加しない共同出資者）であった。このシステムは、標準化以前のMPEG-2を採用していた。
28. 複利の計算式は、「1年後の資金＝(現時点の資金)×(1＋利率)」となる。したがって、指数関数的進化の法則の計算式は、「次の製品＝(現時点の製品)×(1＋進化率)」となる。複利との違いは、「利率」に代わってプロセス反復のたびに加わる新しいアイデアによって製品が進化する「進化率」を使うことである。
29. 特定の活動の進化率は、常に一定とは限らない。新しいアイデアがあるかどうかなど、多くの要因に影響を受けるためである。しかし定性的には、大ざっぱにこの方向に沿っているだけでよい。また、指数関数的に進化する経済の加速はほぼ間違いない。世界中で数十億人が本格的に参加し始めているため、革新的なアイデアが増え、競争激化が進むためだ。さらに、インターネットとその利用がさらに広く普及するようになると、新しいアイデアがより迅速に生まれるとともに、アイデアがアイデアを生むスピードが速くなり、イノベーションを通じた費用対効果の上昇率がいっそう加速する。
30. Lewis Carroll, *Through the Looking-Glass*, New York: Dover Publications, 1999（邦訳：『鏡の国のアリス』脇明子訳、岩波書店、2000年）

第3章

1. Lisa Rosetta, "Frustrated: Fire Crews to Hand Out Flyers for FEMA," *Salt Lake Tribune*, December 14, 2005
2. Mathew Josephson, *Edison: A Biography*, New York: Wiley, 1992. トーマス・エジソンのイノベーションの功績については、Andrew Hargadon, *How Breakthroughs Happen: The Surprising Truth About How Companies Innovate*, Boston: Harvard Business School Press, 2003を参照のこと。彼は、イノベーションが「孤高の天才」の生み出すものであるという概念を覆した。

なバリエーションが紹介されている。

3. CBS News, "Imported from India," June 22, 2003（http://www.cbsnews.com）を参照。
4. アメリカの弁護士数は数千人の増減を伴うが、その数は推定100万人を超える。アメリカの人口は世界の5%にとどまる一方で、弁護士の数ではアメリカが世界の70～75%を占める。国民300人あたりに1人弁護士がいる計算となり、チャールズ・エバンズ・ヒューズ最高裁判所長官は「アメリカは、世界最大の法律大国だ」と語る。
5. Alan Katz, "French Police Arrest 186; Paris Riots Continue for 10th Night," Bloomberg.com
6. Kathleen Madigan and Michael Mandel, "Commentary: Outsourcing Jobs: Is It Good or Bad?," *Business Week Online*, August 25, 2003
7. Thomas L. Friedman, *The World Is Flat: A Brief History of the Twenty-first Century*, New York: Farrar, Straus & Giroux, 2005（邦訳：『フラット化する世界』伏見威蕃訳、日本経済新聞社、2006年）
8. 同上
9. コンピュータ歴史博物館が、ムーアの法則の起源と拡大について言及している。さらに当時の時代背景については、John Markoff, in *What the Dormouse Said: How the 60s Counterculture Shaped the Personal Computer*, New York: Viking, 2005（邦訳：『パソコン創世「第3の神話」―カウンターカルチャーが育んだ夢』服部桂訳、NTT出版、2007年）や、John Markoff, "It's Moore's Law, but Another Had the Idea First," *New York Times*, April 18, 2005を参照。
10. Ray Kurzweil, *The Singularity Is Near: When Humans Transcend Biology*, New York: Viking, 2005, p81
11. 進化にかかわる理論に「断続平衡説」がある。種にほとんど進化がみられない停滞期がある一方で、突発的に変異が起きて種が急変する時期があるという理論。化石記録に段階的な変化が出現していない理由がここにある。S. J. Gould and N. Eldredge, "Punctuated Equilibria: The Tempo and Mode of Evolution Reconsidered," *Paleobiology 3*, 1977, pp. 115-151を参照。
12. 「衝突型の指数関数的進化」という言葉は、SRIのパトリック・リンカーンが指数関数的進化の互いに作用し合う状況に注意を促すために使い始めたもの。これが起きると変化は急激になり、往々にして断絶が生じる。
13. Kurzweil, p. 74
14. Steven J. Spear, "The Health Factory," *New York Times*, August 29, 2005
15. Aubrey de Grey, "We Will Be Able to Live to 1,000," BBC News,December 3, 2004を参照。
16. "Coal Fuel Cell Has Promise," *Red Herring*, November 14, 2005
17. Arnold Kling, "The Most Important Economic News of the Year," TCS Daily, December 29, 2005
18. Kurzweil, p. 107
19. Nick Schultz, "The Great Escape: A Conversation with Nobel Prize Winner Robert Fogel," TCS Daily, December 1, 2005を参照。世界経済の発展における生産性の重要性については、William W. Lewis, *The Power of Productivity*, Chicago: University of Chicago Press, 2004が明快な論理を展開している。
20. Richard Foster and Sarah Kaplan, *Creative Destruction: Why Companies That Are Built to Last Under Perform the Market-And How to Successfully Transform Them*, New York: Currency Publishers, 2001（邦訳：『創造的破壊―断絶の時代を乗り越える』柏木亮二訳、翔泳社、2002年）
21. Peter Schwartz, *The Art of the Long View: Planning for the Future in an Uncertain World*, New York: Currency Publishers, 1996／Peter Schwartz, Peter Leyden, and John Hyatt, *The Long Boom: A Vision for the Coming Age of Prosperity*, New York: Perseus, 1999
22. この言葉は、1942年の名著でヨーゼフ・シュンペーターが初めて使用したもの。この書

原注

本書では、プライバシー保護のため、人名など個人を特定できる情報を変えている場合がある。

また、原注にあるウェブサイトは、閉鎖される可能性がある。

はじめに

1. Donald L. Nielson, *A Heritage of Innovation: SRI's First Half Century*, Menlo Park, CA: SRI International, 2005
2. SRI子会社のサーノフ・コーポレーションは10回エミー賞を受賞しているが、そのうち3回はSRI傘下の時代、7回はRCA傘下の時代の受賞。
3. ニュアンスは2005年、音声認識技術で大手のスキャンソフト社と合併。両社の合併により発足した新会社は、ニュアンスの社名を引き続き使用している。
4. Albert Page and Abbie Griffin, "The PDMA Success Measurement Project: Recommended Measures for Product Development Success and Failure," *The Journal of Product Innovation Management*, Vol. 13, No. 6, November 1996, pp. 478-496を参照。

第1章

1. ポール・M・ローマーからの私信。2005年11月29日付け。
2. イノベーション研究センター（The Centre for Innovation Studies）のイノベーションの定義も参考になる。「イノベーションという言葉は、アイデアを商業価値に転換するプロセスを指す」など。
3. Daniel Stashower, *The Boy Genius and the Mogul: The Untold Story of Television*, New York: Broadway Books, 2002
4. フランク・グァルニエリとジョン・カルプのほか、大勢のメンバーがローカスの設立に大きく貢献した。とりわけカルメン・カタニーズとヴィンス・エンドレスの貢献は目覚ましく、プリズム・ベンチャーズのデュアン・メイソンは2人を信頼して600万ドルを新会社に投じた。
5. トヨタの社員向けハンドブック "Benchmark Toyota Production System"（発行年月日なし）より。トヨタでは、全従業員向けのハンドブックは作成していないが、生産管理の方法やポリシーを各事業所や工場に根づかせるため、それぞれにこうしたハンドブックを作成する場合がある。
6. "Microsoft's Midlife Crisis," *Business Week Online*, April 19, 2004
7. 日本における品質運動は、J・M・ジュランや石川馨、田口玄一など多くの専門家が主導してきた。デミングの14原則の概要については、HCiのフィル・コーエンの著述を参照されたい。

第2章

1. Steve Barth, "Champion of the Future Factory: A Conversation with Curt Carlson, CEO of SRI International," *Knowledge Management*, December 20, 2000を参照。
2. Reference.com（http://www.reference.com）を参照。この言葉は、様々なサイトでいろいろ

［共著者］

カーティス・R・カールソン（Curtis R. Carlson）

シリコンバレーの中心部に拠点を構える、研究開発機関SRIインターナショナルの社長兼CEO。デジタルHDTVの米国標準を構築するチームを率い、1997年にチームとしてエミー賞を受賞した。2000年には衛星放送の画像品質を改良した実績により、2度目のエミー賞を受賞。SRIが買収したサーノフ・コーポレーション在籍時は新規事業を統括し、10社以上の新会社を発足させた。多くのグローバル企業が受講している「SRIイノベーション・ワークショップ」の開発にも携わる。

ウィリアム・W・ウィルモット（William W. Wilmot）

コラボレーション・インスティテュートのディレクターとして、企業、非営利団体、教育機関など、様々な組織とともにグローバルな活動を行なう。対立関係の解消と生産的な関係の構築を専門とし、これまでに300以上の組織をサポートした。モンタナ大学名誉教授。現在も同大学でコンサルタント、トレーナーとして活躍している。SRIのワークショップ構築にも貢献し、パートナー兼インストラクターを務める

［監訳者］

楠木建（Ken Kusunoki）

一橋大学大学院国際企業戦略研究科教授。専攻は競争戦略とイノベーション。イノベーションを通じて企業が持続的な競争優位を構築する論理を研究している。一橋大学大学院商学研究科博士課程修了（1992）。一橋大学大学院国際企業戦略研究科助教授（2000年）を経て、2010年4月より現職。『ストーリーとしての競争戦略：優れた戦略の条件』（2010、東洋経済新報社）など著書、論文多数。

［訳者］

電通イノベーションプロジェクト

企業や組織におけるイノベーションを支援するために結成された、電通グループ社員による、クロスファンクショナルチーム。様々な領域における専門家の知見やノウハウを活かしながら、イノベーションサービスの開発と、事業改革や新商品/サービス開発をはじめとしたサービスの提供を行なっている。

メンバー：

広瀬哲治（電通総研　所長）
瀬戸口健三（電通総研　マーケティング・インテリジェンス・ラボ　部長）
中澤大輔（電通総研　マーケティング・インテリジェンス・ラボ　コミュニケーション・プランナー）
南　太郎（電通　クリエーティブ開発センター ビジネスデザイン・ラボ　部長）
皆川直己（電通　ストラテジック・プランニング局　第2ソリューション室　部長）
山中藤子（電通　ストラテジック・プランニング局　戦略コンサルティング室　チーフ・コンサルタント）
永井麻子（電通　ストラテジック・プランニング局　戦略コンサルティング室　シニア・コンサルタント）
長屋雅麗（電通　ストラテジック・プランニング局　戦略コンサルティング室　コンサルタント）
一丸丈巌（電通国際情報サービス　ビジネスソリューション事業部　部長）
岡野雅一（電通　グローバル・ソリューション・センター　局次長）
野口嘉一（電通　第19営業局　部長）

イノベーション5つの原則
――世界最高峰の研究機関SRIが生みだした実践理論

2012年2月16日　第1刷発行
2016年4月8日　第3刷発行

著　者――カーティス・R・カールソン／ウィリアム・W・ウィルモット
監訳者――楠木建
訳　者――電通イノベーションプロジェクト
発行所――ダイヤモンド社
〒150-8409　東京都渋谷区神宮前6-12-17
http://www.diamond.co.jp/
電話／03·5778·7232（編集）　03·5778·7240（販売）

装丁――――竹内雄二
本文デザイン―布施育哉
製作進行――ダイヤモンド・グラフィック社
印刷――――信毎書籍印刷（本文）・慶昌堂印刷（カバー）
製本――――本間製本
編集担当――柴田むつみ

ISBN 978-4-478-01748-7